Uni-Taschenbücher 766

UTB

Eine Arbeitsgemeinschaft der Verlage

Birkhäuser Verlag Basel und Stuttgart
Wilhelm Fink Verlag München
Gustav Fischer Verlag Stuttgart
Francke Verlag München
Paul Haupt Verlag Bern und Stuttgart
Dr. Alfred Hüthig Verlag Heidelberg
Leske Verlag + Budrich GmbH Opladen
J. C. B. Mohr (Paul Siebeck) Tübingen
C. F. Müller Juristischer Verlag – R. v. Decker's Verlag Heidelberg
Quelle & Meyer Heidelberg
Ernst Reinhardt Verlag München und Basel
F. K. Schattauer Verlag Stuttgart–New York
Ferdinand Schöningh Verlag Paderborn
Dr. Dietrich Steinkopff Verlag Darmstadt
Eugen Ulmer Verlag Stuttgart
Vandenhoek & Ruprecht in Göttingen und Zürich
Verlag Dokumentation München-Pullach

Joachim Wittkowski

Tod und Sterben

Ergebnisse der Thanatopsychologie

Quelle & Meyer Heidelberg

CIP-Kurztitelaufnahme der Deutschen Bibliothek
Wittkowski, Joachim
Tod und Sterben : Ergebnisse d. Thanatopsychologie. – 1. Aufl. – Heidelberg : Quelle und Meyer, 1978.
(Uni-Taschenbücher ; 766)
ISBN 3-494-02084-1

Printed in Germany.
Satz und Druck: Druckhaus Darmstadt.
Umschlagentwurf: Alfred Krugmann, Stuttgart.
Gebunden bei der Buchbinderei Sigloch, Stuttgart

Inhaltsverzeichnis

1. Einleitung

1.1. Zur Aktualität der Todesthematik 13

1.2. Tod und Sterben in der wissenschaftlichen Psychologie 15

1.2.1. Quantitativer Aspekt 15

1.2.2. Qualitativer Aspekt 19

1.3. Der Gegenstand der vorliegenden Arbeit 20

2. Die Intensität gedanklicher Beschäftigung mit Tod und Sterben

2.1. Vorbemerkungen 23

2.2. Unspezifische Beiträge zur Intensität gedanklicher Beschäftigung mit Tod und Sterben 23

2.3. Der Zusammenhang zwischen soziographischen Variablen und der Intensität gedanklicher Beschäftigung mit Tod und Sterben 25

2.3.1. Der Zusammenhang zwischen dem Lebensalter und der Intensität gedanklicher Beschäftigung mit Tod und Sterben 25

2.3.2. Der Zusammenhang zwischen Geschlecht und der Intensität gedanklicher Beschäftigung mit Tod und Sterben 28

2.3.3. Der Zusammenhang zwischen Einkommensverhältnissen und der Intensität gedanklicher Beschäftigung mit Tod und Sterben 30

2.4. Der Zusammenhang zwischen Hintergrundvariablen und der Intensität gedanklicher Beschäftigung mit Tod und Sterben 31

2.4.1. Vorbemerkungen 31

2.4.2. Der Zusammenhang zwischen sozialer Integration und der Intensität gedanklicher Beschäftigung mit Tod und Sterben 31

2.4.3. Der Zusammenhang zwischen Religiosität und der Intensität gedanklicher Beschäftigung mit Tod und Sterben 33

2.4.4. Der Zusammenhang zwischen Zeiterleben und der Intensität gedanklicher Beschäftigung mit Tod und Sterben 34

2.4.5. Der Zusammenhang zwischen physisch-psychischem Wohlergehen und der Intensität gedanklicher Beschäftigung mit Tod und Sterben 36

2.5. Der Zusammenhang zwischen Persönlichkeitsmerkmalen und der Intensität gedanklicher Beschäftigung mit Tod und Sterben 37
2.6. Zusammenfassung und Diskussion 39

3. Psychische Veränderungen in Abhängigkeit von der zeitlichen Distanz zum eigenen Tod

3.1. Vorbemerkungen 43
3.2. Veränderungen kognitiver Funktionen in Abhängigkeit von der zeitlichen Distanz zum eigenen Tod . . 44
3.3. Veränderungen der Stimmungslage in Abhängigkeit von der zeitlichen Distanz zum eigenen Tod. . . . 46
3.4. Veränderungen kognitiver und affektiver Merkmale in klinisch-phänomenologischen Studien 47
3.5. Veränderungen von Persönlichkeitsmerkmalen in Abhängigkeit von der zeitlichen Distanz zum eigenen Tod 51
3.6. Veränderung kognitiver Bewußtseinsinhalte in Ab-
Tod 52
hängigkeit von der zeitlichen Distanz zum eigenen
3.7. Zusammenfassung und Diskussion 53

4. Angst vor Tod und Sterben

4.1. Angst und Furcht 55
4.1.1. Der Begriff der Angst 55
4.1.2. Zur Unterscheidung von Angst und Furcht 56
4.1.3. Die Symptomatik von Angst/Furcht 58
4.1.4. Theorien der Angst 59
4.1.4.1. Psychoanalyse 60
4.1.4.2. Lerntheorie 62
4.2. Theoretische und empirische Beiträge zur Angst vor Tod und Sterben 64
4.2.1. Begriffsklärung 64
4.2.1.1. Angst vor dem eigenen Tod 64
4.2.1.2. Angst vor dem Tod anderer Menschen 64
4.2.1.3. Angst vor dem eigenen Sterben 65
4.2.1.4. Angst vor dem Sterben anderer Menschen 66
4.2.1.5. Todesangst 67
4.2.1.6. Angst vor Kollektiv-Tod 67
4.2.1.7. Schlußbemerkung 67
4.2.2. Theoretische Beiträge zur Angst vor Tod und Sterben 68
4.2.2.1. Angst vor Tod und Sterben in der psychoanalytischen Theorie 68

4.2.2.2. Angst vor Tod und Sterben in der Nachfolge S. FREUDs 70
4.2.3. Empirische Beiträge zur Angst vor dem Tod 73
4.2.3.1. Vorbemerkungen 73
4.2.3.2. Angst vor dem Tod in Abhängigkeit von soziographischen Variablen 74
4.2.3.2.1. Angst vor dem Tod in Abhängigkeit vom Lebensalter 74
4.2.3.2.2. Geschlechtsspezifische Ausprägung der Angst vor dem Tod 79
4.2.3.2.3. Angst vor dem Tod in Abhängigkeit von Tätigkeiten mit erhöhtem Sicherheitsrisiko 81
4.2.3.3. Angst vor dem Tod in Abhängigkeit von Hintergrundvariablen 84
4.2.3.3.1. Angst vor dem Tod und Religiosität 84
4.2.3.3.2. Zusammenhänge zwischen Angst vor dem Tod und Zeiterleben 91
4.2.3.3.3. Angst vor dem Tod in Abhängigkeit vom Gesundheitszustand 93
4.2.3.3.4. Angst vor dem Tod in Abhängigkeit von Lebensumständen 97
4.2.3.3.5. Angst vor dem Tod und Lebenszufriedenheit . . . 98
4.2.3.4. Angst vor dem Tod in Abhängigkeit von Persönlichkeitsmerkmalen 100
4.2.3.4.1. Angst vor dem Tod in Abhängigkeit vom allgemeinen Angstniveau 100
4.2.3.4.2. Der Zusammenhang zwischen Angst vor dem Tod und Emotionaler Labilität 101
4.2.3.4.3. Angst vor dem Tod und Abwehr vs. Sensibilisierung 102
4.2.3.4.4. Angst vor dem Tod in Abhängigkeit von Konservativismus 103
4.2.3.4.5. Angst vor dem Tod in Abhängigkeit von Leistungsmotivation 104
4.2.3.4.6. Angst vor dem Tod und Selbstaktualisierung . . . 104
4.2.3.4.7. Angst vor dem Tod in Abhängigkeit von Interner bzw. Externer Kontrolle 105
4.2.3.4.8. Die Beziehung zwischen Angst vor dem Tod und "sense of competence" 106
4.2.3.4.9. Angst vor dem Tod in Abhängigkeit von der Inkonsistenz der Einstellungen zum Tod 106
4.2.3.5. Angst vor dem Tod und Suizidalität 107
4.2.3.6. Angst vor dem Tod und Alpträume 108
4.2.4. Empirische Beiträge zur Angst vor dem Sterben . . 110
4.2.5. Angst im Licht sogenannter Sterbeerfahrungen . . 114
4.3. Zusammenfassung und Diskussion 116

5. Abwehrmechanismen als Reaktion auf Tod und Sterben

5.1. Der Begriff des Abwehrmechanismus 122
5.2. Unspezifische Abwehr von Tod und Sterben 123
5.3. Verdrängung 125
5.3.1. Begriff und Mechanismus der Verdrängung 125
5.3.2. Verdrängung als Reaktion auf Tod und Sterben . . 127
5.3.2.1. Für und Wider die These von der Verdrängung des Todes 127
5.3.2.2. Empirische Beiträge zur These von der Verdrängung des Todes 130
5.4. Negation 132
5.4.1. Zum Begriff der Negation 132
5.4.2. Theoretische Beiträge zur Negation als Reaktion auf Tod und Sterben 133
5.4.3. Empirische Beiträge zur Negation als Reaktion auf Tod und Sterben 134
5.4.3.1. Negation als Reaktion auf Tod und Sterben in Abhängigkeit vom Lebensalter 134
5.4.3.2. Negation als Reaktion auf Tod und Sterben in Abhängigkeit von Hintergrundvariablen 135
5.4.3.3. Negation als Reaktion auf vitale Bedrohung 136
5.4.3.4. Negation als Reaktion auf Tod und Sterben in Abhängigkeit von verschiedenen anderen Merkmalen . 138
5.5. Rationalisierung 139
5.5.1. Der Begriff der Rationalisierung 139
5.5.2. Rationalisierung als Reaktion auf Tod und Sterben 140
5.6. Projektion 141
5.6.1. Begriff und Mechanismus der Projektion 141
5.6.2. Projektion als Reaktion auf Tod und Sterben . . . 142
5.7. Zusammenfassung und Diskussion 142

6. Gleichgültigkeit gegenüber Tod und Sterben

6.1. Vorbemerkungen 147
6.2. Theoretische und empirische Beiträge zur Gleichgültigkeit gegenüber Tod und Sterben 147
6.3. Zusammenfassung und Diskussion 148

7. Akzeptieren als Reaktion auf die Konfrontation mit Tod und Sterben

7.1. Vorbemerkungen 149
7.2. Unspezifische Befunde zum Akzeptieren des Todes 150
7.3. Akzeptieren von Tod und Sterben in Abhängigkeit von soziographischen und Hintergrundvariablen . . 151

7.3.1. Akzeptieren von Tod und Sterben in Abhängigkeit vom Lebensalter 151
7.3.2. Akzeptieren von Tod in Abhängigkeit von Lebenszufriedenheit 153
7.3.3. Tod als Liebhaber – der »Harlekin-Komplex« . . . 154
7.4. Zusammenfassung und Diskussion 156

8. Zusammenfassung und Schlußfolgerungen

8.1. Inhaltlicher Aspekt 159
8.2. Methodischer Aspekt 162

Literatur 166

Sachregister 189

Autorenregister 192

Vorwort

Unbekanntes kann eine starke Anziehungskraft ausüben. Das vorliegende Buch entstand aus dem Wunsch, mit Tod und Sterben einen Problemkreis, der einerseits so alt wie die Menschheit ist und der andererseits durch die wissenschaftliche Psychologie erst wenig erforscht schien, zu sichten und in übersichtlicher Form darzustellen. Ich hoffe, daß dieser Versuch dazu beiträgt, sowohl praxisbezogene als auch forschungsrelevante Fragestellungen zu entwickeln und empirische Arbeiten anzuregen.

An der Entstehung dieser Arbeit hat mein verehrter Lehrer, Professor Dr. W. Arnold, regen Anteil genommen und sie durch zahlreiche Ratschläge und wertvolle Anregungen gefördert. Ihm gilt mein besonderer Dank. Auch Frau Diplom-Psychologin E. Durchholz bin ich für anregende Diskussionen und kritische Hinweise zu Dank verpflichtet. Schließlich danke ich Frau R. Foitzik für umsichtige und tatkräftige Mitarbeit bei der Herstellung des Manuskripts.

Würzburg, im Oktober 1977

Joachim Wittkowski

1. Einleitung

1.1. Zur Aktualität der Todesthematik

Die Festellung, daß die Frage nach Tod und Sterben die Menschen seit jeher beschäftigt hat, gehört zu den Standard-Einleitungen von Arbeiten zur Psychologie des Todes. Philosophische Lehren hatten und haben die Bewältigung der Todesbestimmtheit des Menschen zum Gegenstand. Historiker vermögen durch Gegenüberstellung vergangener und gegenwärtiger Verhaltensweisen zum Tod Entwicklungen und Kontinuität menschlicher Beschäftigung mit Tod und Sterben aufzuzeigen. Durch Studium und Vergleich todbezogener Riten und Gebräuche in verschiedenen Kulturkreisen sucht die Ethnologie Zugang zum Todesverständnis hochzivilisierter Völker zu gewinnen. Soziologen sehen den Tod eines Individuums im Hinblick auf die Veränderung von Gruppenstrukturen und setzen die Art und Weise, wie Menschen mit Tod und Sterben umgehen, in Beziehung zu gesamt-gesellschaftlichen Gegebenheiten und Veränderungen.

»Der Spiegel« brachte innerhalb der vergangenen 10 Jahre vier umfangreiche Beiträge, in denen mit jeweils unterschiedlicher Akzentuierung ein breites Spektrum von Problemen im Umfeld von Tod und Sterben vorgestellt wurde. In dem Artikel »Der Tod« aus dem Jahre 1968 werden Kriterien des Todeszeitpunktes und die Schwierigkeiten der exakten Bestimmung des Todeszeitpunktes sowie rechtliche und ethische Fragen im Zusammenhang mit Wiederbelebungen und Organverpflanzungen erörtert. Möglichkeiten und Grenzen der Lebensverlängerung, die Gestaltung von Bestattungsbräuchen in Vergangenheit und Gegenwart, das vielfach konstatierte Phänomen der Tabuierung des Todes im westlichen Kulturkreis der Gegenwart, der Begriff des »sozialen Todes« und nicht zuletzt die Angst vor Tod und Sterben wurden angesprochen und diskutiert.

Schreiber (1977) faßt in seinem »Spiegel«-Artikel »Das schöne Sterben – Erlebnisse im Grenzbereich des Todes« die inzwischen relativ zahlreich vorliegenden Erfahrungsberichte von Menschen zusammen, die wiederbelebt wurden, bei Unfällen oder infolge von Krankheit dem Tod nahe waren, die als unheilbar Kranke mit halluzinogenen Drogen behandelt wurden oder sich auf dem Sterbelager noch mitteilen konnten.

Auf die vielfach unzureichende Berücksichtigung sozialemotionaler Bedürfnisse Sterbender im Krankenhaus und besonders auf der Intensivstation macht der bislang jüngste »Spiegel«-Artikel aufmerksam.[1]

Theologie, Medizin und Rechtswissenschaften sind unmittelbar beteiligt an der seit einigen Jahren lebhaft geführten Diskussion um die *Sterbehilfe,* die durch den technischen Fortschritt der Medizin Aktualität erlangt hat. Für einen unheilbar Kranken kann nämlich die medizinisch durchaus realisierbare Verlängerung des Lebens gleichbedeutend sein mit der Verlängerung eines qualvollen Sterbeprozesses. So werden Möglichkeiten einer vom Patienten ausdrücklich gewünschten Sterbehilfe aus (berufs-)ethischer und rechtlicher Sicht erwogen (vgl. Sternsdorff, 1975). Dabei wird deutlich, daß zwischen aktiver Euthanasie – der Durchführung von Maßnahmen, die den Tod herbeiführen – und passiver Euthanasie – der Unterlassung lebensverlängernder Maßnahmen – nur ein geringer Unterschied besteht. Gleichfalls schwer voneinander zu trennen sind aktive Euthanasie und die Medikation von schmerzlindernden Substanzen, die dem Patienten zwar kurzfristig zu Beschwerdefreiheit verhelfen, gleichzeitig aber seinen körperlichen Verfall beschleunigen.

Die öffentliche Diskussion um die Sterbehilfe ist in vollem Gange. Starkes Echo fand der am 5. 11. 1974 unter dem Titel »Sterbehilfe – Mord oder Möglichkeit?« von der ARD ausgestrahlte Beitrag über die Londoner Sterbeklinik von Cicely Saunders. Dieselbe Thematik wurde am 9. 9. 1975 in dem Fernsehfilm »Der Tod vor dem Sterben« behandelt. Weltweite Aufmerksamkeit weckte der Fall der 21jährigen Karen Ann Quinlan, die nach einem Unfall am Leben erhalten wurde,

[1] Der Spiegel, 1977, *31* (27), 158–166.

ohne innerhalb eines Jahres das Bewußtsein wiedererlangt zu haben. Juristische Fragen der Sterbehilfe will der Europarat erörtern. Schlagzeilen wie »Feilschen mit dem Tod« (Die Zeit v. 25. 10. 1974, S. 65), »Theologe warnt vor dem ›Terror der Humanität‹« (Süddeutsche Zeitung v. 9. 12. 1974, S. 14), »Selbstmord auf Bestellung« (Die Zeit v. 25. 7. 1975, S. 28), »Recht auf menschenwürdiges Sterben« (Süddeutsche Zeitung v. 30. 1. 1976, S. 36) deuten die Gegensätzlichkeit der Standpunkte zur »passiven Euthanasie« an.

Die hier schlaglichtartig beleuchtete öffentliche Auseinandersetzung mit Sterbeerfahrungen, mit dem Sterben im Krankenhaus und mit der Sterbehilfe zeigt erhöhtes allgemeines Interesse an Fragen im Umkreis von Tod und Sterben an, das im Ausland teilweise noch stärker ist als in der Bundesrepublik. So bestreiten Kastenbaum & Costa (1977), daß die amerikanische Gesellschaft immer noch den Tod negiert. Die Frage nach den Ursachen dieser Entwicklung kann hier nur gestellt, nicht aber beantwortet werden. Das nach etwa 100jähriger Latenzzeit wieder aufkeimende Interesse an der Endphase des Lebens kann nicht losgelöst von anderen neuzeitlichen Geistesströmungen beurteilt werden und überschreitet daher die Kompetenz einer einzelnen wissenschaftlichen Disziplin. Es wird die Aufgabe von Sozialwissenschaftlern und Kulturhistorikern sein, aus angemessener zeitlicher Distanz Gründe für die gegenwärtige Hinwendung zum Tod anzugeben.

1.2. Tod und Sterben in der wissenschaftlichen Psychologie

1.2.1. Quantitativer Aspekt

Im deutschsprachigen Raum scheint die wissenschaftlich-psychologische Beschäftigung mit Tod und Sterben nur schwerfällig in Gang zu kommen. Das »Gesamtverzeichnis der deutschsprachigen psychologischen Literatur der Jahre 1942 bis 1960« (Wellek, 1965) weist insgesamt drei einschlägige Titel aus. Die Entwicklung der *Publikationsrate* zum Stichwort »Tod« stellt sich in der »Bibliographie der deutschsprachigen psychologischen Literatur« von DAMBAUER wie folgt dar: 1971: 3 Titelangaben; 1972: 3; 1973: 10; 1974: 26; 1975: 25; 1976: 32. In der vom Informationszentrum für sozialwissenschaftliche Forschung herausgegebenen Übersicht über »Forschungsarbeiten in den Sozialwissenschaften 1975« (Erhebungszeitraum: Oktober 1975 bis März 1976) sind die Stichwörter »Tod« bzw. »Sterben« nicht vorhanden.

Auch die Zusammenstellung von Diplomarbeiten und Dissertationen der Psychologischen Institute in der Bundesrepublik Deutschland aus dem zweiten Halbjahr 1976[2] enthält keine Arbeiten zum Thema Tod und Sterben, und auf den Kongressen der Deutschen Gesellschaft für Psychologie der Jahre 1974 und 1976 waren entsprechende Beiträge ebenfalls nicht zu finden. Aufkeimendes Interesse hingegen bekunden thematisch breit angelegte Diskussionsbeiträge (z. B. BITTER, 1974; SCHLEMMER, 1969) sowie thematisch unterschiedlich akzentuierte Sammelreferate (z. B. ERLEMEIER, 1972; HECKMANN, 1976; HENSLE, 1975).

Während im deutschsprachigen Raum von seiten der Psychologie nur zaghafte Bemühungen um die Erforschung todbezogenen Erlebens und Verhaltens erkennbar sind, hat sich in den USA unter der Bezeichnung *Thanatopsychology* bereits eine psychologische Teildisziplin etabliert. Schon 1961 veröffentlichten HAVIGHURST & NEUGARTEN die Beiträge zu einem Symposium über »Attitudes toward death in older persons«. Im Rahmen des 18. Internationalen Kongresses für Angewandte Psychologie 1974 in Montreal wurden Filme zur »Psychology of death and dying« geboten, und auch das Programm der 84 th Annual Convention of the APA 1976 weist ein Symposium und ein Advanced Workshop zum Thema Tod und Sterben aus.

Das Vorhandensein umfassender Darstellungen zur Todesthematik kann als weiteres Indiz für reges Interesse in den USA angesehen werden.

Ohne Anspruch auf Vollständigkeit sei eine knappe Über-

---

[2] Psychol. Rundschau, 1977, *28* (1), 59–69.

sicht gegeben. Monographien mit Beiträgen, die auch Rand- und Grenzgebiete der Psychologie berühren, liegen vor von FEIFEL (1965 a), FULTON (1965), KÜBLER-ROSS (1975 a), KUTSCHER (1974), PEARSON (1969), TOYNBEE (1968 a). Sammelreferate lieferten FEIFEL (1969), KASTENBAUM (1969), LESTER (1967 a) und SHNEIDMAN (1966). Die derzeit bedeutendste Gesamtdarstellung zur Psychologie des Todes stammt von KASTENBAUM & AISENBERG (1972).

Den vielleicht besten Einblick in die Entwicklung der Forschungsaktivität im Bereich von Tod und Sterben ermöglicht die *Publikationsrate der Psychological Abstracts*. Auszählung der Veröffentlichungen zu den Stichwörtern »Death«, »Death and Dying« und »Death Attitudes« vermittelt folgendes Bild:

Jahrgang	Zahl der Veröffentl.	Jahrgang	Zahl der Veröffentl.
		1951:	2
1927:	3	1952:	5
1928:	6	1953:	3
1929:	10	1954:	3
1930:	6	1955:	2
1931:	8	1956:	3
1932:	3	1957:	5
1933:	5	1958:	5
1934:	13	1959:	16
1935:	7	1960:	14
1936:	6	1961:	15
1937:	10	1962:	11
1938:	7	1963:	10
1939:	6	1964:	11
1940:	10	1965:	34
1941:	6	1966:	40
1942:	4	1967:	60
1943:	8	1968:	69

1944:	9	1969:	52
1945:	2	1970:	142
1946:	4	1971:	89
1947:	3	1972:	101
1948:	5	1973:	109
1949:	5	1974:	144
1950:	1	1975:	177
		1976:	120

Bei der Einschätzung dieser Angaben ist zu berücksichtigen, daß doppelt aufgeführte Titel auch doppelt gezählt wurden. Williams (1966) verglich die Jahrgänge 1931 und 1961 der Psychological Abstracts hinsichtlich der Zahl der Veröffentlichungen zum Stichwort »Death«, unterteilt in die Kategorien »Psychoanalytisch«, »Psychiatrisch«, »Soziologisch« und »Parapsychologisch«.

	Psycho-analytisch	Psychia-trisch	Soziolo-gisch	Para-psycho-logisch	Gesamt
1931	5	2	1	–	8
1961	2	3	6	3	14

Tab. 1. Anzahl todbezogener Publikationen in den Psychological Abstracts der Jahre 1931 und 1961 (nach Williams, 1966).

Diese Angaben zeigen eine – von geringfügigen Schwankungen abgesehen – gleichbleibend niedrige Publikationsrate bis zum Ende der 50er Jahre. Mit dem Jahr 1959 steigt die Zahl thanatopsychologischer Veröffentlichungen um rund 150 % und bleibt bis 1964 weitgehend konstant. Mitte der 60er Jahre wird mit einem neuerlichen Zuwachs von rund 300 % ein weiteres Plateau erreicht, das sich bis 1969 erstreckt. Vom Jahr 1970 an ist ein sprunghafter Anstieg festzustellen. Die Entwicklung der letzten 10 Jahre ist unter Einbeziehung der für den deutschsprachigen Raum gültigen Zahlen in Abbildung 1 dargestellt.

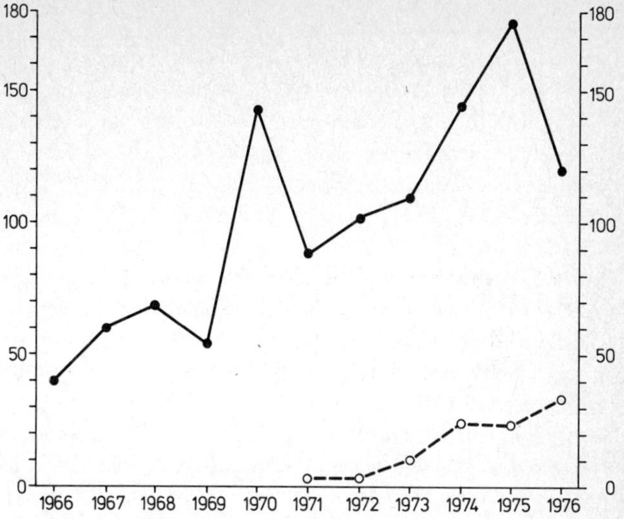

Abb. 1: Entwicklung der Publikationsrate der deutschsprachigen (– – – –) und der englischsprachigen (——) thanatopsychologischen Literatur in den Jahren 1966–1976.

1.2.2. *Qualitativer Aspekt*

Innerhalb der Psychologie des Todes lassen sich – obwohl vielfältig miteinander verknüpft und einander überschneidend – verschiedene relativ eigenständige Themenkreise unterscheiden. In theoretischer Hinsicht wird S. Freuds (1920, 1923; zit. nach 1940. 1938; zit. nach 1941) *Konzept des Todestriebes* diskutiert (z. B. Bibring, 1963; Klein, 1948).

Die *Entwicklungspsychologie* macht Aussagen über Entstehung und Veränderung des Todeskonzepts bei Kindern und Jugendlichen (z. B. Nagy, 1965; Schilder & Wechsler, 1934; Schilling, 1975; Schnell, 1975), die wegen fehlender oder doch geringer sozialisationsbedingter Überformung des Erlebens und Verhaltens von Interesse sind. Mit Blick auf die zweite Lebenshälfte steuert die Entwicklungspsychologie Erkenntnisse über die Art, wie alte Menschen die Tatsache ihrer Endlichkeit bewältigen, bei (z. B. Busse & Pfeiffer, 1969; Lehr, 1972; S. 280 f. bzw. S. 313 ff.; Schneider, 1974, S. 157 ff.).

Sterbehilfe meint in psychologischer Sicht nicht die Problematik der passiven Euthanasie, sondern Umgang mit und Betreuung von häufig isolierten Schwerkranken und Sterbenden im Sinne der Hilfestellung bei der Auseinandersetzung mit dem eigenen Tod (z. B. Carpenter & Wylie, 1974; Hiersche, 1975; Kass, 1971; Lehr & Schuster, 1976; Morison, 1971).

Im Zusammenhang mit Sterbehilfe ist *Trauer* und der *Umgang mit Trauernden* zu sehen, der besonderen Stellenwert dann gewinnt, wenn der Tod vorzeitig und damit für die Angehörigen unerwartet eintritt (z. B. Bally, 1972; Kutscher, 1974; Weisman, 1973).

Feldstudien von *Interaktions- und Kommunikationsmustern im Krankenhaus* und insbesondere auf der Intensivstation (Glaser & Strauss, 1968, 1974; Sudnow, 1973) geben Auskunft über Verhaltensweisen von Menschen, die andauernd mit Tod und Sterben konfrontiert sind und die den Umgang mit dem Patienten mitbestimmen.

Das Phänomen des *psychogenen Todes,* der ohne erkennbare äußere oder innere Ursache bei Mensch und Tier eintreten kann, ist noch ungeklärt, gibt jedoch zu der Annahme Anlaß, daß der Todeszeitpunkt u. a. durch Hoffnungslosigkeit determiniert wird (vgl. Jores, 1960; Richter, 1965).

Abschließend ist *Selbstvernichtung* und das ihr eigentümliche, häufig ambivalente Verhalten gegenüber Tod zu nennen (z. B. Braun, 1971; Zwingmann, 1965).

1.3. Der Gegenstand der vorliegenden Arbeit

Psychologie als »jene Erfahrungswissenschaft, die unmittelbar das stets im Prozeß befindliche, in verschiedenen Klarheitsgraden auftretende Bewußtsein angeht, das in Wechselwirkung zum Körper steht« (Arnold, 1975, S. 29) hat das Erleben und Verhalten des Menschen zum Gegenstand (vgl. auch English & English, 1958, S. 419 f.; Hilgard, Atkinson & Atkinson, 1971,

S. 10; Pongratz, 1967, S. 257–263; Pongratz, 1973, S. 17–19; Rohracher, 1971, S. 4).

Im Rahmen dieses Verständnisses von Psychologie behandelt die vorliegende Arbeit *affektive Erlebens- und Verhaltensweisen, die durch das Wissen um und die Begegnung mit Tod und Sterben ausgelöst werden.* Die Unmöglichkeit, affektive und kognitive Erlebnisinhalte zu trennen, zwingt dazu, in begrenztem Umfang auch Kognitionen zu berücksichtigen. Stets beruht die Darstellung vornehmlich auf Ergebnissen empirischer Untersuchungen.

Eine über obige Kennzeichnung des Untersuchungsgegenstandes hinausgehende Definition von Tod und Sterben ist weder notwendig noch sinnvoll, da Tod und Sterben nicht als physiologische Prozesse, sondern als teilweise im Individuum und teilweise außerhalb des Individuums zu lokalisierende Stimuli aufgefaßt werden, die sich mit individuellen Reaktionsweisen vermischen und im Erleben eines Menschen nicht klar getrennt werden können. Daher wird einleitend auf eine Abgrenzung von Tod und Sterben verzichtet.

In zahlreichen psychologischen Arbeiten zu Tod und Sterben wird der Begriff der *»Einstellung«* zur Umschreibung vielfältiger und teilweise recht verschiedenartiger Reaktionsformen verwendet. In rund 40 vom Verfasser gesichteten Arbeiten wurden unter der Überschrift »Einstellungen« Angst, Intensität gedanklicher Beschäftigung mit Tod und Sterben, Abwehrmechanismen, Akzeptieren des Todes und Gleichgültigkeit gegenüber Tod und Sterben erfaßt mit Hilfe von Fragebogen, Interview, Beurteilungsskalen, semantischem Differential, Wort-Assoziationstest oder thematischen Apperzeptions-Verfahren. Die damit verbundene *inhaltliche Entleerung des Einstellungsbegriffs* läßt an seiner Brauchbarkeit im Rahmen der Thanatopsychologie zweifeln. Im folgenden wird daher der Einstellungsbegriff zugunsten spezifischer Erlebens- und Verhaltensweisen aufgegeben.

Die folgende Darstellung versucht, anhand vorwiegend empirischer Forschungsergebnisse einen Überblick über affektive Reaktionen zu vermitteln, die Erwachsene bei der Begegnung mit Tod und Sterben zeigen. Ergebnisse, die sich auf Kinder und Jugendliche beziehen, werden nicht berücksichtigt.

Die Erörterung der *»Intensität gedanklicher Beschäftigung mit Tod und Sterben«* (Erstes Kapitel) als quantitativem Aspekt todbezogenen Erlebens und Verhaltens dient der Vorbereitung und Grundlegung später zu behandelnder qualitativer Erlebens- und Verhaltensweisen. Im zweiten Kapitel wird die Art und Weise des Erlebens in Abhängigkeit von der *zeitlichen Nähe zum eigenen Tod* behandelt. Damit wird einer Variablen eine gewisse Eigenständigkeit verliehen, die sowohl für die thanatopsychologische Forschung als auch für die psychologische Betreuung Sterbender Bedeutung hat.

Die Extreme positiver, d. h. lustbetonter und negativer, d. h. unlustbetonter affektiver Erlebensweisen sowie ein zwischen beiden anzusiedelnder Bereich der Indifferenz bestimmen den Aufbau der weiteren Darstellung: Sie führt von unlustbetonten Reaktionen hin zum Fehlen jeglicher affektiver Beteiligung und weiter zu angenehmen Befindlichkeiten. So wird im vierten Kapitel *Angst vor Tod und Sterben* in Beziehung gesetzt zu soziographischen Variablen, Hintergrundvariablen und Persönlichkeitsmerkmalen. Da *Abwehrmechanismen* vielfach als Folgeerscheinung von Bedrohung und Angst auftreten, werden Verdrängung, Negation, Rationalisierung und Projektion als die im Zusammenhang mit Tod und Sterben wichtigsten Erscheinungsformen psychischer Abwehr unmittelbar anschließend im fünften Kapitel vorgestellt. *»Gleichgültigkeit gegenüber Tod und Sterben«* (sechstes Kapitel) umreißt eine weder negativ noch positiv gefärbte Reaktionsweise, eine Art neutralen Mittelbereich zwischen der unlustvollen Angst und einem als angenehm erlebten Begrüßen und *Akzeptieren des Todes,* das im siebten Kapitel behandelt wird. Im Rahmen einer abschließenden Zusammenfassung wird versucht, aus den referierten Forschungsergebnissen Schlußfolgerungen abzuleiten.

2. Die Intensität gedanklicher Beschäftigung mit Tod und Sterben

2.1. Vorbemerkungen

Beschäftigung eines Menschen mit Tod und Sterben (»death concern«; »preoccupation with death«) – wenngleich nicht auf eine gedankliche Ebene beschränkt – stellt sich für die psychologische Forschung dar als ausschließlich gedanklicher Vorgang. Gegenstand empirischer Untersuchungen ist die gedankliche Auseinandersetzung mit Tod mit dem Ziel seiner Bewältigung, die Antizipation des Sterbevorgangs, das Nachdenken über die Endlichkeit des Lebens. Dabei läßt sich ein quantitativer Aspekt von einem qualitativen unterscheiden. Letzterer – die Art der beteiligten Emotionen betreffend – wird vorerst zurückgestellt und später eingehender behandelt werden.

2.2. Unspezifische Beiträge zur Intensität gedanklicher Beschäftigung mit Tod und Sterben

Der quantitative Aspekt umreißt die *Häufigkeit gedanklicher Beschäftigung mit dem Tod* ungeachtet ihrer inhaltlichen Beschaffenheit. Einige vergleichsweise globale Befunde seien einleitend dargestellt. Bromberg & Schilder (1933) berichten für 50 % ihrer überwiegend »normalen« Versuchspersonen Phantasien, in denen der eigene Tod antizipiert wurde. Einschränkend weisen die Autoren darauf hin, daß sich nur wenige Menschen spontan, d. h. ohne äußeren Anlaß, mit der Todesthematik beschäftigen. »Aus unseren Daten ist zu ersehen, daß spontane Todesgedanken relativ selten auftreten ... Insgesamt wird deutlich, daß die Häufigkeit, mit der Gedanken an den Tod in unserem täglichen Leben auftauchen, nicht richtig eingeschätzt wird, und ferner, daß sie am häufigsten in Verbindung mit anderen Gedanken entstehen« (S. 141).[3]

Vergleichbare Ergebnisse im Sinne häufiger Beschäftigung

[3] Dieses und alle weiteren englischsprachigen Zitate wurden vom Verfasser übersetzt.

mit Tod und Sterben erhielt CAMERON (1968). Auf die Frage, ob sie an dem der Untersuchung vorausgegangenen Tag und/oder am Tag der Untersuchung selbst an ihren eigenen Tod gedacht hätten, antworteten 59,8 % der Versuchspersonen zustimmend. Der Autor sieht es ferner als im statistischen Sinne normal an, daß Studenten wenigstens an jedem dritten oder vierten Tag an ihren Tod denken.

Demgegenüber belegen jüngere Erhebungen an umfangreichen Stichproben geringe Intensität gedanklicher Beschäftigung mit Tod und Sterben. Von etwa 14 000 Besuchern der Weltausstellung von Montreal im Jahre 1967, die CAPPON (1970) befragte, dachten nur 11,3 % einmal wöchentlich oder häufiger an ihren Tod, hingegen 35,4 % sehr selten oder nie. In einer von SHNEIDMAN (1971) publizierten Fragebogenerhebung unter den Lesern der Zeitschrift »Psychology Today« beantworteten 22 % die Frage nach der Häufigkeit, mit der sie an ihren eigenen Tod denken, mit »sehr oft« (mindestens einmal täglich) oder »oft«, 57 % mit »gelegentlich« und 21 % mit »selten« bzw. »sehr selten oder nie«.

Die sich gegenseitig bestätigenden Ergebnisse von CAPPON (1970) und SHNEIDMAN (1971) können nicht als unbeschränkt generalisierbar angesehen werden, da es sich bei den Befragten beider Untersuchungen um Personen mit überdurchschnittlich hohem Ausbildungsniveau handelte. Aus diesem Grund sind sie auch nur unter Vorbehalt mit den übrigen bisher erörterten Befunden vergleichbar.

Bei den dargestellten Untersuchungen handelt es sich um einfach angelegte Fragebogenerhebungen bzw. persönliche Befragungen, deren Resultate wenig aussagekräftige Prozentwerte sind. Im Gegensatz dazu geht es der Mehrzahl der Untersucher darum, die Intensität gedanklicher Beschäftigung mit Tod und Sterben zu anderen Merkmalen in Beziehung zu setzen. Diese Vorgehensweise ist informationsträchtiger und verspricht Einblick in ein komplexes Gefüge von Bedingungsverhältnissen. Im folgenden werden die in diesem Zusammenhang vorliegenden Ergebnisse dargestellt.

2.3. Der Zusammenhang zwischen soziographischen Variablen und der Intensität gedanklicher Beschäftigung mit Tod und Sterben

2.3.1. Der Zusammenhang zwischen dem Lebensalter und der Intensität gedanklicher Beschäftigung mit Tod und Sterben

Vorwissenschaftlich-intuitiver Auffassung mag es entsprechen, eine Beziehung zwischen dem *Alter* eines Menschen und dem Ausmaß, mit dem er sich mit Fragen der Endlichkeit des Lebens beschäftigt, herzustellen. Man ist geneigt, Menschen, die dem Tod aufgrund ihres fortgeschrittenen Alters rein zeitlich näher sind, auch eine intensivere Beschäftigung mit diesem Sachverhalt zuzubilligen als etwa Jugendlichen. Diese Auffassung erweist sich angesichts der vorliegenden Befunde als umstritten.

Empirische Bestätigung erfährt sie durch Arbeiten von Munnichs (1966, 1968). Die Beschäftigung mit der Endlichkeit des Daseins erwies sich für 70- bis 85jährige eng verbunden mit hohem Lebensalter. Munnichs versteht Alter freilich nicht als bloßes biographisches Datum, das sich in einer Zahl ausdrükken läßt. Alter bedeutet vielmehr die Summe von Erfahrungen, die ein Mensch im Laufe seines Lebens gemacht hat (*Lebenserfahrung*) und die zu einem Teil auch in der Erfahrung des Todes anderer Individuen besteht (*Todeserfahrung*).

Orlans (1957) beobachtete Gedanken an Tod und Sterben gehäuft bei alten Menschen. Aufgrund einer Fragebogenuntersuchung gelangt er zu der Auffassung, daß die in der Jugend aktuelle Todesthematik im Alter erneut aufgegriffen wird. »Rückgriffe auf die Vergangenheit belegen ebenso wie empirische Untersuchungen an Kindern, daß Kindheit und Jugend häufig Lebensabschnitte sind, in denen ein Mensch intensiv mit der Todesthematik beschäftigt ist, eine Beschäftigung, die mit zunehmender Reife nachläßt, jedoch im Alter wieder einsetzen kann« (S. 98).

Ein Vergleich von jüngeren und älteren Menschen hinsichtlich ihres Todesbewußtseins ergab, daß die Mehrzahl der Versuchspersonen über 60 Jahren wenigstens gelegentlich, 45 % oft an die Ungewißheit des eigenen Lebens oder an den Tod eines nahestehenden Menschen dachten (Riley, 1968). Gedanken dieser Art waren bei Personen über 60 Jahren häufiger als bei jüngeren Personen.

Nahezu übereinstimmende Ergebnisse teilen Jeffers & Verwoerdt (1966) von Personen im Alter zwischen 60 und 94 Jahren mit. Ein Anteil von 49 % gab an, mindestens einmal pro Woche an den Tod erinnert zu werden, und in einer späteren Literaturübersicht heben die Autoren den positiven Zusammenhang zwischen Intensität gedanklicher Beschäftigung mit Tod und Sterben und hohem Lebensalter eigens hervor: »Der gegenwärtige Forschungsstand belegt, daß die *Häufigkeit von todbezogenen Gedanken* bei Personen höheren Alters und bei körperlich Kranken größer sein kann« (Jeffers & Verwoerdt, 1969, S. 166 f).

Der aufgewiesene Zusammenhang muß jedoch angezweifelt werden. Der Versuch, Beschäftigung mit Tod operational als Einbeziehung von Todesthematik in TAT-Geschichten zu fassen und zum Lebensalter in Beziehung zu setzen, brachte nämlich keine gesicherten Resultate (Lieberman & Coplan, 1970; Rhudick & Dibner, 1961). Auch andere Untersuchungstechniken stellen den Zusammenhang zwischen Intensität gedanklicher Beschäftigung mit Tod und Sterben und hohem Lebensalter in Frage. So dachten nur 20 % der mittels Fragebogen untersuchten Bewohner eines Altenheims (Durchschnittsalter 67 Jahre) häufig, 48 % hingegen nur gelegentlich und 32 % selten an den Tod (Feifel, 1956). Diese Befunde stehen in Einklang mit jenen von Logan, Kimsey, Roberts & Shaw (1970), die Kaukasier im Durchschnittsalter von 78 Jahren mit fragebogengeleitetem Interview untersuchten. Während 35 % der Versuchspersonen angaben, niemals oder fast niemals an Tod und Sterben zu denken, befaßten sich nur 23 % oft bzw. 5 % ständig gedanklich mit dieser Thematik. Ähnliche Angaben machen auch Cameron, Biber & Stewart (1973), die aufgrund fragebogengeleiteter Interviews bei Personen zwischen 8 und 94 Jahren sowohl frühe und reifere Jugend als auch fortgeschrittenes Alter als Abschnitte ansehen, in denen die Häufigkeit von Gedanken an den Tod am größten ist.

Ausgehend von den Ergebnissen ihrer groß angelegten Untersuchung an älteren Menschen (Durchschnittsalter 67,5 Jahre) weisen ERLEMEIER, TISMER & TISMER-PUSCHNER (1973) nachdrücklich auf das Fehlen eines Zusammenhangs zwischen den hier in Rede stehenden Variablen hin und plädieren gleichzeitig für eine »Relativierung der Bedeutung der Altersvariablen« (S. 382).

Ein einheitliches Bild über den Zusammenhang zwischen dem Alter eines Menschen und der Intensität, mit der er sich mit Tod und Sterben auseinandersetzt, ist aufgrund der referierten Befunde nicht gegeben. Empirische Untersuchungen vermitteln mehrheitlich den – sicher noch vorläufigen – Eindruck eines fehlenden gesicherten Zusammenhangs zwischen beiden Variablen.

Im Hinblick auf weitere Forschung scheint die inhaltliche Ausgestaltung dessen, was Alter für den einzelnen im vorliegenden Kontext bedeuten kann, notwendig. MUNNICHS (1968) hat dies versucht, indem er Alter weitgehend ersetzt durch *»Lebenserfahrung«*, die wiederum in enger Beziehung zur *»Todeserfahrung«* eines Menschen steht. Die Bedeutung von Todeserfahrung wird von LESTER & KAM (1971) aufgezeigt. Innerhalb einer studentischen Stichprobe neigten jene Versuchspersonen häufiger zu Gedanken an ihren eigenen Tod, die innerhalb der letzten fünf Jahre den Verlust eines nahen Freundes oder Verwandten erlebt hatten.

Allerdings liegen hinsichtlich des Einflusses von Todeserfahrung auch konträre Resultate vor. In der Ausbildung befindliche Pfleger von unheilbar kranken Patienten dachten im dritten Jahr der Ausbildung seltener an ihren eigenen Tod, stellten sich selbst seltener als sterbend oder tot vor und dachten weniger häufig an tödliche Krankheiten oder Unfälle als ihre Kollegen im ersten Jahr der Ausbildung (SNYDER, GERTLER & FERNEAU, 1973). Diese Ergebnisse sind jedoch nicht-signifikant und daher lediglich als Tendenzen zu betrachten.

Ungewiß ist auch, ob sich die an jungen Menschen gewonnenen Resultate auf Betagte übertragen lassen. Dessen ungeachtet erscheint es lohnend, Aspekte wie Lebens- bzw. Todeserfahrung gegenüber der bisher verwendeten Altersvariablen in den Vordergrund zu rücken. In diesem Sinne äußern sich auch TISMER et al. (1973): »Man kann mit einiger Vorsicht sagen, daß Gedanken an das Lebensende nicht als eine altersabhängige Variable ... zu betrachten sind, sondern eingebettet sind in die Beurteilung und das Erleben verschiedener Charakteristika der eigenen Lebenssituation« (S. 328). Dies bedeutet eine sinnvolle Akzentverschiebung fort vom biographischen Datum »Alter« und hin zu komplexeren und aussagekräftigeren »Hintergrundvariablen«.

2.3.2. Der Zusammenhang zwischen Geschlecht und der Intensität gedanklicher Beschäftigung mit Tod und Sterben

Einen ersten, gemessen mit den Maßstäben moderner Datenverarbeitung ergänzungsbedürftigen Versuch zur Erhellung der Beziehung zwischen dem *Geschlecht* eines Menschen und der Häufigkeit, mit der er an Tod und Sterben denkt, unternahm MIDDLETON (1936). Die Fragebogenuntersuchung einer umfangreichen Stichprobe (337 männliche und 488 weibliche Studenten) zeigte, daß Männer sich intensiver mit Tod beschäftigten als Frauen. Etwa 17 % mehr Männer als Frauen sahen sich selbst in ihrer Phantasie zuweilen als sterbend oder tot, 10 % mehr Männer als Frauen hatten häufig den Gedanken, durch einen Unfall ums Leben zu kommen. MIDDLETON (1936) weist darauf hin, daß diese Resultate mit Vorsicht zu handhaben seien, Angaben zur statistischen Signifikanz der Geschlechtsunterschiede werden jedoch nicht gemacht.

Dieses Manko versuchte LESTER (1970 a) zu beseitigen. Eine Analyse von MIDDLETONS (1936) Originaldaten erbrachte Überzufälligkeit der oben mitgeteilten Ergebnisse. Im Bemühen um zusätzliche Absicherung von MIDDLETONS (1936) Ergebnissen sowie mit der Zielsetzung, eventuelle Veränderungen der Intensität gedanklicher Beschäftigung mit Tod und Sterben im Verlauf von 35 Jahren aufzuzeigen, ließ LESTER (1971 a) den Fragebogen von MIDDLETON (1936) von Studenten derselben

Universität bearbeiten, an der auch jener seine Untersuchung durchgeführt hatte. Männliche wie weibliche Versuchspersonen des Jahres 1970 waren gedanklich stärker mit der Todesthematik beschäftigt als die Versuchspersonen des Untersuchungsjahres 1935. Diese Tendenz war für Studentinnen stärker als für Studenten.

In einer Replikation seiner eigenen Untersuchung konnte LESTER (1971 b) die bisher aufgewiesene Beziehung erneut bestätigen: Studenten neigten zu intensiverer gedanklicher Auseinandersetzung mit Tod als ihre Kommilitoninnen. »Die Männer dachten mit größerer Wahrscheinlichkeit an den Tod als die Frauen (bei vier von sechs relevanten Fragebogen-Items), reagierten jedoch affektiv weniger negativ auf den Tod (bei vier von fünf relevanten Fragebogen-Items)« (S. 754).

Eine gegenläufige Beziehung berichten CAMERON et al. (1973) und ORLANS (1957), und auch TISMER et al. (1973) fanden »sehr deutliche Differenzen in bezug auf das Ausmaß der Gedanken an das Lebensende für die Männer- und Frauengruppe« (S. 383). Frauen beschäftigten sich gedanklich deutlich häufiger mit dem Tod (63 %) als Männer (46 %).

Schließlich seien mit CAMERON (1968), DICKSTEIN (1972), RHUDICK & DIBNER (1961) und SELVEY (1971) Forscher erwähnt, die keinen Zusammenhang zwischen der soziographischen Variablen »Geschlecht« und dem Ausmaß der Beschäftigung mit dem Tod fanden.

Empirische Befunde zum Zusammenhang zwischen Geschlecht und Intensität gedanklicher Beschäftigung mit Tod und Sterben sind ebenso spärlich wie widersprüchlich. Entsprechend selten sind Interpretationsversuche. Häufigere Beschäftigung mit der Todesthematik bei Frauen scheint erklärbar mit *sozialisationsbedingt divergierenden Geschlechtsrollen* (vgl. TISMER et al., 1973). Wie bereits für die soziographische Variable »Alter« vorgeschlagen, könnte auch hier die Einbeziehung subjektiver Erlebnismodi im Sinne eines geschlechtsspezifischen Selbstbildes zu gehaltvolleren Aussagen beitragen.

2.3.3. Der Zusammenhang zwischen Einkommensverhältnissen und der Intensität gedanklicher Beschäftigung mit Tod und Sterben

Tismer et al. (1973) fanden, daß häufige Beschäftigung mit der Endlichkeit des Lebens einhergeht mit geringem *Einkommen.* Dies gilt in erster Linie für Männer, bei Frauen ist diese Tendenz schwächer ausgeprägt. Bei einem Monatseinkommen von weniger als DM 600,– machten sich sowohl Männer als auch Frauen häufiger Gedanken über das Lebensende als Personen mit höherem Einkommen.

Zur Erklärung dieses Befundes mag die psychologische Bedeutung der soziographischen Variablen »Einkommensverhältnisse« herangezogen werden. Im westlichen Kulturraum trägt die Höhe des Einkommens wesentlich zum Status eines Menschen – insbesondere zum Status des Mannes – bei. Ein auch in empirischen Untersuchungen häufig benutztes Kriterium der Zuordnung zu bestimmten Kategorien der sozialen Hierarchie ist die Höhe des Einkommens. Nur hohes Einkommen ermöglicht den Erwerb von Gütern, die ihrerseits zu hohem Sozialprestige beitragen. Zwischen der Position in einer sozialen Rangreihe und dem *subjektiven Wohlergehen* des Positionsinhabers einen Zusammenhang anzunehmen, scheint berechtigt. Personen mit geringem Einkommen neigen häufiger zu Mißmut und Unzufriedenheit über ihre persönlichen Lebensumstände als Vertreter höherer Einkommensklassen.

So erweist sich der Zusammenhang zwischen Einkommensverhältnissen und Häufigkeit der Beschäftigung mit dem Tod bei eingehender Betrachtung als ein Zusammenhang zwischen einer als unlustbetont erlebten Lebenssituation und dem Ausmaß der Beschäftigung mit Tod. Der Höhe des Einkommens kommt hier nur die Bedeutung eines Indikators zu. Entscheidend für das Ausmaß der Beschäftigung mit dem Lebensende scheint zu sein, in welcher Weise ein Mensch seine Lebensumstände subjektiv erlebt.

2.4. Der Zusammenhang zwischen Hintergrundvariablen und der Intensität gedanklicher Beschäftigung mit Tod und Sterben

2.4.1. Vorbemerkungen

Charakteristikum von Merkmalen, die sich als »Hintergrundvariable« (»background variables«) zusammenfassen lassen, ist die vorrangige *Beteiligung subjektiver Erlebnisweisen.* Die im folgenden zu behandelnden Variablen lassen sich nicht in so knapper Form eindeutig und erschöpfend beschreiben wie beispielsweise Alter oder Geschlecht. Bereits bei der oben dargestellten Variablen »Einkommensverhältnisse« ließ sich zeigen, daß sie – wenngleich präzise quantifizierbar – als Indikator für subjektive Erlebnismodi aufzufassen ist und daher auf der Grenze zwischen soziographischen Variablen und Hintergrundvariablen lokalisiert werden kann. Hintergrundvariable lassen sich nur schwer mit einem Symbol eindeutig umschreiben. Es handelt sich vielmehr stets um eine komplexe Struktur, die nur selten in allen Facetten darstellbar sein wird.

2.4.2. Der Zusammenhang zwischen sozialer Integration und der Intensiät gedanklicher Beschäftigung mit Tod und Sterben

Die Variable *»Soziale Integration«* umschreibt ein Mehr oder Weniger an Einbezogensein in berufliche und private Interaktions- und Kommunikationsprozesse. Denkbar ist ein Spektrum, das von weitgehender Isolation (z. B. Haft) bis zu hochgradiger Aktivität im sozialen Feld reicht. Von daher besteht eine Verflechtung von sozialer Integration und der Art und Weise, wie ein Mensch seine allgemeinen Lebensumstände subjektiv erlebt.

Während Rhudick & Dibner (1961) bei über 70jährigen keinen Zusammenhang zwischen der Beschäftigung mit dem Lebensende und Teilaspekten sozialer Integration, wie Familienstand (ledig, verheiratet, verwitwet, geschieden) und Beschäftigungsform (im Beruf stehend, pensioniert), feststellen konnten, berichtet Munnichs (1968) für eine vergleichbare Stichprobe einen solchen Zusammenhang. Gedankliche Auseinandersetzung mit der Endlichkeit – hier positiv akzentuiert im Sinne von Bewältigung – wurde verstärkt bei Personen mit vielfältigen Betätigungen und zahlreichen Sozialkontakten beobachtet. Hingegen wurde geringe Beschäftigung mit dem Lebensende als charakteristisch für Personen mit weniger Sozialkontakten (im privaten Bereich) festgestellt.

Tismer et al. (1973) verweisen mit Blick auf ihre im Mittel 67,5jährigen Versuchspersonen auf anders geartete Zusammenhänge. Ihre Befunde besagen, daß Gedanken an das Lebensende häufiger »innerhalb der Gruppe derer, die angeben, nie mit ihren Kindern und Enkeln, Verwandten, Freunden und Bekannten sowie Nachbarn zusammenzukommen« (S. 379) anzutreffen sind. Ferner zeigte sich, daß vor allem alleinstehende Männer sich häufiger mit Fragen nach dem Lebensende befassen als Männer, die zusammen mit der Ehefrau bzw. den Kindern wohnen. So dachten männliche Strafgefangene (Durchschnittsalter 29,1 Jahre) häufiger und lebhafter an ihren eigenen Tod einschließlich Suizid als Studenten verschiedener Fachrichtungen (Stacey & Markin, 1952).

In diesem Zusammenhang scheint auch der *Familienstand* relevant. Die Arbeit von Tismer et al. (1973) zeigte, daß »für das Erleben der Verheirateten im Unterschied zu den verwitweten, geschiedenen und ledigen Männern die Auseinandersetzung mit Fragen nach dem Lebensende weniger bedeutsam« (S. 379) ist. Diese Aussagen gelten in gesicherter Form für Männer; für Frauen zeichnen sich entsprechende Tendenzen ab. Die dargestellten Befunde beziehen sich hauptsächlich auf interpersonale Beziehungen im privaten Bereich, die als sozialemotionale Variablen an der Regulation des subjektiven Wohlbefindens eines Menschen mitbeteiligt sind.

Weitet man die Variable »Soziale Integration« über diesen engen Rahmen auf die weiteren Lebensumstände eines Menschen aus, so ist die *Stabilität bzw. Instabilität der Umgebung* zu berücksichtigen. Lieberman & Coplan (1970) definierten in ihrer Untersuchung an alten Menschen (65 bis 91 Jahre) eine »stabile Umgebung« als gegeben, wenn eine Versuchsperson seit drei bis fünf Jahren in einem Heim oder einer vergleichbaren Gemeinschaft gelebt hatte und eine Veränderung dieser Situation nicht in Aussicht stand. »Instabile Umgebung« war gegeben, wenn eine Versuchsperson erst kürzlich in einem Heim aufgenommen worden war oder darauf wartete, in naher Zukunft aufgenommen zu werden, d. h. ihren bisherigen Lebensraum bald verlassen würde. Alte Menschen in instabiler Umgebung neigten zu intensiverer Beschäftigung mit dem Tod als alte Menschen in stabiler Umgebung. Die mit einer Veränderung der Lebens- und Wohnsituation insbesondere für alte Menschen verbundenen Umstrukturierungsleistungen, die subjektiv erlebten Risiken und Gefährdungen scheinen eine verstärkte gedankliche Auseinandersetzung mit der Todesthematik anzuregen (vgl. auch DICKSTEIN, 1972).

In vorläufiger Einschätzung scheint geringe soziale Integration einschließlich instabiler Umgebung geeignet, gedankliche Beschäftigung mit der Todesthematik anzuregen, wobei als Inhalte dieser Beschäftigung negative Aspekte (Unsicherheit, Besorgnis, Angst) angenommen werden können. Einbezogensein in vielfältige personale Interaktionsprozesse scheint Beschäftigung mit der Endlichkeit im – positiv akzentuierten – Sinne von Auseinandersetzung und Bewältigung zu begünstigen.

2.4.3. Der Zusammenhang zwischen Religiosität und der Intensität gedanklicher Beschäftigung mit Tod und Sterben

In den einschlägigen Publikationen wird versucht, *»Religiosität«*, »religiöses Engagement«, Verbindlichkeit von Glaubensinhalten, »religiöse Überzeugung« durch Befragung der Versuchspersonen zu erfassen. Mit Fragebogen werden Informationen erhoben über die Häufigkeit des Besuchs von Gottesdiensten, die Frequenz der Bibellektüre, den Einfluß von Glaubensinhalten auf die Gestaltung der individuellen Lebensführung, um von daher ein Maß für die Bedeutung von (christlichen) Glaubensinhalten für den einzelnen abzuleiten.

Einen Zusammenhang zwischen Religiosität und Häufigkeit der Gedanken an den Tod berichtet FEIFEL (1956). Insassen eines Altersheims (Durchschnittsalter 67 Jahre) mit starkem religiösem Engagement dachten häufiger an den Tod als eine hinsichtlich Religion indifferente Kontrollgruppe. Zu übereinstimmenden Ergebnissen gelangte SWENSON (1961). Er fand bei einer vergleichbaren Personengruppe (Heimbewohner; Alter: 60 Jahre und älter), daß Personen mit festverwurzelten religiösen Überzeugungen ihre Gedanken häufiger auf den Tod richten, sich nachhaltiger mit dem Faktum Tod auseinandersetzen bzw. einer Auseinandersetzung damit weniger ausweichen als religiös weniger engagierte Menschen. Neigung zu gedanklicher Beschäftigung mit dem Tod wurde auch bei orthodox Religiösen beobachtet (CHASIN, 1968).

Kein gesicherter Zusammenhang ist hingegen den Untersuchungen von DANBLON & GODIN (1971), DICKSTEIN (1975) und MARTIN & WRIGHTSMAN (1965) zu entnehmen. In diesen Arbeiten zeigten sich keinerlei Unterschiede zwischen religiös engagierten und religiös indifferenten Versuchspersonen hinsichtlich der Häufigkeit gedanklicher Auseinandersetzung mit dem Tod. Sie bestätigen damit die Auffassung LESTERS (1971 c), der keinen triftigen Grund sieht, warum sich religiöse von nicht-religiösen Personen hinsichtlich der Häufigkeit ihrer Gedanken an Tod und Sterben unterscheiden sollten. »Tatsächlich gibt es *a priori* keinen Grund zu der Annahme, daß religiöse Menschen in Bezug auf Tod qualitativ oder quantitativ andere Erfahrungen haben als nicht-religiöse Menschen« (S. 108).

2.4.4. Der Zusammenhang zwischen Zeiterleben und der Intensität gedanklicher Beschäftigung mit Tod und Sterben

Eine *auf Zukunft ausgerichtete Zeitperspektive* (»future time perspective«) erwies sich in der Studie von DICKSTEIN & BLATT (1966) bei solchen Versuchspersonen als verkürzt, die sich gedanklich intensiv mit Tod beschäftigten. Versuchspersonen (Studenten), für die die Beschäftigung mit der Endlichkeit des Lebens einen breiten Raum einnahm, neigten dazu, stärker in der Gegenwart als in der Zukunft zu leben. Ein ebenfalls auf Studenten bezogener positiver Zusammenhang von .407 zwischen retrospektiver Zeitwahrnehmung und Beschäftigung mit Tod und Sterben weist in dieselbe Richtung (Dickstein, 1975).

Diese Befunde erlauben mehrere Deutungen (vgl. Dickstein & Blatt, 1966). Zum einen kann intensive Beschäftigung mit dem Tod verstanden werden als Folge einer für das Individuum charakteristischen Art des Zeiterlebens. Konkret bedeutet dies, daß Personen, die ihre Zukunft weit voraus planen, sich wenig mit dem Tod beschäftigen, da er ihnen zu fern erscheint. Personen hingegen, die primär in der Gegenwart leben, für die Zukunft also nicht »erfüllte«, sondern »leere« Zeitstrecke ist (vgl. Wittkowski, 1971), erleben den Tod weniger als fernliegend, sondern als näher bevorstehend. Sie setzen sich daher stärker mit dieser Thematik auseinander.

Zum anderen kann eine in entgegengesetzter Richtung verlaufende Beziehung postuliert werden: Aus nicht näher bestimmten Motiven beschäftigt sich ein Mensch intensiv mit der Endlichkeit des Lebens. Da der Tod für ihn großen Realitätswert besitzt, erscheint ihm Planung in die Zukunft nebensächlich. *Zukunftsbezogenheit* ist daher eingeschränkt.

Der in ersterer Interpretationshypothese formulierte Zusammenhang zwischen Gegenwartsbezogenheit und dem Ausmaß der Beschäftigung mit dem Tod wird durch Kastenbaum (1965 a) vorläufig, da spekulativ anmutend, ergänzt. Ausgehend von der Annahme subjektiv erlebter »Zeitfelder«, die, wie die Glieder einer Kette sich aneinanderreihend, die Lebensspanne eines Menschen in dessen Bewußtsein ausmachen, untersuchte er Strukturierungsmodi (»structuring principles«, SP) von Zeit an einer studentischen Stichprobe. Er erhielt Anhaltspunkte dafür, daß das Zeitfeld »Gegenwart« ebenso wie das der nahen Zukunft ein und derselben emotional positiv getönten Strukturierungsweise unterliegt (»SP/dominant«). Davon abgegrenzt unterliegen ferne und für junge Menschen vergleichsweise unstrukturierte Bereiche der individuellen Lebenslinie einem anderen, emotional negativ gefärbten Strukturierungsmodus (»SP/death«). Eine studentische Personengruppe neigt nach diesen Ergebnissen dazu, Gedanken an die eigene ferne Zukunft und damit auch an den Tod zu vermeiden. In diesem Konzept ist gedankliche Auseinandersetzung mit Fragen der Endlichkeit des Daseins wahrscheinlicher bei Personen, die auf die Gegenwart oder die nächste Zukunft ausgerichtet sind.

Ein dritter Erklärungsversuch führt sowohl verkürzte Zeitperspektive als auch intensive Beschäftigung mit dem Tod auf eine gemeinsame Ursache zurück: Eine von Depression und Verzweiflung gekennzeichnete Stimmungslage. »Beides, Beschäftigung mit dem Tod und verkürzte Zeitperspektive, kann Hoffnungslosigkeit widerspiegeln« (Dickstein & Blatt, 1966, S. 16).

2.4.5. Der Zusammenhang zwischen physisch-psychischem Wohlergehen und der Intensität gedanklicher Beschäftigung mit Tod und Sterben

Der *subjektiv beurteilte körperliche Gesundheitszustand* ebenso wie der Grad psychischen Wohlbefindens wird mittels Fragebogentechnik (z. B. Cornell Medical Index, CMI) in Erfahrung gebracht und zur Häufigkeit der gedanklichen Beschäftigung mit Tod in Beziehung gesetzt. Dabei ist freilich zwischen somatischem und psychischem Aspekt nicht streng zu trennen. Ausgehend von einer psycho-physischen Wechselwirkung (vgl. Arnold, 1975, S. 99–102) kann angenommen werden, daß die körperliche Verfassung eines Menschen, wie sie sich in seinem Erleben repräsentiert, seine Stimmungslage beeinflußt. Gegenläufige Bedingungsverhältnisse sind gleichermaßen möglich, im vorliegenden Kontext jedoch von untergeordneter Bedeutung.

Swenson (1961) fand ebenso wie Rhudick & Dibner (1961) bei Versuchspersonen, die ihre Gesundheit als gut bezeichneten, die Tendenz, wenig an Tod und Sterben zu denken. Versuchspersonen mit subjektiv als schlecht erlebtem Gesundheitszustand setzten sich vergleichsweise häufiger mit Fragen der Endlichkeit des Daseins auseinander. In dieselbe Richtung weisen die Ergebnisse von Tismer et al. (1973).

In die Ergebnisse Swensons (1961) gehen freilich qualitative Aspekte einer Beschäftigung mit dem Tod ein. Seltene Auseinandersetzung mit der Endlichkeit des Lebens bei Personen mit guter Gesundheit ist zu verstehen als ein aktives Ausweichen vor dieser Thematik und gestattet daher den Schluß auf eine unlustbetonte Einstellung ihr gegenüber. Dementsprechend wird die Einstellung von Personen in subjektiv erlebt schlechter gesundheitlicher Verfassung als positiv gekennzeichnet. Qualitative Aspekte dieser Art stehen in engem Zusammenhang mit dem hier vorgestellten quantitativen Aspekt einer Beschäftigung mit Tod und Sterben. Soweit möglich wurden sie bisher ausgeklammert. Sie werden später ausführlicher dargestellt werden.

Analoge Befunde liegen auch für den Zusammenhang zwischen *objektivem Gesundheitszustand* und der Intensität gedanklicher Beschäftigung mit Tod und Sterben vor. So fanden FEIFEL, FREILICH & HERMANN (1973) bei Patienten mit schweren Karzinom- bzw. Herzerkrankungen signifikant häufiger Gedanken an den Tod als bei Gesunden. RICHARDSON & FREEMAN (1968) vertreten ebenso wie JEFFERS & VERWOERDT (1969) die Ansicht, daß intensive Beschäftigung mit dem Tod gehäuft bei Personen in schlechtem Gesundheitszustand auftritt. Entsprechende Unterschiede zwischen klinisch Auffälligen (»mentally ill«) bzw. Schizophrenen und »Normalen« blieben unterhalb des üblichen Signifikanzniveaus (FEIFEL & HERMANN, 1973; LESTER & SCHUMACHER, 1969).

2.5. Der Zusammenhang zwischen Persönlichkeitsmerkmalen und der Intensität gedanklicher Beschäftigung mit Tod und Sterben

Persönlichkeitsdimensionen, obwohl von erheblicher Bedeutung für die Psychologie, wurden im vorliegenden Zusammenhang bisher kaum beachtet. Das wenige empirische Material spiegelt zaghafte Einzelvorstöße wider. Durch Persönlichkeitsfragebogen (Minnesota Multiphasic Personality Inventory, MMPI) operationalisierte Persönlichkeitsmerkmale wurden von RHUDICK & DIBNER (1961) verwendet. Intensive Beschäftigung mit dem Tod ging einher mit hohen Werten in den MMPI-

Skalen Hs, Hy, Dp und Im. Versuchspersonen mit häufigen Gedanken an den Tod waren gekennzeichnet durch abnorm starke Beachtung eigener Körperfunktionen, durch depressive Stimmungslage, Insuffizienzgefühle und affektive Labilität. Die Autoren postulieren aufgrund dieser Resultate einen Zusammenhang zwischen der Häufigkeit gedanklicher Beschäftigung mit dem Tod und Persönlichkeitsdimensionen, die sie als *neurotische Tendenzen* zusammenfassen. »Die Art der neurotischen Konstellation, die durch diese Ergebnisse aufgewiesen wird, ist die der gedanklichen Beschäftigung und des Rückzugs auf körperliche Symptome, Abhängigkeit, affektive Labilität und Depression« (RHUDICK & DIBNER, 1961, S. 48; vgl. auch JEFFERS & VERWOERDT, 1969).

Im Rahmen der Konstruktvalidierung seiner »Death Concern Scale« erhielt DICKSTEIN (1972) signifikant positive Korrelationen (.36 für männliche, .30 für weibliche Versuchspersonen) mit der »Manifest Anxiety Scale« (MAS, TAYLOR, 1953). Die Intensität gedanklicher Beschäftigung mit dem Tod erscheint im Licht dieser Resultate als Ausdruck einer allgemeinen Angstdisposition. In derselben Untersuchung ergab sich auch ein – keineswegs überraschender – positiver Zusammenhang mit der »Repression-Sensitization Scale« (R-S Skala, BYRNE, 1961). Versuchspersonen, die sich intensiv mit der Todesthematik beschäftigten, neigen den Verarbeitungsmodus einer Bedrohung betreffend zu gedanklicher Auseinandersetzung mit dieser Bedrohung, Versuchspersonen mit geringer Beschäftigung mit dem Tod tendieren hingegen zu Vermeidung.

Die Zunahme todbezogener Themen in TAT-Geschichten bei Personen, die glaubten, bei der Bewältigung von Problemlösungsaufgaben versagt zu haben (ROTHMAN, 1963), bieten einen ersten Hinweis auf mögliche Zusammenhänge zwischen *Erfolgs- bzw. Mißerfolgsmotivation* und der Intensität gedanklicher Beschäftigung mit Tod und Sterben. Ebenfalls kaum mehr als eine Anregung für weitere Forschungen ist in der signifikant unterschiedlichen Ausprägung von *sozialer Erwünschtheit* bei drei hinsichtlich der Intensität ihrer Beschäftigung mit Tod verschiedenartigen Versuchspersonen-Gruppen zu sehen (DICKSTEIN, 1975). Versuchspersonen, die sich häufig mit Tod auseinandersetzten, zeigten weniger soziale Erwünschtheit als Versuchspersonen mit mittlerer oder geringer Intensität der Todesbeschäftigung.

2.6. Zusammenfassung und Diskussion

Die psychologische Todesforschung beschäftigt sich kaum mit der isolierten Betrachtung der Intensität gedanklicher Auseinandersetzung mit Tod und Sterben. Versucht wird vielmehr, verschiedene Merkmalsbereiche in Beziehung zu setzen zur Häufigkeit der Beschäftigung mit dem Tod. Die hierzu vorgestellten Ergebnisse vermitteln ein keineswegs einheitliches Bild. Die Ursache dafür mag in der nicht immer hinreichend deutlich vorgenommenen *Unterscheidung von eigenem und fremdem Tod* gesehen werden. BROMBERG & SCHILDER (1933) sowie DANBLON & GODIN (1971) zählen zu den wenigen Forschern, in deren Untersuchungen eine solche Abgrenzung eingeht. Darüber hinaus lassen die meisten Arbeiten eine differenzierte Betrachtung von »Tod« einerseits und »Vorgang des Sterbens« andererseits vermissen. Es scheint daher berechtigt, divergierende Resultate mit vielfach in die Untersuchungen eingehenden begrifflichen Unschärfen sowie darüber hinaus auch mit Unterschieden in der Stichprobenwahl (vgl. FULTON, 1961) zu erklären, die eine sinnvolle Vergleichbarkeit der Ergebnisse behindern.

Verwirrung mag auch ihre Ursache darin haben, daß der hier behandelte *quantitative Aspekt von Einstellungen zum Tod* nicht immer eindeutig genug von der *qualitativen Komponente der Angst* abgegrenzt worden ist (vgl. KASTENBAUM & AISENBERG, 1972, S. 76). Implizit verstehen zahlreiche Untersucher intensive Beschäftigung mit dem Tod annähernd in demselben Sinn wie angstvolle Beschäftigung mit dem Tod, eine Auffassung, die einerseits Mißverständnisse begünstigt, andererseits aber empirisch belegbar ist.

Eine Faktorenanalyse von DICKSTEINS (1972) »Death Concern Scale«, die vorgibt, »bewußte Besinnung auf die Realität des Todes und negative Einschätzung dieser Realität« (S. 564) zu erfassen, deckt zwei obiger Kennzeichnung entsprechende miteinander korrelierende Faktoren auf: bewußte Auseinandersetzung einerseits, negative Einschätzung andererseits. Beide Dimensionen stimmen mit einer durch fünf unabhängige Beurteiler vorgenommenen Einstufung der Items überein (Klug & Boss, 1976). Während Baird (1972) lediglich auf die sinngemäß gleiche Unterscheidung von Beschäftigung mit dem Tod (»thinking about death«) und Angst vor dem Tod (»having anxiety about death«) verweist, fand Selvey (1971, 1973) bei männlichen und weiblichen Studenten eine positive Beziehung zwischen beiden Komponenten. Gegenläufige Zusammenhänge wurden gleichfalls beobachtet. Angst vor dem Tod ging bei einer studentischen Stichprobe einher mit geringer Auseinandersetzung mit dieser Thematik (O'Connell, 1968). Einzig Durlak (1973 a) erhielt keine signifikanten Korrelationen zwischen Häufigkeit der Gedanken an den Tod und Angst vor dem Tod.

Wenngleich uneinheitlich, machen diese Befunde doch folgendes deutlich: 1. »Beschäftigung mit Tod und Sterben« scheint definiert durch den quantitativen Merkmalsbereich der Auseinandersetzung sowie durch den qualitativen Merkmalsbereich der Angst; 2. beide Merkmalsbereiche korrelieren miteinander.

Die Schwierigkeit, lediglich den quantitativen Aspekt zu behandeln, wie dies in vorstehenden Ausführungen versucht wurde, ist damit offensichtlich. Sie ist als noch größer einzuschätzen, wenn es um empirische Untersuchungen geht. Im Sinne größerer Klarheit wäre allerdings ein Hinweis auf das Vorhandensein zweier Komponenten bzw. auf eventuelle Akzentuierungen bei der empirischen Untersuchung der Intensität gedanklicher Beschäftigung mit Tod und Sterben zu fordern.

Der quantitative Aspekt gedanklicher Beschäftigung mit dem Tod wird vielfach in Beziehung gesetzt zu sogenannten *Hintergrundvariablen.* Trotz widersprüchlicher Einzelbefunde erweist sich das subjektive Erleben eines Menschen (Wohlbefinden, Unwohlsein) als durchgängig bedeutsames, allen anderen Hintergrundvariablen zugrunde liegendes Merkmal. *»Physisch-psychisches Wohlergehen«* kann so als zentrale Variable betrachtet werden, um die sich alle anderen Variablen anordnen lassen. Eine ähnliche Ansicht äußern auch TISMER et al. (1973) mit Bezug auf alte Menschen: »Das gibt zu der Vermutung Anlaß, daß ein spezifisches Einstellungssyndrom im Erleben einer bestimmten Gruppe älterer Menschen verstärkt in den Vordergrund tritt; dabei ist nach unseren Befunden davon auszugehen, . . , daß hier vor allem die subjektive Einschätzung des Gesundheitszustandes zur Ausbildung dieses Syndroms beiträgt« (S. 382).

Die Bedeutung subjektiven Erlebens für die Hintergrundvariable *»Religiosität«* betont ARNOLD (1968). »Die überragende Bedeutung des Wahrnehmungserlebens für das religiöse Erleben wird ganz klar gesehen und gleichzeitig damit die Notwendigkeit, in dieser Richtung die moderne Forschung zu intensivieren. Es handelt sich vorwiegend um bewußte Vorgänge, die durch empfindungsgebundene Wahrnehmungen (. . .) auf den Menschen zukommen, von ihm erlebt werden und dann durch ihn eine Deutung erfahren, die interindividuell, ja sogar intraindividuell verschieden sein kann. In dieser Dimension des wahrnehmungsgebundenen Erlebens und Deutens liegt die religiöse Erfahrung auch für den modernen Menschen« (S. 48).

Übertragung dieser Betrachtungsweise auch auf soziographische Variable (z. B. Alter, Geschlecht) bedeutet, die von THOMAE (1971) vorgestellte *»Kognitive Theorie der alternden Persönlichkeit«* mit ihren zentralen Begriffen des »subjektiven Lebensraumes« bzw. der »erlebten Situation« im Bereich der Thanatopsychologie anzuwenden. Von Bedeutung scheint hauptsächlich das erste Postulat der Theorie: »Verhaltensänderung kovariiert stärker mit erlebter Veränderung als mit objektiver Veränderung« (S. 10).

Damit wäre der Notwendigkeit, stärker als bisher den psychologischen Gehalt soziographischer Variablen herauszuarbeiten, wie sie auch in Nachbardisziplinen erkannt wird (vgl.

BRAUN, 1971), entsprochen. Ein erster, naturgemäß vorläufiger Schritt in diese Richtung blieb freilich ohne Erfolg. Bei Pflegepersonal aller Altersklassen ergab sich zwischen der Häufigkeit gedanklicher Beschäftigung mit dem Tod und den Einstellungen gegenüber alten Menschen ein Korrelationskoeffizient von .03 (THORSON & ACKERMAN, 1975).

Schließlich wäre bei der Erforschung der Intensität gedanklicher Beschäftigung mit dem Tod stärkere Akzentuierung von *Persönlichkeitsmerkmalen* wünschenswert. In der referierten Literatur weist einzig MUNNICHS (1968) explizit auf ihre Bedeutung hin: »Allerdings neigen wir dazu, der Persönlichkeit des Betagten selbst große Bedeutung zukommen zu lassen. Je nach der Persönlichkeitsstruktur setzt sich der Betagte mit Endlichkeit und Tod anders auseinander« (S. 599).

Ein Berührungspunkt von Persönlichkeitsmerkmalen und subjektiver Erlebensweise ist in dem Konstrukt *»Selbst-Konzept«* zu sehen. Auch hier sind empirische Belege äußerst spärlich (vgl. FEIFEL, 1956; LIEBERMAN & COPLAN, 1970), verstärkte Berücksichtigung der Variablen »Selbst-Konzept«, »Selbst-Bild«, »Selbst-Einschätzung« o. ä. scheint geboten.

3. Psychische Veränderungen in Abhängigkeit von der zeitlichen Distanz zum eigenen Tod

3.1. Vorbemerkungen

Wissenschaftliche Beschäftigung mit Verhaltens- und Erlebensmodifikationen in Abhängigkeit von der Todesnähe bedeutet qualitative Aspekte des Erlebens in Beziehung zu setzen zu einem bisher wenig beachteten soziographischen Datum.

»Zeitliche Distanz zum eigenen Tod« kann weit oder eng gefaßt werden. Ein *weites Verständnis* hängt mit der grundsätzlichen Altersunabhängigkeit dieser Variablen zusammen. Da sich für jedes Individuum an jedem Tag der zeitliche Abstand zu seinem Tod verringert, beinhaltet ein weites Verständnis streng genommen die gesamte Lebensspanne eines Menschen einschließlich seiner Kindheit und Jugend. In diesem Zusammenhang kann ein Teilergebnis der Arbeit von BROMBERG & SCHILDER (1933) gesehen werden, der zufolge Erwachsenen eine rationale Haltung gegenüber Tod und Sterben eigen ist im Gegensatz zu einer mystisch-irrationalen Einstellung bei Kindern. Freilich dient die Erwähnung dieses Befundes hier mehr der Erläuterung eines weiten Verständnisses von zeitlicher Distanz zum eigenen Tod. Sachlich angemessener ist dies im Rahmen einer Entwicklungspsychologie des Todeserlebens zu sehen, die jedoch nicht Gegenstand vorliegender Arbeit ist.

»Zeitliche Distanz zum eigenen Tod«, *eng gefaßt*, bedeutet eine Eingrenzung auf die letzten Lebensjahre alter Menschen. Dieses enge Verständnis liegt den nicht eben zahlreichen Publikationen zu diesem Thema zugrunde. Der bevorzugte methodische Zugang ist die Längsschnittuntersuchung: Testuntersuchungen werden in bestimmten Abständen wiederholt, die Resultate auf Veränderungen geprüft. Je nach der Lebensdauer der Versuchspersonen, bezogen auf einen fiktiven Zeitpunkt während der Untersuchung, wird a posteriori eine Gruppe von Versuchspersonen, die zum Zeitpunkt der Datenerhebung ihrem Tod bereits nahe war, einer Versuchspersonen-

Gruppe gegenübergestellt, die noch während eines längeren Zeitraums nach Abschluß der Untersuchung gelebt hat.

3.2. Veränderungen kognitiver Funktionen in Abhängigkeit von der zeitlichen Distanz zum eigenen Tod

Kognitive Funktionen bezeichnen jenes Instrumentarium eines Lebewesens, das es ihm ermöglicht, Kenntnis von einem Objekt zu erhalten oder sich seiner Umwelt bewußt zu werden. Dazu zählen *Wahrnehmungs- und Gedächtnisleistungen, Lernfähigkeit, Denkstil, Vorstellung- und Urteilsfähigkeit* sowie die *Beherrschung der Sprache.* Kognitive Funktionen haben maßgeblichen Anteil daran, ob bzw. wie erfolgreich sich ein Individuum mit seiner Umwelt auseinandersetzen kann.
Mit einer Serie ähnlich konzipierter Längsschnittuntersuchungen versuchten LIEBERMAN (1965, 1966) und LIEBERMAN & COPLAN (1970), Unterschiede zwischen einer dem eigenen Tod nahen Versuchspersonen-Gruppe (»death near«, DN, Tod innerhalb eines Jahres nach der Untersuchung) und einer vom eigenen Tod weiter entfernten Versuchspersonen-Gruppe (»death far«, DF, Tod frühestens ein bzw. drei Jahre nach Abschluß der Untersuchung) zu erfassen. Alle Versuchspersonen waren zwischen 65 und 91 Jahre alt.

Es zeigte sich, daß DN-Versuchspersonen hinsichtlich kognitiver Funktionen wie *räumlich-zeitlicher Orientierung* und *Kurzzeitgedächtnis* einen signifikanten Leistungsabfall aufwiesen, verglichen mit DF-Versuchspersonen. Dieses Ergebnis gewinnt dadurch an Bedeutung, daß Krankheit allein bei vergleichbaren Versuchspersonen ohne Einfluß auf kognitive Leistungsfähigkeit war. Es wird interpretiert als beginnende Unfähigkeit, Umweltreize zu organisieren und in eigene Handlungsbezüge zu integrieren im Sinne eines »subjective chaos« (LIEBERMAN, 1965, S. 190).

Ebenfalls anhand einer Längsschnittstudie gewonnene Befunde bestätigen zwar eine Reduzierung von Intelligenzleistungen im hohen Alter, widersprechen aber einer zusätzlichen Minderung dieser und anderer Merkmale kurz vor dem

Tod. »Mit anderen Worten, diese Untersuchungen zeigen, daß verschiedene Funktionen mit zunehmendem Alter oder nahendem Tod stetig abnehmen, aber keine dieser Funktionen zeigt einen stark beschleunigten Abfall kurz vor dem Tod« (PALMORE & CLEVELAND, 1976, S. 79).

Ein weiteres für Versuchspersonen spezifisches Merkmal ist in den Arbeiten von CAPPON (1959) und LIEBERMAN (1966) *Hoffnungslosigkeit.* Sie äußert sich u. a. in verkürzter Zeitperspektive: Zukunft ist für Menschen in unmittelbarer Todesnähe bedeutungslos (vgl. auch VERWOERDT & ELMORE, 1967). Hoffnungslosigkeit wird von LIEBERMAN (1966) in engem Zusammenhang gesehen mit Unzufriedenheit über das Versagen eigener Körperfunktionen während der letzten Lebensmonate. Versuchspersonen, die nicht mehr als ein Jahr zu leben hatten, zeigten nämlich deutlich verstärktes Interesse an ihrem Körper. Hoffnungslosigkeit kann verstärkt werden durch die Erfahrung des Moribunden, auf die Gestaltung persönlicher Beziehungen immer weniger Einfluß nehmen zu können und unaufhaltsam in eine Randposition zu geraten.

Die Existenz von Hoffnungslosigkeit bei kurz vor ihrem Tod stehenden Versuchspersonen bleibt nicht unwidersprochen. Nach den Erfahrungen von KÜBLER-ROSS (1973, 1974, 1975 b) aus der praktischen Arbeit mit Schwerkranken und Sterbenden herrscht nicht so sehr Hoffnungslosigkeit als vielmehr *Hoffnung* vor. Hoffen auf rasche Genesung, auf die Entwicklung eines neuen Medikaments in letzter Minute oder auch global auf ein »Wunder« beherrscht das Denken von Menschen bis unmittelbar vor Eintritt des Todes. Aber auch nach den Erfahrungen dieser Autorin ist das Aufgeben von Hoffnung als Indikator für unmittelbar bevorstehenden Exitus anzusehen.

Als charakteristisch für DN-Versuchspersonen erwies sich ferner eine ausgeprägte *Bereitschaft zur Kommunikation* (LIEBERMAN, 1966; LIEBERMAN & COPLAN, 1970). Relativ kurz vor ihrem Tod stehende Versuchspersonen dokumentierten starkes Interesse an ihrer Umgebung im allgemeinen und an anderen Menschen im besonderen. Dem stehen Beobachtungen von CAPPON (1959) an Kranken und Sterbenden entgegen, denen zufolge das Kommunikationsbedürfnis der untersuchten Patienten mit zunehmender Todesnähe schwächer wurde.

3.3. Veränderungen der Stimmungslage in Abhängigkeit von der zeitlichen Distanz zum eigenen Tod

Beim Vergleich von Versuchspersonen in relativer Nähe des eigenen Todes mit vom eigenen Tod weiter entfernten Versuchspersonen zeichnen sich Veränderungen hinsichtlich *Depressivität* einerseits und *Aggressivität* andererseits ab.

Auf die bei DN-Versuchspersonen angetroffene Hoffnungslosigkeit wurde bereits hingewiesen. Sie kann – wenigstens in phasischen Schwankungen – als Merkmal von Menschen in der Endphase ihres Lebens angesehen werden. Eine Kette von Frustrationen (z. B. körperlicher Verfall, schwindende Integration in eine Gemeinschaft) kann einerseits als Ursache von Hoffnungslosigkeit, andererseits aber auch als auslösendes Moment von Depressivität aufgefaßt werden.

KÜBLER-ROSS (1973, 1974, 1975 b) betrachtet das Vorherrschen einer depressiven Stimmungslage als eine von mehreren Phasen, die ein unheilbar Kranker als »vorbereitenden Schmerz« (1973, S. 59) über den baldigen Tod durchlebt. Obwohl Kritiker der Phasen-Lehre von KÜBLER-ROSS, stimmen SCHULZ & ADERMAN (1974) mit ihr hinsichtlich der Depressivität kurz vor dem Tod überein, geben jedoch den möglichen Einfluß von Medikamenten zu bedenken. Mit dem Gesundheitszustand nur in mittelbarem Zusammenhang stehende Sachverhalte wie finanzielle Probleme, unzureichende Versorgung von Angehörigen u. ä. können eine depressive Stimmungslage bis zur Verzweiflung steigern. Keinen gesicherten Zusammenhang zwischen Depressivität und zeitlicher Distanz zum eigenen Tod fand MYLER (1967) bei hochbetagten Kriegsveteranen.

Neben einer depressiv-gedrückten wird eine erregte und gereizte Stimmungslage beschrieben. Den Kasuistiken von CAPPON (1959) und KÜBLER-ROSS (1973, 1974, 1975 b) zufolge neigen kurz vor ihrem Tod befindliche Patienten zu Feindseligkeit und Haß. Es kommt zu einem Hadern mit dem eigenen Schicksal, zu Neidgefühlen gegenüber Jungen und Gesunden und als Folgeerscheinung zu Wut- und Zornausbrüchen, die sich ziellos gegen jedermann richten können.

Es muß noch angemerkt werden, daß Aussagen über Angst in Abhängigkeit von der Distanz zum eigenen Tod zu spärlich sind, um einen auch nur annähernd gesicherten Eindruck zu vermitteln. Feifel & Branscomb (1973) fanden keine signifikante Beziehung zwischen Angst vor dem Tod und zeitlicher Distanz zum eigenen Tod, weder auf bewußter noch auf unbewußter oder Phantasie-Ebene. Wenn Cappon (1959) und Witzel (1973) feststellen, Angst vor dem Tod komme bei Schwerkranken und Sterbenden nur vereinzelt vor bzw. nehme mit Verschlechterung des Gesundheitszustandes, d. h. mit näherkommendem Todeszeitpunkt ab, so sind diese Aussagen angesichts des Stichprobenumfanges bzw. des methodischen Vorgehens der Untersuchungen kaum als endgültig anzusehen.

3.4. Veränderungen kognitiver und affektiver Merkmale in klinisch-phänomenologischen Studien

Anhand der bisher referierten vorwiegend empirischen Untersuchungen konnten einige Aspekte psychologischer Veränderungen in Abhängigkeit von der zeitlichen Distanz zum eigenen Tod dargestellt werden. Dabei handelte es sich um isolierte Segmente eines in Wahrheit dynamischen Prozesses. Die Tatsache, daß einzelne kognitive und affektive Merkmale in wechselseitiger Beziehung zueinander stehen und als Bestandteile eines umfassenderen Verarbeitungsprozesses des eigenen Todes aufgefaßt werden können, nötigt – die Gefahr von Wiederholungen in Kauf nehmend – zu einer beide Merkmalsbereiche umfassenden Darstellung.

Kübler-Ross (1973, 1974, 1975 b) legt mit ihren Publikationen einen Erfahrungsbericht über therapeutische Bemühungen bei mehr als 200 Schwerkranken und Sterbenden vor. Die Arbeiten vermitteln in erster Linie Ratschläge für den Umgang mit Sterbenden. Die in zahllosen Gesprächen gewonnenen Informationen lassen sich jedoch auch als Längsschnittuntersuchung über das Verhalten unheilbar Kranker auffassen. Zwar fehlen exakte Angaben über die Todesnähe, so daß ein direkter Vergleich mit den Ergebnissen von LIEBERMAN (1965, 1966) und LIEBERMAN & COPLAN (1970) nicht möglich ist, doch rechtfertigt eine integrierende Darstellung des letzten Lebensabschnittes detaillierteres Referieren.

KÜBLER-ROSS (1973, 1974, 1975 b) versteht Sterben nicht als ein punktuelles Ereignis, sondern als einen längerwährenden Prozeß, der in der Regel mit der Diagnose einer unheilbaren Krankheit beginnt. Der Sterbevorgang umfaßt fünf Phasen: *Nichtwahrhabenwollen und Isolierung, Zorn, Verhandeln, Depression, Zustimmung.*

Nichtwahrhabenwollen und Isolierung (»denial and isolation«) kommt in Äußerungen und im Verhalten des Patienten zum Ausdruck. Im Gespräch wird die Tatsache des zu erwartenden baldigen Todes abgestritten, neue ungünstige Informationen werden abgelehnt, Kleidung und äußeres Erscheinungsbild werden so gewählt, als existiere eine lebensbedrohende Krankheit nicht. Bei dieser ersten Phase, die mit einer ersten Konfrontation mit dem eigenen Sterbenmüssen zusammenfällt, handelt es sich um eine Abwehr, die notwendig ist, um die Funktionsfähigkeit des Individuums weiterhin zu gewährleisten. Nichtwahrhabenwollen wird von CAPPON (1959) sowie von SWANSON (1975) aufgrund ähnlich gewonnener Erfahrungen mit vergleichbarem Patientengut bestätigt und von CAPPON (1959) um Rationalisierung als einer zusätzlichen Form von Abwehr ergänzt. Freilich sind Nichtwahrhabenwollen und Isolierung nicht dauernd wirksam, sondern treten von Zeit zu Zeit stärker bzw. schwächer in Erscheinung. »Was ich hervorzuheben versuche, ist, daß das Bedürfnis nach Negation zu bestimmten Zeiten in jedem Patienten besteht, ganz zu Beginn einer ernsten Krankheit stärker als gegen Ende des Lebens« (KÜBLER-ROSS, 1975, S. 37).

Zorn (»anger«) schließt sich als zweite Phase an. Auf das hier auftretende Hadern mit dem eigenen Schicksal und der damit in Zusammenhang stehenden Aggressivität wurde bereits ausführlicher eingegangen (vgl. S. 46 f. der vorliegenden Arbeit).

Ein gleitender Übergang führt zur dritten Phase, die durch *Verhandeln* (»bargaining«) gekennzeichnet ist. Während dieses meist kurzen Abschnitts versucht der Kranke, durch einen Handel entweder mit Gott oder dem Krankenhauspersonal, einen Aufschub seiner Krankheit zu erreichen, indem er Wohlverhalten (z. B. regelmäßigen Kirchenbesuch, Einhalten der Diätvorschriften) als Gegenleistung verspricht (vgl. auch SWANSON, 1975).

Die vierte Phase – *Depression* (»depression«) – wurde ebenfalls bereits vorgestellt (vgl. S. 46 der vorliegenden Arbeit). Nachzutragen bleibt, daß sich zwei Formen von Depressivität unterscheiden lassen. Reaktive Depressivität stellt sich dar als Folgeerscheinung der Krankheit und der damit verbundenen beeinträchtigten Lebensumstände. Vorbereitende Depressivität bezieht sich auf den zu erwartenden eigenen Tod. Beide Erscheinungsformen überlagern einander.

Die fünfte und letzte Phase ist durch *Zustimmung* (»acceptance«) charakterisiert. Mitbedingt durch physische Schwäche zieht sich der nun kurz vor dem Tod Stehende auf sich selbst zurück. Diese Phase der Einwilligung ist fast frei von Emotionen und Affekten. Der Sterbende sieht »... seinem Ende mit mehr oder weniger ruhiger Erwartung entgegen« (KÜBLER ROSS, 1973, S. 77).

In der hier vorgestellten *Phasenlehre des Sterbeprozesses*, von WITZEL (1975) nicht nur für Krebskranke, sondern auch für Patienten mit chronischen Leiden ohne tödlichen Ausgang bestätigt und zu ergänzen um eine sechste Phase der *Erfüllung*, gekennzeichnet durch Wiedererlangung von Integrität und Würde (SWANSON, 1975), sind Abschnitte erhöhter affektiver Reagibilität verschränkt mit Perioden vorwiegend gedanklicher Auseinandersetzung. Dabei sind die Übergänge von einer Phase zur anderen fließend. Nach den Beobachtungen der Autorin geht *Hoffnung* in jede der fünf Phasen mit ein.

CHANDLER (1965) unterscheidet bei der Darstellung des Verhaltens, das Menschen gegenüber dem Tod zeigen, drei Personengruppen. Da sind zunächst jene, die weder krank noch sonst in irgendeiner Weise vom Tod bedroht sind (»existence of death«). »Presence of death« bezeichnet die Situation von Menschen, die unheilbar krank sind und wissen, daß sie sterben müssen, jedoch noch einen relativ langen Zeitraum vor sich haben. »Presentment of death« ist gegeben bei Patienten, die aufgrund ihrer Krankheit damit rechnen müssen, jeden Augenblick zu sterben. Dieser letztgenannte Personenkreis, dessen zeitliche Distanz zum eigenen Tod am geringsten ist, äußert nach den Beobachtungen CHANDLERS (1965) mit Feindseligkeit und Aggressivität, widerspenstiger Auflehnung und Negativismus gänzlich andersartige Verhaltensweisen, als sie von KÜBLER-ROSS (1973, 1974, 1975 b) für die vierte und fünfte Phase des Sterbeprozesses mitgeteilt werden.

Kritik am Phasen-Modell von KÜBLER-ROSS (vgl. KASTENBAUM & COSTA, 1977; LEHR & SCHUSTER, 1976; SCHULZ & ADERMAN, 1974) richtet sich zunächst gegen eine stark subjektive Interpretation des Sterbeprozesses, bei der Beobachtungen und persönliche Erfahrungen in unzulässiger Weise verallgemeinert werden. Bedenken beziehen sich ferner auf den Umstand, daß die Persönlichkeit des unheilbar Kranken, seine Biographie, der Verlauf seiner Krankheit, die Art der Behandlung und seine gegenwärtigen Lebensumstände nicht berücksichtigt werden, Merkmale, auf deren Bedeutung für den Umgang mit Sterbenden ELLARD (1968) hinweist. Darüber hinaus wird bemängelt, daß die einzelnen Phasen nur unscharf definiert sind, daß es keinen Beweis dafür gibt, daß ein Sterbender tatsächlich alle Phasen durchlebt und schließlich, daß keine Möglichkeiten verfügbar sind, objektiv und zuverlässig den Standort eines Patienten innerhalb des fünf-phasigen Prozesses zu bestimmen.

Im Licht dieser Kritik erscheint das Phasen-Modell von KÜBLER-ROSS als ein wertvoller erster Zugang zum besseren Verständnis menschlichen Sterbens, ein Zugang, der jedoch nicht alle Komponenten, die an der psychischen Situation Sterbender beteiligt sind, berücksichtigt und der daher nicht voreilig benutzt werden sollte. »Ein unheilbar Kranker kann – wie jeder andere Mensch auch – Nichtwahrhabenwollen, Zorn, Verhandeln, Depression und Zustimmung äußern. Es ist jedoch ernsthaft in Frage zu stellen, daß die Tiefe und Komplexität der Situation eines Sterbenden durch die Kenntnis dieser vermeintlichen Abfolge von Reaktionen verstanden werden kann« (KASTENBAUM & COSTA, 1977, S. 242).

In seiner gegenwärtigen Form geht vom Phasen-Modell des Sterbens die Gefahr aus, daß es von Menschen, die täglich Umgang mit Sterbenden haben, aus einem verständlichen Bedürfnis nach einem Orientierungsrahmen in unkritischer Weise angewendet wird. Wäre dies der Fall, könnte der individuelle Sterbeprozeß eines Menschen in ein Schema gepreßt werden, das dem Pflegepersonal zwar eine Hilfe bieten mag, das den Kranken aber der Individualität seines Sterbens beraubt.

3.5. Veränderungen von Persönlichkeitsmerkmalen in Abhängigkeit von der zeitlichen Distanz zum eigenen Tod

Übereinstimmend gelangen CAPPON (1959) und LIEBERMAN (1966) zu der globalen Feststellung, daß sich kurz vor dem Tod Veränderungen der Persönlichkeitsstruktur nicht vollziehen.

Bei differenzierterem methodischem Zugang finden sich jedoch Hinweise auf Veränderungen von Persönlichkeitsmerkmalen, die allerdings als vorläufig angesehen werden müssen. Der Beschäftigung mit dem Selbst und in engem Zusammenhang damit mit dem *Selbstkonzept*, dem *Selbstbild* u. ä. wird in Persönlichkeitstheorien der letzten beiden Jahrzehnte ein bedeutender Platz eingeräumt (vgl. WYLIE, 1968). Über Veränderungen des Selbstbildes bei Personen, die relativ kurz vor ihrem Tod standen, berichten LIEBERMAN & COPLAN (1970). Das Selbstbild von Personen, die dem eigenen Tod nahe waren, war bestimmt von weniger Eigenständigkeit, Aggressivität und mehr Schwäche und Abhängigkeit als dasjenige von Personen in größerer zeitlicher Distanz zum eigenen Tod.

Rigidität nimmt zwar generell mit ansteigendem Alter zu,

sie erweist sich aber darüber hinaus als um so stärker ausgeprägt, je näher ein Mensch seinem Tod steht (RIEGEL, RIEGEL & MEYER, 1967 a, b). Versuchspersonen, die innerhalb von fünf Jahren nach Abschluß der Untersuchung gestorben waren, hatten höhere Rigiditätswerte (gemäß Fragebogenskala) als Versuchspersonen, die länger gelebt hatten. Häufigere und im Einzelfall ausgeprägtere Erscheinungsformen von Regression bei zunehmender Todesnähe konstatiert GUTMANN (1973).

3.6. Veränderung kognitiver Bewußtseinsinhalte in Abhängigkeit von der zeitlichen Distanz zum eigenen Tod

Obwohl der Schwerpunkt vorliegender Arbeit in der Darstellung affektiver Komponenten des Verhaltens im Zusammenhang mit Tod und Sterben liegt, sollen dennoch kognitive Bewußtseinsinhalte gestreift werden. Dies geschieht zum einen deshalb, weil affektive Reaktionen vielfach in ursächlichem Zusammenhang mit kognitiven Bewußtseinsinhalten stehen, und zum anderen, weil einige der darzustellenden Bewußtseinsinhalte an anderer Stelle bereits als Hintergrundvariable behandelt worden sind und nun in neuem Kontext beleuchtet werden können (vgl. auch S. 31 ff. der vorliegenden Arbeit).

Ähnlich wie bei der soziographischen Variablen »Alter« liegt die Annahme nahe, daß Menschen sich – unabhängig von ihrem Lebensalter – häufiger Gedanken über Tod und Sterben machen, je kürzer sie die ihnen noch verbleibende Lebensspanne einschätzen. Ähnlich wie bei der soziographischen Variablen »Alter« wird diese Auffassung entschieden bezweifelt (KASTENBAUM, 1974). Die Sichtung fundierter Forschungsergebnisse, klinische Erfahrungen und persönliche Beobachtungen begründen die Aussage, daß die *Häufigkeit gedanklicher Beschäftigung mit Tod und Sterben* mit näherrückendem Todeszeitpunkt (»prospect of death«) nicht zunimmt.

Eine Steigerung kann hingegen die *Festigkeit religiösen Glaubens* erfahren, wenn der Tod näherkommt. Zu dieser Ansicht gelangt WITZEL (1973) aufgrund von Verhaltensbeobachtung und Gesprächen mit 250 sterbenden Patienten während der letzten Tage und Wochen vor ihrem Tod. Allerdings wird diese Beobachtung durch die Möglichkeit eingeschränkt, daß die Variable »zeitliche Distanz zum eigenen Tod« überlagert wurde durch Verschlechterung des Gesundheitszustandes. Bestärkt wird sie durch GOLDSMITH (1969), der anhand einer Literaturübersicht gesteigerte Aktualität des mit Religiosität eng verknüpften Unsterblichkeitsthemas bei zunehmendem Alter bzw. wachsender Todesnähe konstatiert.

Abschließend sei mit *subjektiver Lebenszufriedenheit* eine gewichtige, weil grundlegende Hintergrundvariable angesprochen. Nach PALMORE & CLEVELAND (1976) nimmt die Zufriedenheit mit dem Leben mit zunehmendem Alter nur unwesentlich ab und ist auch kurz vor dem Tod noch gegeben. »Dies scheint darauf hinzudeuten, daß – trotz des üblichen, mit dem Alter und dem nahenden Tod einhergehenden Abbaus der Gesundheit, der Intelligenzfunktionen und der sozialen Aktivität – die meisten alten Menschen sich in befriedigender Weise anpassen und es ihnen gelingt, ihre Lebenszufriedenheit auf einem hinreichend stabilen Niveau zu halten« (S. 80).

3.7. Zusammenfassung und Diskussion

In Untersuchungen über psychische Veränderungen in Abhängigkeit von der zeitlichen Distanz zum eigenen Tod wird Sterben – explizit oder implizit – als längerdauernder Prozeß verstanden. Diese Auffassung scheint sich zusehends durchzusetzen (vgl. den Begriff des »dying trajectory«, GLASER & STRAUSS, 1968). Sie ist dem methodischen Konzept der Längsschnittuntersuchung angemessen.

Als Quintessenz der vorliegenden Arbeiten zeichnet sich als charakteristisch für kurz vor ihrem Tod stehende Menschen ein äußerst diffuses *»präfinales Syndrom«* ab. Seine Symptome sind das Nachlassen kognitiver Leistungsfähigkeit, Abwehrmechanismen, Schwankungen der Stimmungslage zwischen »deprimiert« und »ärgerlich erregt«. Ferner scheinen Hoffnung bzw. Hoffnungslosigkeit sowie Kommunikationsbereitschaft von Bedeutung. Merkmale dieser Art können nicht nur zur Prognosestellung des Todeszeitpunktes herangezogen werden, wie RIEGEL et al. (1967 a, b) dies mit einigem Erfolg versucht haben, sondern sind auch von nicht zu unterschätzender Wichtigkeit für den Umgang mit Sterbenden (vgl. ERLEMEIER, 1972).

Sie bieten nämlich Anhaltspunkte für das individuelle Erleben und Verhalten eines jeden Sterbenden. Wenn Pfleger, Schwestern und Ärzte sich ein Bild vom aktuellen psychischen Befinden eines Kranken machen können und wenn sie auch auf zu erwartende Reaktionen des Patienten vorbereitet sind, können sie ihr eigenes Verhalten gezielt auf seine Erlebens- und Verhaltensmöglichkeiten einstellen. Damit könnte ein Beitrag zu jener von LEHR & SCHUSTER (1976) propagierten Form von Sterbehilfe geleistet werden, die sich als Hilfestellung bei der Bewältigung einer letzten Entwicklungsaufgabe versteht.

Hohes Interesse können ausführliche Kenntnisse über Veränderungen von *Angst* sowie von *Persönlichkeitsmerkmalen* in Abhängigkeit von der Todesnähe beanspruchen. Sowohl hinsichtlich Angst als auch mit Bezug auf Persönlichkeitsmerkmale besteht – stets auf den in Frage stehenden Kontext bezogen – ein Kenntnisdefizit.

Die zukünftige Forschung könnte sich die aus der Krankenhauspraxis hervorgegangenen phänomenologischen Analysen zum Ansatzpunkt für weitere empirische Untersuchungen machen. Dabei scheint es nach den sich abzeichnenden Resultaten durchaus erfolgversprechend, anstelle des chronologischen Alters die Variable »Zeitliche Distanz zum eigenen Tod« zu verwenden (vgl. LIEBERMAN & COPLAN, 1970).

4. Angst vor Tod und Sterben

4.1. Angst und Furcht

4.1.1. Der Begriff der Angst

Die Etymologie des Begriffes verweist einmal auf Einengung, Enge, Bedrängnis, zum anderen auf Ungewißheit und Erregung in sich verändernden Mischungsverhältnissen (FRÖHLICH, 1965; WOLPE, 1971).

Intensive Beschäftigung mit der Angst in den verschiedensten Teilbereichen der Psychologie – angeregt durch FREUDS Beitrag zur Angstneurose im Jahre 1895 und nachhaltig stimuliert durch Fragebogenskalen zur Messung von Angst (MAS, TAYLOR, 1953; CMAS, CASTANEDA, MCCANDLESS & PALERMO, 1956) – erbrachte eine Fülle vielfältiger Begriffsbestimmungen meist phänomenologischer Art. Angesichts des weiten Spektrums theoretischer Positionen und Sachzusammenhänge, innerhalb derer über Angst gearbeitet wurde, ist es weder verwunderlich, daß eine einzige allgemein akzeptierte Definition von Angst nicht existiert, noch daß »die Angstforschung durch Begriffsverwirrung und widersprüchliche Ergebnisse charakterisiert ist« (SPIELBERGER, 1971, S. 12).

Generell wird Angst als ein *unlustbetonter Affektzustand* bezeichnet. Von »Erlebnisevidenz« (FRÖHLICH, 1965, S. 516) ausgehende Definitionsversuche haben einige Determinanten subjektiven Angsterlebens gemeinsam. Es ist dies das *Gefühl der Bedrohung,* wobei die Ursache der Bedrohung mehr oder weniger unbestimmt ist. Hinzu kommt eine *Erwartungshaltung,* d. h. Antizipation eines zukünftigen Übels oder eines Ereignisses mit ungewissem Verlauf. Besonders der letztgenannte Aspekt des Zukunftsbezuges wird in der neueren Literatur unterstrichen (vgl. ENGLISH & ENGLISH, 1958; FRÖHLICH, 1965, S. 516; SPIELBERGER, 1971, S. 3 ff.).

Auf operationaler Ebene gelangten CATTELL & SCHEIER (1961) mittels Faktorenanalyse zu Faktoren erster bzw. zweiter Ordnung, die eine Unterscheidung von Angst-Eigenschaft (Angstneigung) und Angst-Zustand gestatten. *Angst-Eigen-*

schaft (»trait anxiety«) wird verstanden als relativ stabiles Persönlichkeitsmerkmal, das zu spezifischen Angstreaktionen disponiert. Am Ausprägungsgrad einer solchen latenten Angstbereitschaft können auch frühere Erfahrungen des Individuums (z. B. Eltern – Kind – Beziehung, Erlebnis von Strafe) beteiligt sein. Vielfach wird eine Affinität von Angst-Eigenschaften und emotionaler Erregbarkeit (»Neurotizismus«, EYSENCK, 1967) gesehen.

Angst-Zustand (»state anxiety«) bezeichnet eine Schwankungen unterworfene passagere Befindlichkeit des Individuums. Auf die implizierte Vorstellung eines dynamischen Angstgeschehens macht LESSE (1970, S. 1 f.) aufmerksam. Angst-Zustand ist als konkrete Reaktion auf einen angstauslösenden Stimulus und damit zum Teil als Manifestation der Angsteigenschaft aufzufassen. »Als erworbene Verhaltensdisposition oder als Motiv beinhaltet Angst-Eigenschaft einerseits eine Betrachtung der Welt, in der zahlreiche Situationen als gefährlich und bedrohlich wahrgenommen werden, und andererseits eine Tendenz, auf solche Bedrohungen mit Angst-Zuständen zu reagieren« (SPIELBERGER, 1971, S. 16).

Angst im Sinne von Angst-Eigenschaft, Angstneigung, Ängstlichkeit wird im Rahmen der empirischen Psychologie als hypothetisches Konstrukt betrachtet, das sich zur Erklärung beobachteter Phänomene eignet (vgl. HERRMANN, 1969, S. 195 f.; LEVITT, 1971, S. 12).

4.1.2. Zur Unterscheidung von Angst und Furcht

Furcht definieren ENGLISH & ENGLISH (1958) als »ein Gefühl heftiger Beunruhigung oder des Schreckens angesichts (tatsächlicher oder antizipierter) Gefahr oder Schmerzen. Es ist gekennzeichnet durch starke organische Veränderungen sowie durch Flucht- und Tarnungsverhalten« (S. 204). Neben episodischem Auftreten wird als weiteres Kennzeichen von Furcht häufig ein unmittelbar real gegebenes *umschreibbares Furcht-Objekt* genannt. Im Gegensatz dazu stellt sich der Gegenstand von Angst als *unbestimmte und daher mittelbare Bedrohung* dar.

Die Unterscheidung von Angst und Furcht geht auf die Anfänge der Psychoanalyse zurück. Angst wird dort bestimmt als neurotische Angst, auch »freiflottierende Angst« im Sinne allgemeiner Furchtsamkeit, deren Ursache im Individuum selbst lokalisiert ist. Furcht entspricht objektive Angst bzw. Realangst: Der Bezug zu einem objektiv angstauslösenden Stimulus ist gegeben. Kriterium für die Unterscheidung beider Begriffe ist also das Vorhandensein bzw. Nichtvorhandensein eines in der Außenwelt existierenden definierten Objektes, auf das sich Angst bzw. Furcht bezieht bzw. nicht bezieht (vgl. SCHINDLER, 1971). »Zusammenfassend kann gesagt werden, daß Angst gewöhnlich als sekundär für interne psychologische oder psycho-physiologische Mechanismen angesehen wird, wobei eine eher wirklichkeitsferne Grundlage impliziert ist; demgegenüber wird Furcht eher bei unmittelbarer, akuter äußerer oder tatsächlich bestehender Belastung gebraucht« (LESSE, 1970, S. 12).

In der neueren Literatur werden Berechtigung und Zweckmäßigkeit einer Unterscheidung von Angst und Furcht wiederholt in Frage gestellt. Als Alternative wird entweder synonymer Gebrauch beider Begriffe (z. B. in der behavioristischen Literatur) oder alleinige Verwendung des Angstbegriffes vorgeschlagen.

In der Tat erweisen sich wesentliche Unterscheidungsmerkmale von Angst und Furcht als wenig tragfähig für die empirische Psychologie.

FRÖHLICH (1965) nennt als Grundmodi möglicher Reaktionen auf Angst und Furcht Aktivierung und Hemmung. Im Hinblick auf diese möglichen Folgeerscheinungen sind zwischen Angst und Furcht keine wesentlichen Unterschiede erkennbar, so daß eine begriffliche Unterscheidung weder notwendig noch sinnvoll erscheint. WOLPE (1971) macht mit Blick auf das gemäß obiger Unterscheidung mehr episodische Auftreten von Furcht und das vergleichsweise chronische Vorhandensein von Angst geltend, daß die Abgrenzung beider Begriffe die Bestimmung einer zeitlichen Trennungslinie notwendig macht. Anhand eines solchen Grenzwertes sei zu bestimmen, ob es sich noch um Angst oder bereits um Furcht handele und vice versa. Unvermeidliche Willkür bei der Festlegung eines zeitlichen Kriteriumswertes weckt Skepsis hinsichtlich der Praktikabilität dieses Vorgehens. LESSE (1970) plädiert für die Aufgabe einer Unterscheidung zwischen Angst und Furcht, da beide Erscheinungsformen nur selten in reiner Ausprägung, sondern vielmehr in Mischformen anzutreffen seien.

Berücksichtigt man das Kriterium des Vorhanden- oder Nichtvorhandenseins eines umschriebenen Angst- bzw. Furcht-Objektes, gesellt sich zu den bereits dargestellten Unsicherheiten in der Abgrenzung von Angst und Furcht eine weitere hinzu. Die Tatsache eines nicht real gegebenen angstauslösenden Reizes besagt nämlich nicht notwendig, daß dieser Reiz unbestimmt sein muß. Vielmehr ist durchaus denkbar, daß ein objektiv unbestimmter Angst- bzw. Furcht-Stimulus in der antizipierenden Phantasie des Individuums konkrete Gestalt annimmt und damit zu einem subjektiv umschriebenen Stimulus wird. Ob und wie weit dies der Fall ist, bleibt jedoch zwangsläufig ungewiß.

Dies entspricht auch der Auffassung von PONGRATZ (1973), der eine Unterscheidung von Angst und Furcht mit dem Hinweis auf das Prinzip der Intentionalität, das alle psychischen Vorgänge kennzeichne, ablehnt.

Insgesamt scheint es beim heutigen theoretischen und methodischen Stand der Psychologie gerechtfertigt, die aus einer spezifischen psychologiehistorischen Situation entstandene Unterscheidung von Angst und Furcht aufzugeben (vgl. u. a. LEVITT, 1971). »Furcht und Angst sind Begriffe, die wir als austauschbar gebrauchen werden in der Überzeugung, daß es zwischen ihnen keine theoretisch nutzbringenden Unterscheidungen gibt« (IZARD & TOMKINS, 1971, S. 99).

4.1.3. Die Symptomatik von Angst/Furcht

Hinweise auf das Vorhandensein und die Intensität von Angst/Furcht lassen sich gewinnen anhand autonomer Reaktionen des Organismus. Erhöhte Atem- und Herzschlagfrequenz, steigender Blutdruck, Transpiration der Handflächen, Erweiterung der Pupillen und Trockenheit des Mundes gelten als *angstspezifische Reaktionen des Sympathikus.* Als *vom Parasympathikus abhängige Angstsymptome* werden Übelkeit, Erbrechen, Durchfall und häufiges Harnlassen angesehen. Erhöhung des Muskeltonus als diffuse autonome Reaktion kann in Mimik und Pantomimik sowie in allgemeiner Hyperaktivität zum Ausdruck kommen. Durch Angstreaktionen ausgelöste autonome Reaktionsverläufe variieren interindividuell stark, bilden aber ein für das einzelne Individuum unveränderliches, typisches Muster (LESSE, 1970, S. 17 f.; SPIELBERGER, 1971, S. 3 ff.; WOLPE, 1971).

Die aufgeführten physiologischen Korrelate von Angst sind freilich mit Vorbehalten zu betrachten, da sie sich in exakten Versuchen als diffus und situationsabhängig erweisen. »Neben der Schwierigkeit, Angst und Furcht ... von anderen, physiologisch recht ähnlichen Affektzuständen abzuheben, ist es ebenso schwierig, diese beiden zu trennen« (FRÖHLICH, 1965, S. 538).

4.1.4. Theorien der Angst

Zahlreiche theoretische Beiträge zur Angst vor Tod und Sterben, aber auch viele Fragestellungen und Versuchspläne experimenteller Untersuchungen sowie die Interpretationen empirischer Ergebnisse sind von der Psychoanalyse beeinflußt. Es scheint daher angemessen, vorab die wichtigsten psychoanalytischen Aussagen über die Angst darzustellen, um damit das Verständnis der weiteren Ausführungen zur Angst vor Tod und Sterben vorzubereiten und zu erleichtern.

Um den theoretischen Hintergrund nicht einseitig psychoanalytisch zu akzentuieren, werden in sehr geraffter Form auch lerntheoretische Ansätze zur Erklärung der Angst vorgestellt. Dies geschieht auch in der Absicht, den Leser auf andere als nur psychoanalytische Konzepte der Angst hinzuweisen und ihn zu ermuntern, gegebenenfalls alternative Interpretationen vorzunehmen.

4.1.4.1. Psychoanalyse

Die *erste Angstkonzeption* S. FREUDS aus dem Jahr 1895 entstammt der Beschäftigung mit der Angstneurose, die er als Sonderform der Neurasthenie auffaßte und von dieser unterschied. Frühe psychoanalytische Aussagen über Angst beziehen sich daher nicht so sehr auf einen isoliert betrachteten Angstaffekt, sondern vielmehr auf neurotische Erscheinungsformen von Angst.

Die Symptome der Angstneurose erklärt S. FREUD (1895) als Folgeerscheinung nicht oder nur unzureichend abgeführter und daher überschüssiger sexueller Erregung (Libidostauung): »Zur Angstneurose aber führen alle Momente, welche die psychische Verarbeitung der somatischen Sexualerregung verhindern. Die Erscheinungen der Angstneurose kommen zustande, indem die von der Psyche abgelenkte somatische Sexualerregung sich subkortikal, in ganz und gar nicht adäquaten Reaktionen ausgibt« (S. FREUD, 1895; zit. nach 1952, S. 335 f.).

Der *Mechanismus der Angstentwicklung* stellt sich im einzelnen wie folgt dar: Die Artikulation sexueller Triebimpulse wird aufgrund äußerer oder im Individuum begründeter Umstände verhindert, so daß die Stärke libidinöser Erregung zunimmt und schließlich die Funktionsfähigkeit des Ich bedroht. Das Ich reagiert mit Abwehr in Form von Verdrängung: Es erfolgt eine Abspaltung libidinöser Energie von der sexuellen Sach- und Wortvorstellung; die nicht mehr energiebesetzte Vorstellungskomponente des ursprünglichen Triebwunsches wird ins Unbewußte abgeschoben. Die in dem als geschlossenes energetisches System aufgefaßten psychischen Apparat verbleibende Triebenergie bedarf der Bindung. Sie erfährt eine Umwandlung in Angst. In der Angstneurose kann sie sich entweder als unbestimmte, frei-flottierende oder als phobische Angst manifestieren. »Die hier entwickelte Auffassung stellt die Symptome der Angstneurose gewissermaßen als Surrogate der unterlassenen spezifischen Aktion auf die Sexualerregung dar« (S. FREUD, 1895; zit. nach 1952, S. 338).

Die erste Auffassung, in der Angst als »physiologisch bedingte Reaktion auf Vereitelung des sexuellen Orgasmus« (Fröhlich, 1965, S. 520) erscheint, räumt der Libido zentrale Bedeutung ein. In der *zweiten Konzeption* S. Freuds aus dem Jahre 1926 hat Sexualität keine nennenswerte Bedeutung für die Ätiologie der Angst. Die Symptomatik der Angstneurose ist gleichfalls in den Hintergrund getreten. Angst wird vielmehr als allgemeines Gefahrensignal verstanden.

Als erstes und gleichzeitig entscheidendes Angsterlebnis überhaupt glaubt S. Freud (1926) den *Geburtsvorgang* erkennen zu können. Das »Trauma der Geburt« (Rank, 1924) hat als erste Angsterfahrung Modellcharakter für alle folgenden Angsterlebnisse eines Individuums. »Wir sind versucht, anzunehmen, daß ein historisches Moment da ist, welches die Sensationen und Innervationen der Angst fest aneinander bindet. Mit anderen Worten, daß der Angstzustand die Reproduktion eines Erlebnisses ist, das die Bedingungen einer solchen Reizsteigerung und der Abfuhr auf bestimmte Bahnen enthielt, wodurch also die Unlust der Angst ihren spezifischen Charakter erhält. Als solches vorbildliches Erlebnis bietet sich uns für den Menschen die Geburt, und darum sind wir geneigt, im Angstzustand eine Reproduktion des Geburtstraumas zu sehen« (S. Freud, 1926; zit. nach 1948, S. 163).

Der mit dem Geburtsvorgang einhergehenden Primärangst sind vier konstitutive Merkmale eigen (Fischer, 1970, S. 9): (1) Erregungsüberflutung des psychischen Apparates, bedingt durch plötzliche Milieuveränderung; (2) Hilflosigkeit und Passivität des Organismus; (3) Trennungsangst entsprechend der tatsächlichen physischen Abtrennung des Fötus von der Mutter; (4) Eigenständigkeit der affektiven Erfahrung des Organismus.

Die im Geburtsvorgang zusätzlich zur plötzlichen Erregungsüberflutung des hilflosen Organismus sich vollziehende Trennung von der Mutter bedeutet für das Neugeborene erstmals den Verlust eines Objektes. Die vom Vorgang der Geburt ausgehende Angst erweist sich somit – in der Terminologie S. Freuds – als Angst vor Objektverlust bzw. als *Trennungsangst.*

Wie das ganze Individuum unterliegt auch die Angst einer

Entwicklung. Der zunächst relativ unspezifischen Trennungsangst wird in der phallischen Phase der Penis zum Angstobjekt. »Auch die nächste Wandlung der Angst, die in der phallischen Phase auftretende Kastrationsangst, ist eine Trennungsangst und an dieselbe Bedingung gebunden. Die Gefahr ist hier die Trennung von dem Genitale« (S. FREUD, 1926; zit. nach 1948, S. 169).

Die Kastrationsangst ist in zweifacher Weise Trennungsangst. Vordergründig Angst vor dem Verlust eines Körperteils. Eigentlich jedoch die Gefährdung einer mittels Penis angestrebten Wiedervereinigung mit der Mutter und damit die Gefahr der endgültigen Trennung von der Mutter.

Die ursprünglich als real erlebte Bedrohung durch die Eltern wird nach Internalisation der Elternfiguren intrapsychisch. Sie wird darüber hinaus unpersönlich und damit unbestimmter. Aus der einstigen Kastrationsangst ist als Produkt eines Sozialisierungsprozesses Gewissensangst, Schuldangst, soziale Angst geworden.

4.1.4.2. Lerntheorie

Die Erklärung der Angst anhand von Gesetzmäßigkeiten des Lernens ging aus vom Fall des »Kleinen Albert« (WATSON & RAYNER, 1920) sowie von Arbeiten PAWLOWS (1928) zur experimentellen Neurose. Seither wurden Angstkonzeptionen der Lerntheorie vornehmlich im klinischen Bereich nutzbringend eingesetzt (Verhaltenstherapie).

In lerntheoretischer Perspektive stellt Angst sich dar als erworbene Verbindung angeborener autonomer Reaktionsweisen des Organismus mit einer Reizkonfiguration (Objekt, Situation). Zahllose experimentelle Belege lassen als gesichert erscheinen, daß im Wege des klassischen *Konditionierens* nahezu jeder beliebige neutrale Reiz mit einer autonomen Angstreaktion gekoppelt werden kann. Maßgebend für die Effizienz eines solchen Konditionierungsvorganges ist zeitliche und räumliche Kontiguität von konditioniertem und unkonditioniertem Stimulus.

Nach DOLLARD & MILLER (1950) ist Angst ein (erworbener) sekundärer Triebreiz, der durch Schmerz verstärkt wird. Ihre

Ausweitung von einem einzigen auslösenden auf eine Vielzahl von Objekten und die daraus resultierende gesteigerte Bedeutung der Angst für das Individuum wird mit dem lerntheoretischen Prinzip der *Generalisierung* erklärt. Angst kann in zweifacher Weise generalisiert werden: (1) auf den Reiz bezogene Generalisation besteht darin, daß der Organismus Objekte und Bedingungen fürchten lernt, die mit dem ursprünglich furchteinflößenden Reiz nicht identisch, ihm aber äußerlich ähnlich sind; (2) auf Begleitumstände bezogene Generalisation besteht darin, daß der Organismus nicht nur den Reiz selbst und ähnliche Reize fürchten lernt, sondern auch Dinge, die mit dem Reiz und den Umständen, unter denen er erlebt wurde, assoziiert sind (LEVITT, 1971).

Reichweite und Effektivität der Angstgeneralisation sind einmal abhängig vom Ähnlichkeitsgrad des betreffenden Objektes oder der Situation mit dem ursprünglich furchterregenden Reiz und zum anderen von der Intensität der Angstreaktion. Der Bereich möglicher Angstgeneralisation wird durch die Sprache vergrößert, da Objekte und Situationen unabhängig von einer in der Realität gegebenen räumlichen und zeitlichen Kontiguität gedanklich miteinander verknüpft werden können.

Neben der Angst als Folge eines Konditionierungsprozesses weisen Lerntheoretiker auch auf die Möglichkeit der Angstentstehung aus einem *Konflikt* hin. Als besonders angstprovozierend gilt der doppelte Appetenz-Aversions-Konflikt, bei dem jede von zwei einander zuwiderlaufenden Wahlmöglichkeiten sowohl erwünschte als auch unerwünschte Aspekte besitzt.

Im Rahmen der Lerntheorie erfolgt durchweg Gleichsetzung von Angst und konditionierter Furchtreaktion bzw. neurotischer Angstsymptomatik, damit Gleichsetzung von Angst und Furcht. Eine Verbindung zwischen Lerntheorie und Persönlichkeitstheorie stellt EYSENCK (1967) her, indem er die Persönlichkeitsdimension »Emotionale Erregbarkeit« (Neurotizismus) als genetisch fixierte Disposition zur Ausbildung bedingter Furchtreaktionen postuliert.

4.2. Theoretische und empirische Beiträge zur Angst vor Tod und Sterben

4.2.1. Begriffsklärung

4.2.1.1. Angst vor dem eigenen Tod

An der »Angst vor dem Tod« werden zwei Aspekte unterschieden: Angst vor dem *eigenen* Tod und Angst vor dem Tod *anderer* (ARIES, 1975, S. 32–60; COLLETT & LESTER, 1969; DIGGORY, 1966; KASTENBAUM & AISENBERG, 1972, S. 6 ff.; LESTER, 1967 a).

Angst vor dem eigenen Tod bezieht sich auf die irreversible Auslöschung und Vernichtung des Individuums, auf die Auflösung aller innerweltlichen Beziehungen und auf die damit einhergehende Unmöglichkeit, zielgerichtete Aktivitäten zu entfalten (DIGGORY, 1966; KASTENBAUM & AISENBERG, 1972, S. 8 f.; KOTSOVSKY, 1951). In dem gleichen Sinn bezeichnet MUNNICHS (1973) die »Erfahrung, daß das Leben ein Ende hat« (S. 355) als »Endlichkeit«.

Darüber hinaus kann sich Angst vor dem eigenen Tod auch auf das »Nachher« bzw. »Danach« beziehen und sich in der Angst vor Zurückweisung oder Bestrafung durch Gott (Jüngstes Gericht) konkretisieren oder auch nur auf das Unbekannte richten. Die Sorge um das Schicksal zurückbleibender Angehöriger kann ebenfalls zur Angst vor dem eigenen Tod beitragen (ARIES, 1975; KASTENBAUM & AISENBERG, 1972, S. 8 f.; MURPHY, 1965).

4.2.1.2. Angst vor dem Tod anderer Menschen

Angst vor dem Tod anderer Menschen richtet sich auf den Verlust persönlicher Bindungen und Beziehungen, auf das Fehlen von Anregungen und Bereicherungen, die vom Verstorbenen ausgegangen waren sowie auf den Fortfall eigener Ziele und Lebensinhalte, die ihre Berechtigung nur im Zusammenhang mit dem Verstorbenen hatten (DIGGORY, 1966; KASTENBAUM & AISENBERG, 1972, S. 6 ff.).

Bei weniger angstbestimmter und stattdessen stärker depressiver Reaktionsweise auf den Tod anderer Menschen liegt

Trauer vor (ARIES, 1975, S. 46; DIGGORY, 1966). Im Zusammenhang mit der Angst vor dem Tod anderer Menschen ist die *Angst vor Toten* zu erwähnen. DIGGORY (1966) und LEPP (1968) erklären sie damit, daß der Anblick eines Leichnams den Betrachter auf die Möglichkeit (und letztlich Gewißheit) des eigenen Todes verweist.

Diese Ansicht wird bestätigt durch eine Faktorenanalyse einer 24 Items umfassenden Fragebogen-Skala, die einer Zufallsstichprobe der US-Bevölkerung appliziert worden war. Als erster und relativ dominantester Faktor ergab sich »death avoidance«, näher definiert durch Ablehnung, sich nahe bei einem Toten aufzuhalten oder ihn zu berühren sowie durch Widerwillen gegen Situationen, die an Tod erinnern (NELSON & NELSON, 1975).

In dieser Sicht erscheinen die Grenzen zwischen der Angst vor eigenem und vor fremdem Tod sowie vor Toten fließend. »Obwohl es plausibel sein mag, ..., zu folgern, daß der Tod anderer in dem Maße gefürchtet oder negativ bewertet wird, in dem er bedeutsame zweckbestimmte Aktivitäten der Lebenden vereitelt, ist dennoch unklar, was ein Mensch an seinem eigenen Tod fürchten mag. Man kann selbstverständlich die Hypothese erwägen, daß wir an unserem eigenen Tod dieselbe Sache fürchten, wie am Tod anderer – den Verlust jeglicher Möglichkeit, unsere Fähigkeiten in Gestalt zweckgerichteter Leistungen oder für lustbetonten Genuß einzusetzen« (DIGGORY, 1966, S. 390).

4.2.1.3. Angst vor dem eigenen Sterben

Angst vor dem Tod ist abzugrenzen gegen Angst vor dem Sterben. Auch hier bietet sich die Differenzierung in einen Bezug auf die *eigene* Person und einen Bezug auf *andere* Menschen an (COLLETT & LESTER, 1969; KASTENBAUM & AISENBERG, 1972, S. 45 f.).

Angst vor dem eigenen Sterben hat in erster Linie Leiden und Schmerzen im Zuge der »Erfahrung des tatsächlichen Sterbens« (MUNNICHS, 1973, S. 355) zum Gegenstand (KASTENBAUM & AISENBERG, 1972, S. 45; LEPP, 1968; ORLANS, 1957);

ferner aber auch Hilflosigkeit und Abhängigkeit als Sonderform eines vom Betroffenen selbst so empfundenen Verlustes an Würde (Kastenbaum & Aisenberg, 1972, S. 45; Kotsovsky, 1951; Murphy, 1965).

In der Faktorenanalyse von Nelson & Nelson (1975) taucht die hier vorgenommene Unterscheidung nicht auf. Stattdessen markieren Angst vor dem Tod und Angst vor dem Sterben einen gemeinsamen Faktor.

4.2.1.4. Angst vor dem Sterben anderer Menschen

Angst vor fremdem Sterben – weitgehend identisch mit *Angst vor Sterbenden* – ist näher zu erläutern als die Angst vor stellvertretendem Leiden bzw. Mit-Leiden sowie als Unsicherheit und Hilflosigkeit im Umgang mit häufig schwer kranken und alten Menschen (Kastenbaum & Aisenberg, 1972). Angst vor dem Sterben anderer Menschen hat große Bedeutung für die Interaktion zwischen Patient und Arzt bzw. Pflegepersonal (vgl. Glaser & Strauss, 1968, 1974).

Collett & Lester (1969) liefern einen empirischen Beitrag, der einen ersten Anhaltspunkt für die Tragfähigkeit der Unterscheidung von Angst vor eigenem Tod, fremdem Tod, eigenem Sterben und fremdem Sterben darstellt. Vier Fragebogen-Skalen, die jeweils einen der obigen Aspekte von Angst vor dem Tod repräsentierten, korrelierten gering miteinander. Dies zeigt einerseits einen allgemeinen Anteil an Angst vor dem Tod an, der an jeder der vier Komponenten beteiligt ist, andererseits belegt dieses Ergebnis aber auch, daß es berechtigt ist, obige Differenzierung vorzunehmen.

Eine Zusammenfassung einiger Aspekte von Angst vor dem Tod bietet die folgende Übersicht (nach Kastenbaum & Aisenberg, 1972, S. 45):

Angst	eigener Tod	fremder Tod
Sterben	persönliches Leiden; Verlust persönlicher Würde	stellvertretendes Leiden; stellvertretende Desintegration der Persönlichkeit

Angst	eigener Tod	fremder Tod
„Nachher"/ »Danach«	Bestrafung, Zurückweisung	Vergeltung, Verlust von Beziehungen
Vernichtung	unmittelbar todbezogene Angst; mittelbar todbezogene Angst	Aufgabe, Resignation; Verletzbarkeit

4.2.1.5. Todesangst

Angst vor dem Tod wird vielfach als Synonym von »Todesangst« gebraucht. Erlemeier (1972) konstatiert die Unschärfe dieses Begriffs, ohne allerdings Abhilfe zu schaffen. Kastenbaum & Aisenberg (1972, S. 50) nennen als Wesensmerkmal von Todesangst eine *aktuelle Bedrohung*, die entweder von außen kommt (z. B. Soldaten im Gefecht) oder im Organismus zu lokalisieren ist (Krankheit). Todesangst aufgrund akuter vitaler Bedrohung ist auch in der Endphase des Sterbeprozesses anzusetzen. Wesentlich erscheint, daß bei Todesangst das für die Angst vor Tod oder Sterben charakteristische Moment der Antizipation nicht gegeben ist.

4.2.1.6. Angst vor Kollektiv-Tod

Angst vor kollektivem Tod wurde in früheren Jahrhunderten durch Hinweis auf das nahende Ende der Welt und wird in der Gegenwart durch die Möglichkeit eines Atomkrieges angeregt. Sie umfaßt sowohl Angst vor dem eigenen als auch Angst vor dem Tod anderer Menschen, gleichermaßen Angst vor eigenem wie fremdem Sterben (Lepp, 1968, S. 46 ff.).

4.2.1.7. Schlußbemerkung

Auf den Zusammenhang zwischen Angst vor Tod/Sterben und der Intensität gedanklicher Beschäftigung mit dieser Thematik wurde bereits an anderer Stelle hingewiesen (vgl. S. 39 f. der vorliegenden Arbeit). Hier sei lediglich an die vielfach praktizierte Gleichsetzung von Angst vor Tod/Sterben und häufiger gedanklicher Beschäftigung mit der Endlichkeit erinnert.

Bei der folgenden Übersicht über den Forschungsstand im Bereich der Angst vor Tod/Sterben wird die vorgelegte Differenzierung von Begriffen und Konzepten so weit wie möglich berücksichtigt. Werden dennoch unscharfe Begriffe verwendet, ist dies den referierten Autoren anzulasten.

4.2.2. Theoretische Beiträge zur Angst vor Tod und Sterben

4.2.2.1. Angst vor Tod und Sterben in der psychoanalytischen Theorie

Ausgehend von der zweiten Angstkonzeption S. Freuds hat sowohl Angst im allgemeinen als auch Angst vor dem Tod Kastrationsangst zum Ausgangspunkt. Der in der Ödipussituation stehende Junge erfährt reale oder unter Beteiligung der Phantasie vorgestellte irreale Kastrationsdrohungen von seiten des Vaters. Die daraus resultierenden Ängste werden durch Introjektion der Vaterfigur und der damit verbundenen Normen und Wertvorstellungen gebannt. Im Prozeß der Gewissensbildung internalisiert das Kind die strafende Instanz und schafft so die Voraussetzung für Schuldgefühle und *Schuldangst,* als deren Fortentwicklung S. Freud (1915) die Angst vor dem Tod auffaßt. »Die Todesangst, unter deren Herrschaft wir häufiger stehen, als wir selbst wissen, ist ... etwas Sekundäres und meist aus Schuldbewußtsein hervorgegangen« (S. Freud, 1915; zit. nach 1940, S. 351).

Ein Paradigma für das Wirksamwerden von Schuldgefühlen und Gewissensängsten sieht S. Freud angelegt in einer Gefühlsambivalenz gegenüber auch dem engsten Vertrauten. Er geht davon aus, daß in eine intime und harmonische Beziehung zwischen zwei Menschen stets auch (unbewußte) Feindseligkeiten und Haßgefühle eingehen. »Den zärtlichsten und innigsten unserer Liebesbeziehungen hängt mit Ausnahme ganz weniger Situationen ein Stückchen Feindseligkeit an, welches den unbewußten Todeswunsch anregen kann« (S. Freud, 1915; zit. nach 1940, S. 353).

Schuldängste – durch unbewußte Todeswünsche bereits latent vorhanden – werden akut, wenn ein geliebter Mensch, der Gegenstand einer ambivalenten Gefühlsbeziehung ist, stirbt. »An der Leiche der geliebten Person ersann er [der Urmensch] die Geister, und sein Schuldbewußtsein ob der Befriedigung, die der Trauer beigemengt war, bewirkte, daß diese erstgeschaffenen Geister böse Dämonen wurden, vor denen man sich ängstigen mußte« (S. FREUD, 1915; zit. nach 1940, S. 347). Als gesteigerte Form von Strafangst versteht S. FREUD die Angst vor dem Tod.

Neben Schuldangst, Gewissens- oder Strafangst erweist sich *Trennungsangst* als Ausdrucksform von Kastrationsangst. Trennungsangst stellt sich dar als Angst vor Objektverlust. Von Verlust bedroht sind nicht nur Teile des eigenen Körpers oder spezifische Liebesobjekte, sondern mit Blick auf den eigenen Tod sämtliche innerweltlichen Bezüge, in denen das Individuum lebt. Wie bereits bei der Abhandlung allgemeiner Angst aufgezeigt, gelten in der Psychoanalyse Geburtsvorgang und Kastrationsangst als Vorerfahrungen von Trennungsangst. S. FREUD sieht sich berechtigt, Kastrations- bzw. Trennungsangst gleichzusetzen mit Angst vor dem Tod. »Ich halte darum an der Vermutung fest, daß die Todesangst als Analogon der Kastrationsangst aufzufassen ist, und daß die Situation, auf welche das Ich reagiert, das Verlassensein vom schützenden Über-Ich – den Schicksalsmächten – ist, womit die Sicherung gegen alle Gefahren ein Ende hat« (S. FREUD, 1926; zit. nach 1948, S. 160). Erläuternd weist MUENSTERBERGER (1963/64) auf die Entsprechung von Kastrationsangst und »Angst vor einer endgültigen Trennung vom Leben« (S. 170) hin. »Als logische Konsequenz enthält die Trennung von dem ursprünglichen Liebesobjekt viele Elemente, die dann in der einen oder anderen Variation als Todesangst, als Furcht vor dem Verlassenwerden und Verlust des Kontaktes mit der Außenwelt in Erscheinung treten ... Wenn sich nicht nur das erste Liebesobjekt (oder der Ersatz dafür), sondern die ganze Welt als Mutterersatz abwendet, scheint der Mensch unfähig zu sein, mit dem Erlebnis der totalen Isolierung fertig zu werden« (S. 181). In diesem Sinne bedeutet Angst vor dem Tod Angst vor der denkbar radikalsten, weil irreversiblen Trennung eines Individuums von seinen bisherigen Lebensbezügen.

Bisher war unter Bezugnahme auf S. Freud stets von »Angst vor dem Tod« die Rede. Stolorow (1973) vertritt die Ansicht, daß Angst vor Kastration und Objektverlust sich auf den Sterbeprozeß bezieht, also in die Angst vor dem Sterben eingeht und nicht in die Angst vor dem Tod.

Resümierend erweisen sich Schuldangst und Trennungsangst, beide auf Kastrationsangst zurückführbar, als konstituierende Komponenten einer als Sekundärphänomen verstandenen Angst vor dem Tod (vgl. Feifel, 1969). Ihnen kommt auch in der analytischen Theorie der Angst im allgemeinen eine Schlüsselstellung zu. Von daher ist eine klare Abgrenzung einer Theorie der Angst von einer solchen der Angst vor dem Tod nicht gegeben. Bei S. Freud erscheint Angst vor dem Tod als eine extreme Variante von Angst im allgemeinen, die einer gänzlich eigenständigen theoretischen Basis nicht bedarf.

Die psychoanalytische Auffassung der Angst vor dem Tod stellt sich schematisch wie folgt dar:

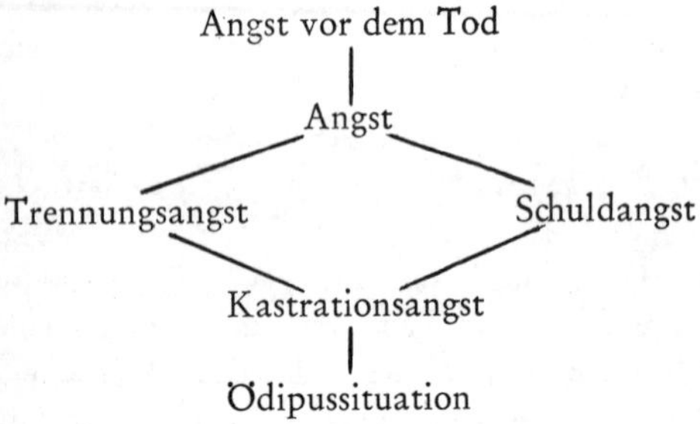

4.2.2.2. Angst vor Tod und Sterben in der Nachfolge S. FREUDs

Konzeptionen der Angst vor dem Tod sind bei psychoanalytisch orientierten Autoren in der Zeit nach S. Freud keineswegs einheitlich. Zwar fußen sie stets auf grundlegenden Annahmen der analytischen Theorie, doch lassen sich infolge unterschiedlich gesetzter Akzente Differenzen in den Auffassungen erkennen.

Sarnoff & Corwin (1959) postulieren eine über die Vorstellungen S. Freuds hinausgehende *psychodynamische Beziehung zwischen Kastrationsangst und Angst vor dem Tod.* Da Kastrationsangst eng mit inzestuösen, d. h. sexuellen Wünschen verknüpft ist, gehen die Autoren davon aus, daß beim Erwachsenen als Folge von Verschiebung auch nicht-inzestuöse sexuelle Anregung zu Angst führen kann.

Diese Angst ist zu verstehen als Derivat von Kastrationsangst und kann sich daher auch als Angst vor dem Tod äußern. Sarnoff & Corwin (1959) nehmen weiter an, daß zwischen dem Ausmaß erlebter Kastrationsangst und der Intensität habitueller Angst vor dem Tod eine positive Beziehung besteht. »Es scheint, .., daß ein Individuum, das starke Kastrationsdrohungen erfahren hat, stärkere habituelle Angst vor dem Tod haben müßte als ein Individuum, das weniger stark bedroht worden ist« (S. 377).

Bei dem Versuch einer empirischen Überprüfung wurde der angenommene Zusammenhang bestätigt: In einem Vorher-Nachher-Experiment zeigten nach starker sexueller Stimulation (Bilder nackter Frauenkörper) Versuchspersonen (männliche Studenten) mit hoher Kastrationsangst signifikant stärkere Angst vor dem Tod als Versuchspersonen mit geringer Kastrationsangst.

Chadwick (1929) weitet die von S. Freud postulierte Beziehung zwischen Kastrationsangst und Angst vor dem Tod auf das weibliche Geschlecht aus. Der Angst des Mannes vor dem Verlust des Genitales entspricht bei der Frau die Angst vor Liebesverlust. Indem die Autorin in beiden Angstformen Merkmale von Trennungsangst sieht, bestätigt und unterstützt sie die Auffassung S. Freuds. Darüber hinaus stellt sie jedoch die von S. Freud eingeführten Bedingungsverhältnisse, nach denen Kastrationsangst Voraussetzung und Vorbedingung von Angst vor dem Tod ist, in Frage. Als Denkmöglichkeit betrachtet sie Angst vor dem Tod als das Primäre, als deren

Folgeerscheinungen Kastrationsangst bzw. Angst vor Liebesverlust aufzufassen sind.

In Abhebung von S. Freud stellt Chadwick (1929) ferner *Angst vor Unbekanntem und Unkontrollierbarem* als Wesensmerkmal von Angst vor dem Tod heraus. »Der Tod repräsentiert nachdrücklich jene Macht, über die wir keine Kontrolle haben, einen Giganten, in dessen Umklammerung wir schwach sind, dessen Nahen sanft sein kann, dessen Ruf [aber] Folge geleistet werden muß. Er ist unsichtbar, nicht faßbar und daher in einer Weise unbekannt, die in sich selbst furchterregend ist, eine Art von *Tod, die immer gefürchtet werden muß*« (S. 323). Angst vor dem Tod enthält in diesem Verständnis Merkmale von Erwartungsangst, wie sie auch von Anthony (1971) angesprochen und in den größeren Rahmen des Stress-Verhaltens gestellt werden.

Klein (1948) erkennt im *Todestrieb* die primäre Ursache von Angst im allgemeinen und von Angst vor dem Tod im besonderen. Während S. Freud dem Unbewußten Angst vor Vernichtung abspricht, nimmt Klein (1948) eine unbewußte Angst vor Destruktion als Folge des Todestriebes an. »Diesen Gedankengang fortführend stelle ich die Hypothese auf, daß Angst durch die Gefahr angeregt wird, die dem Organismus durch den Todestrieb droht; und ich meine, daß dies die ursprüngliche Ursache der Angst ist« (S. 116).

Eine Synthese beider Standpunkte bietet Stolorow (1973) an, indem er weder Eros noch Thanatos für ausschlaggebend erachtet, sondern die antagonistische Wirkungsweise beider Kräfte für die Entstehung von Angst verantwortlich macht.

Indem die Angst vor dem Tod auf Thanatos zurückgeführt wird, wird die Überbrückung einer Kluft zwischen der Angst vor dem Tod einerseits und dem Todestrieb andererseits geleistet, um die S. Freud selbst sich nie bemüht hat (vgl. Alexander & Adlerstein, 1961).

Becker (1973) diskutiert die Frage der *Anlage-Umwelt-Dominanz* hinsichtlich Angst vor dem Tod. In der Tradition der Psychoanalyse stehend, favorisiert er Umwelteinflüsse. Undurchschaubarkeit der Welt, speziell aber frühkindliche Erfahrungen im Rahmen der Mutterbeziehung (Abhängigkeit) bestimmen das Ausmaß späterer Angst vor dem Tod. WAHL (1958) sieht den gleichen Zusammenhang zwischen frühkindlicher Mutterbeziehung und Angst vor dem Tod. Er ist der Ansicht, daß ein Mensch, der als Kind Liebe und Zuwendung erfahren hat, auch als Erwachsener eine unbewußte Überzeugung infantiler Omnipotenz behält, die ihm die Bewältigung der Angst vor dem Tod ermöglicht.

Angst vor dem Tod als Möglichkeit der *Selbstwerdung* im Sinne von Reifung wird von STOLOROW (1974) erörtert. Anhand der Fallbeschreibung einer analytischen Psychotherapie wird dargelegt, daß Angst vor dem Tod das Bewußtsein des eigenen Selbst voraussetzt. Aufkeimende Angst vor dem Tod wurde daher als Indikator für den Erfolg der Therapie angesehen, die auf Herstellung eines neu konstituierten Selbst abzielte.

4.2.3. Empirische Beiträge zur Angst vor dem Tod

4.2.3.1. Vorbemerkungen

Reges Interesse an der Angst vor dem Tod findet seinen Niederschlag zum einen in übergreifenden Darstellungen der jüngsten Zeit (z. B. FELDMAN et al., 1974; HENSLE, 1975; KASTENBAUM & AISENBERG, 1972; MONTEFIORE et al., 1973), zum anderen in – bezogen auf den englischsprachigen Raum – zahlreich vorliegenden Fragebogen-Skalen: Unter der Bezeichnung *»Fear of Death Scale«* von BOYAR (1964), COLLETT & LESTER (1969), LESTER (1967 b) und SARNOFF & CORWIN (1959); unter der Bezeichnung *»Death Anxiety Scale«* von HANDAL (1969), LIVINGSTON & ZIMET (1965), TEMPLER (1970) und TOLOR & REZINIKOFF (1967).

Die Überprüfung einiger dieser Skalen (BOYAR, 1964; COLLETT & LESTER, 1969; LESTER, 1967 b; SARNOFF & CORWIN, 1959; TOLOR & REZNIKOFF, 1967) erbrachte mittlere, aber signifikante Korrelationen (.40 bis .65) zwischen den einzelnen Skalen bei unbedeutendem Einfluß sozialer Erwünschtheit (DURLAK, 1972 a).

Eine deutsche Version einer Fragebogen-Skala zur Erfassung von Angst vor dem Tod legte Hensle (1975) vor. Die 42 Items umfassende Skala enthält gemäß Faktorenanalyse vier für Angst vor dem Tod spezifische Dimensionen sowie die Faktoren »Beschäftigung mit dem Tod« und »Jenseitsglaube«. Für die vier Subskalen von Angst vor dem Tod ergaben sich Reliabilitätskoeffizienten (split-half) zwischen .63 und .77, für alle Subskalen der Angst vor dem Tod zusammen (29 Items) wurde ein Reliabilitätskoeffizient (splithalf) von .83 ermittelt.

In der folgenden Darstellung empirischer Befunde zur Angst vor dem Tod ist eine Fortführung jenes Kapitels zu erblicken, das die Intensität gedanklicher Beschäftigung mit Tod und Sterben behandelte (vgl. S. 23 ff. vorliegender Arbeit). War dort der quantitative Aspekt Gegenstand der Betrachtung, geht es im folgenden um die inhaltliche Beschaffenheit von Todeserleben. Als die markanteste Erlebensmodalität wird Angst vor dem Tod in Beziehung gesetzt zu soziographischen, Hintergrund- und Persönlichkeitsvariablen.

4.2.3.2. Angst vor dem Tod in Abhängigkeit von soziographischen Variablen

4.2.3.2.1. Angst vor dem Tod in Abhängigkeit vom Lebensalter

In mehreren Untersuchungen wird versucht, die Ansichten von Versuchspersonen über den Zusammenhang von Angst vor dem Tod und *Alter* zu erkunden. Dabei wird keine Aussage über die Ausprägung von Angst vor dem Tod in verschiedenen Altersklassen gemacht, sondern über die Meinung der Versuchspersonen bezüglich der Intensität von Angst vor dem Tod in verschiedenen Altersklassen.

Feifel (1955) befragte 38 stationäre und 47 ambulante psychiatrische Patienten, »wann sie glaubten, daß ›Menschen im allgemeinen‹ sich stärker vor dem Tod fürchten« (S. 375). Die Resultate sind aufgrund zweier verschiedenartiger Auswertungsmodi uneinheitlich. Legt man die Durchschnittswerte der von den Versuchspersonen für die verschiedenen Altersklassen vorgenommenen Rangreiheneinstufungen zugrunde, hielten beide Versuchspersonen-Gruppen die Altersspanne von 50 bis 59 Jahren für den Zeitraum, in dem Menschen am meisten Angst vor dem Tod haben. Geringste Angst vor dem Tod wurde der Kindheit und Jugend zugesprochen, aber auch im hohen Alter wurde sie als vergleichsweise schwach beurteilt.

Ausgehend von der prozentualen Verteilung der Versuchspersonen-Einschätzungen auf die Altersklassen stellte sich das Alter von 70 Jahren und mehr als derjenige Lebensabschnitt dar, in dem Menschen – nach Ansicht der Versuchspersonen – Tod am meisten fürchten und die Kindheit als derjenige mit der geringsten Angst vor dem Tod.

Eine zweite Studie mit klinisch unauffälligen Bewohnern von Altenheimen bestätigte die sich abzeichnenden Widersprüche (FEIFEL, 1956). Ein Anteil von 45 % der Versuchspersonen beurteilte den Abschnitt von 70 Jahren und älter als denjenigen stärkster Angst vor dem Tod, während 35 % sowohl Kindheit als auch hohes Alter für die Lebensphasen geringster Angst vor dem Tod hielten.

Die mit einem Satzergänzungstest untersuchten Versuchspersonen (N = 200; Alter: 49–92 Jahre) von KOGAN & SHELTON (1962) brachten zum Ausdruck, daß der Tod »Menschen im allgemeinen« mehr schreckt als speziell alte Menschen. Nach Ansicht dieser Stichprobe hat der Durchschnittsmensch mehr Angst vor dem Tod als ein alter Mensch.

KASTENBAUM (1974) bietet mehrere Erklärungen dafür an, daß junge Menschen dazu neigen, Betagten ausgeprägte Angst vor dem Tod zuzusprechen: 1. Die Jungen haben selbst Angst vor dem Tod. Sie schließen via Analogieschluß, auch Alte müßten Angst vor dem Tod haben. 2. Alten Menschen wird aufgrund ihrer größeren zeitlichen Nähe zum Tod Angst vor dem Tod zugesprochen. 3. Junge Menschen werden von Alten an Tod erinnert. Das damit einhergehende Unbehagen projizieren sie auf alte Menschen.

Die Meinungen verschiedener Personengruppen über die Angst vor dem Tod alter Menschen erweisen sich offensichtlich als uneinheitlich. Wie ist es nun um die Angst vor dem Tod alter Menschen bestellt, wenn ein direkter Zugang gewählt wird?

Feifel & Branscomb (1973) untersuchten den Einfluß verschiedener soziographischer Variablen auf die Ausprägung der Angst vor dem eigenen Tod. In einer umfangreichen, sowohl aus Kranken als auch aus Gesunden bestehenden Stichprobe mit einer Altersspanne von 10 bis 89 Jahren waren Versuchspersonen mit Angst vor dem eigenen Tod signifikant jünger als Versuchspersonen ohne Angst vor dem eigenen Tod.

Anhand von Interviews erhielten Reynolds & Kalish (1974) Ergebnisse, die in dieselbe Richtung weisen. Personen im Alter von mehr als 60 Jahren gaben weniger Angst vor dem Tod an als Personen der Altersklassen 20–39 und 40–59 Jahre. Dieses Resultat ist insofern bemerkenswert, als die Stichprobe sich aus Personen verschiedener ethnischer Gruppierungen zusammensetzte. In Einklang mit diesem Befund steht, daß in einer Stichprobe des National Institute of Mental Health (gesunde Betagte) nur 30 % der Versuchspersonen Angst vor dem Tod zeigten (Birren, Butler, Greenhouse, Sokoloff & Yarrow, 1963; zit. nach Jeffers & Verwoerdt, 1969).

Verschiedene Autoren stimmen anhand von Literaturübersichten in der Feststellung überein, Angst vor dem Tod nehme im hohen Alter keinesfalls zu (Kastenbaum, 1974; Kastenbaum & Aisenberg, 1972, S. 76; J. R. Marshall, 1975). Bromley (1974, S. 277 ff.) führt Gründe an, die für eine *Abnahme der Angst vor dem Tod mit zunehmendem Alter* sprechen: 1. Lebenslange Reflexion begünstigt das Bewußtwerden von Gefühlen und Strebungen, die dadurch leichter mit der Tatsache persönlicher Sterblichkeit in Einklang gebracht werden können. 2. Das Interesse des alten Menschen an aktuellen Ereignissen ist reduziert. 3. Herabgesetztes Interesse an seiner Umgebung geht einher mit Verminderung äußerer Zwänge, am Leben bleiben zu müssen (z. B. Verantwortung für Familienangehörige). 4. In Termini einer Kosten-Nutzen-Rechnung überwiegen für einen alten Menschen die Kosten, am Leben zu sein, immer mehr den Ertrag. So wird eine Einstimmung des Betagten auf die Endphase des Lebens begünstigt.

Der bisher verhältnismäßig gesichert erscheinende Zusammenhang zwischen Angst vor dem Tod und Lebensalter ist angesichts weiterer empirischer Ergebnisse als vorläufig einzuschätzen. In zwei hinsichtlich Versuchspersonen-Charakteristika und Art der verwendeten Meßinstrumente (Fragebogen, Satzergänzungsaufgabe) vergleichbaren Untersuchungen ergab sich kein überzufälliger Zusammenhang zwischen dem Alter der Versuchspersonen und der Intensität ihrer Angst vor dem Tod (Martin & Wrightsman, 1965; Templer, Ruff & Franks, 1971).

Auch Lester (1972), der neben einer Fragebogen-Skala das semantische Differential verwendete, fand keine gesicherte Korrelation zwischen Angst vor dem Tod und Alter. Dieser Befund kann darauf zurückzuführen sein, daß die Versuchspersonen (Alter: 17–50 Jahre) dem jüngeren und mittleren Bereich des Altersspektrums zuzuordnen sind, der im vorliegenden Zusammenhang interessante Bereich des hohen Alters jedoch nicht vertreten war.

Der einzige Anhaltspunkt für die *Dominanz von Angst vor dem Tod im höheren Alter* stammt von Blake (1969). Beim Vergleich von Heranwachsenden und älteren Menschen schließt er aus dem gehäuften Auftreten von Negation im Zusammenhang mit Tod und Sterben auf entsprechend stärker ausgeprägte Angst vor dem Tod bei älteren Menschen.

Ohne sich auf experimentelle Belege stützen zu können, sieht Hutschnecker (1965) weder Jugend noch hohes Alter, sondern vielmehr die *Lebensmitte* als den am stärksten von der Angst vor dem Tod bestimmten Abschnitt an. Auf dem Höhepunkt der Leistungsfähigkeit eines Menschen einsetzende Angst vor dem Tod wird interpretiert als die Angst, gemäß eigenem Anspruchsniveau gesteckte Ziele nicht mehr erreichen zu können. Hier deutet sich eine Beziehung zwischen Angst vor dem Tod und der Krise der Lebensmitte an. Ein Mensch, der jenen Lebensabschnitt erreicht, in dem der bereits gelebte Zeitraum etwa ebenso groß ist wie die noch vor ihm liegende Zeitspanne, wird fast zwangsläufig mit der Endlichkeit seines Daseins konfrontiert. Die Frage nach dem, was er geleistet hat und was er in der verbleibenden Zeit noch zu leisten vermag, wird drängend, ohne jedoch kurzfristig beantwortet werden zu können. So befinden sich viele Menschen in der Mitte ihres Lebens in einer Phase der Umorientierung, in einer Krise des Übergangs, die von Depression und Angst begleitet ist und die der Pubertät an Bedeutung kaum nachsteht. In dieser Situation der Selbstprüfung und Neubewertung bisher gültiger Werte und Ziele setzt eine allgemeine Labilisierung ein, die für die Bedrohung des Alterns und des Todes besonders empfänglich macht.

Der Forschungsstand zum Zusammenhang zwischen der Angst vor dem Tod und dem Lebensalter wird von KASTENBAUM (1966) wie folgt beurteilt: »Wir setzen unsere Arbeit mit dem gespaltenen Bewußtsein fort, daß Einstellungen zum Tod hochgradig komplex sind, daß wir aber gleichwohl nur in einigen wenigen der naheliegenderen Untersuchungsrichtungen in der Lage gewesen sind, zu hinreichend sicheren Schlußfolgerungen zu gelangen« (S. 68).

Als eine Ursache für diese Situation sieht KASTENBAUM (1974) das Fehlen einer ausreichenden Informationsbasis darüber, wie alte Menschen gegenüber Tod und Sterben eingestellt sind. Zwei Gründe für unzureichenden Kenntnisstand werden angeführt: 1. Die Kommunikation über Tod ist allgemein, d. h. unabhängig vom Lebensalter, gering; 2. Die Kommunikation zwischen Jungen und Alten ist – unabhängig von ihrem Inhalt – gering. Es handelt sich hier also um zwei sich überlagernde Kommunikationshemmungen, von denen die eine themenspezifisch, die andere generations- bzw. altersspezifisch ist.

Die vorliegenden Ergebnisse lassen sich dahingehend zusammenfassen, daß Angst vor dem Tod bei alten Menschen nicht stark ausgeprägt zu sein scheint. Obwohl nicht übermäßig gut gesichert, wird man diesen Sachverhalt solange als gegeben ansehen müssen, bis er durch empirische Belege entkräftet wird.

4.2.3.2.2. Geschlechtsspezifische Ausprägung der Angst vor dem Tod

Empirische Untersuchungen, die sich mit dem Aufweis von *Geschlechtsunterschieden* hinsichtlich Angst vor dem Tod beschäftigen, sind annähernd ebenso zahlreich wie jene, welche die Altersvariable einbeziehen. Vielfach werden beide Merkmale gemeinsam berücksichtigt.

Erste Anhaltspunkte sind einer Arbeit von MIDDLETON (1936) zu entnehmen. Verglichen mit Frauen beschäftigten sich Männer gedanklich intensiver mit Tod und Sterben. Dies wurde bereits an anderer Stelle erläutert (vgl. S. 28 f. vorliegender Arbeit). Obwohl nicht explizit auf Angst vor dem Tod Bezug genommen wird, kann aus der Art der Gedankeninhalte auf angstvolle Beschäftigung geschlossen werden. Unterschiede zwischen Männern und Frauen sind jedoch so schwach, daß sie nur als Tendenzen interpretiert werden.

In Replikationen, die teils MIDDLETONS (1936) Originaldaten (LESTER, 1970 a), teils anhand von MIDDLETONS Fragebogen neu erhobene Daten verwendeten (LESTER, 1971 b), wurden keine signifikanten Geschlechtsunterschiede hinsichtlich Angst vor dem Tod gefunden. Auch die Interviews von REYNOLDS & KALISH (1974) vermochten einen Zusammenhang zwischen Geschlecht und Angst vor dem Tod bei Personen verschiedener Rassen nicht aufzuzeigen.

Der einzige Hinweis darauf, daß Männer häufiger bzw. intensiver Angst vor dem Tod haben als Frauen, ist einer Arbeit von KRIEGER, EPTING & LEITNER (1974) zu entnehmen. Im Rahmen strukturierter Interviews wurden todbezogene Themen angesprochen und anhand des Gesprächsverlaufs ein Bedrohtheits-Index bestimmt. Studentinnen erlebten den Tod als signifikant weniger bedrohlich als ihre männlichen Kommilitonen. Geht man davon aus, daß Bedrohung und Angst in Beziehung miteinander stehen, kann auf schwächer ausgeprägte Angst vor dem Tod bei den Frauen geschlossen werden.

Die Mehrzahl empirischer Untersuchungen verweist jedoch auf einen entgegengesetzten Zusammenhang: *Frauen scheinen größere Affinität zur Angst vor dem Tod aufzuweisen als Männer.* Überwiegend an Studenten bzw. an Personen im studentischen Alter durchgeführte Untersuchungen, bei denen stets dieselbe Fragebogen-Skala (DAS; TEMPLER, 1970) verwendet wurde, zeigten übereinstimmend für weibliche Personen signifikant stärkere Angst vor dem Tod an als für männliche Personen (BERMAN & HAYS, 1973; IAMMARINO, 1975; McDONALD, 1976; RAY & NAJMAN, 1974; TEMPLER et al., 1971).

Bei Variation von Meßinstrument bzw. Stichprobe wird dieser Befund erhärtet. SELVEY (1973) verwendete die FDS (BOYAR, 1964) bei Studenten und erhielt bei Frauen höhere Werte als bei Männern ($p < .01$). LUCAS (1974) setzte eine selbst entwickelte Fragebogen-Skala zur Erfassung von Angst vor dem Tod in Verbindung mit TEMPLERS (1970) Death Anxiety Scale bei Dialyse-Patienten, Rekonvaleszenten nach einer Operation sowie deren Ehefrauen ein. Als nicht-signifikante Tendenz hatten die Frauen der Dialysepatienten höhere Werte als die Patienten selbst.

Differenziertere Aussagen über den Zusammenhang von Angst vor dem Tod und Geschlecht, die allerdings als vorläufig zu betrachten sind, gestattet die Arbeit von DIGGORY & ROTHMAN (1961). Mit sieben Items wurden verschiedene Aspekte angezielt, die Tod im Erleben eines Menschen ausmachen kann. Frauen zeigten im Vergleich mit Männern stärkere Angst vor dem Tod bei solchen Items, durch die Veränderungen am eigenen Körper als Folge bzw. Begleitumstand des Todes (Verwesung, Zersetzung) angesprochen wurden.

LESTER (1972) gelangte durch Verwendung der Fear of Death Scale von COLLETT & LESTER (1969) in Verbindung mit dem semantischen Differential ebenfalls zu differenzierten Resultaten. Verglichen mit Studenten hatten Studentinnen signifikant stärkere Angst vor dem eigenen Tod, dem Tod anderer sowie dem eigenen Sterben.

Zur Erklärung empirisch sich andeutender Geschlechtsdifferenzen hinsichtlich Angst vor dem Tod können *divergierende geschlechtsspezifische Sozialisationsbedingungen* herangezogen werden (vgl. LESTER, 1967 a; TISMER et al., 1973). Im westlichen Kulturkreis erwerben Frauen ein verglichen mit Männern stärker auf ihren Körper bezogenes Rollenverhalten, das ihre Einstellung zum eigenen Körper allgemein, speziell aber auch hinsichtlich Besorgnis um den und Zufriedenheit mit dem eigenen Körper sowie Körper-Ausgrenzung (»body boundary«) determiniert (FISHER & CLEVELAND, 1958; SECORD, 1953; SECORD & JOURARD, 1973). »Sie lernt ziemlich früh, daß ihr Körper ihr wichtigstes Instrument zur Erlangung einer sinnvollen Rolle sein wird ... Eine Frau setzt Selbst wahrscheinlich eher mit Körper gleich« (FISHER, 1970, S. 198).

Diesem Interpretationsansatz folgend sieht LOWRY (1966) Unterschiede in der Reaktionsweise auf Tod und Sterben bei Mann und Frau als Ausdruck allgemeiner Unterschiede zwischen den Geschlechtern. Angst vor dem Tod geht zurück auf Angst im allgemeinen, die beiden Geschlechtern eigen ist, jedoch bei Männern und Frauen sich unterschiedlich artikuliert.

Geschlechtsspezifische Angstäußerungen können als Aspekt eines Merkmalsbereichs angesehen werden, der sich mit *»Feminität«* umschreiben läßt. Zusammenhänge zwischen der Angst vor dem Tod, allgemeiner Angst und Feminität wurden von TEMPLER, LESTER & RUFF (1974) überprüft. Für Studentinnen korrelierte Angst vor dem Tod mit Feminität .22, für Studenten war die Beziehung durch einen Koeffizienten von .23 gekennzeichnet. Bei weiblichen Versuchspersonen war der größte Teil der Korrelation Angst vor dem Tod/Feminität eine Funktion allgemeiner Angst (ohne ihre Berücksichtigung sank der Korrelationskoeffizient auf .09), während der Einfluß allgemeiner Angst bei männlichen Versuchspersonen vernachlässigenswert war. »Zusammenfassend scheint die vorliegende Untersuchung einen positiven, wenngleich schwachen Zusammenhang zwischen Feminität und Angst vor dem Tod aufzuzeigen« (S. 530).

4.2.3.2.3. Angst vor dem Tod in Abhängigkeit von Tätigkeiten mit erhöhtem Sicherheitsrisiko

Der Beruf ist eine häufig verwendete soziographische Variable.

In thanatopsychologischer Perspektive sind vornehmlich solche Tätigkeiten von Interesse, die in höherem Maß als die Mehrzahl »normaler« Berufe eine Gefährdung von Gesundheit oder Leben einschließen. Unter dem Aspekt des erhöhten Sicherheitsrisikos können berufliche Tätigkeiten gleichgesetzt werden mit entsprechenden außerberuflichen Aktivitäten. Für beide, Freizeitbetätigung wie Beruf, stellt sich die Frage, ob ihre Wahl durch angstvolle Einstellung zum Tod determiniert wird.

Vereinzelte empirische Beiträge haben bisher einen Zusammenhang zwischen Angst vor dem Tod und risikoreichen beruflichen bzw. Freizeit-Aktivitäten nicht aufzeigen können. Beim Vergleich von *Streifenpolizisten* mit *Briefträgern* fanden FORD, ALEXANDER & LESTER (1971) keine Unterschiede hinsichtlich Angst vor dem Tod. Mit denselben Meßinstrumenten (FDS; COLLETT & LESTER, 1969 bzw. LESTER, 1967 b sowie semantischem Differential) untersuchten ALEXANDER & LESTER (1972) *Sport-Fallschirmspringer.* Jeder Versuchsperson war eine ihr in Alter und Geschlecht entsprechende Kontroll-Versuchsperson (Student) zugeordnet. Eine Einweg-Varianzanalyse vermochte unterschiedlich stark ausgeprägte Angst vor dem Tod nicht aufzudecken. Die Autoren erklären diesen Befund mit dem Einfluß von Abwehrmechanismen, die bewußte Artikulation der Angst vor dem Tod verhinderten.

Auch ein mit anderer Methodik unternommener Versuch brachte keine signifikanten Resultate. Als Versuchspersonen fungierten *Rennfahrer mit Amateurstatus* (Experimentalgruppe) und Bowler (Kontrollgruppe). Beiden Gruppen wurden im Anschluß an die für sie jeweils spezifische sportliche Betätigung tachistoskopisch Wörter aus den Bereichen »Tod«, »Unfall« und »Neutral« geboten. Zusätzlich beurteilten die Versuchspersonen die Reizwörter auf einer Emotionalitäts-Skala und bearbeiteten einen nicht näher beschriebenen Fragebogen über Tod.

Zwar hatten Rennfahrer wie Bowler bei todbezogenen Wörtern eine signifikant niedrigere Wahrnehmungsschwelle als bei neutralen Wörtern; zwar schätzten Rennfahrer wie Bowler tod- und unfallbezogene Wörter als stärker gefühlserregend ein als neutrale Wörter; Unterschiede zwischen beiden Personengruppen zeigten sich jedoch nicht (LEVITON, 1968).

Erste Erfahrungen bei Personen, die durch Zigarettenrauchen ihre Gesundheit erhöhter Gefährdung aussetzen, sind nicht ganz einheitlich, fügen sich aber insgesamt in den Rahmen der bisherigen Befunde. Während BERMAN (1973) bei 300 Studenten keinen überzufälligen Zusammenhang zwischen der Anzahl täglich gerauchter Zigaretten und der Angst vor dem Tod berichtet, fand TEMPLER (1972 a) eine signifikant negative Korrelation von -.25 zwischen beiden Merkmalen. Unterschiede in der Angst vor dem Tod zwischen Rauchern und Nichtrauchern ergaben sich allerdings nicht.

Es scheint legitim, die Wahl eines Berufs wie dem des Polizisten bzw. eines Hobbys wie dem des Rennfahrers oder Fallschirmspringers als Ausdruck erhöhter Risikobereitschaft aufzufassen. Folgerichtig ist auch *Risikoverhalten* – hier als Persönlichkeitsmerkmal verstanden – auf Beziehungen mit der Angst vor dem Tod zu überprüfen.

Die Resultate entsprechender Vorstöße stehen in Einklang mit bisherigen Befunden: Anhand von Fragebogen fand weder ERMALINSKI (1972) noch MCDONALD (1976) einen überzufälligen Zusammenhang zwischen Risikoverhalten und Angst vor dem Tod.

Daß Versuche, empirisch Zusammenhänge zwischen risikoreichen Tätigkeiten und der Angst vor dem Tod aufzuzeigen, wiederholt fehlgeschlagen sind, scheint verwunderlich, ist eine Beziehung zwischen beiden Merkmalen doch theoretisch begründet. Von psychoanalytischer Seite nämlich wird das Spiel mit der Gesundheit oder dem eigenen Leben als Möglichkeit der Bewältigung des Todes interpretiert (MARCOVITZ, 1973). Gerade von Menschen mit starker Angst vor dem Tod ist demnach zu erwarten, daß sie sich freiwillig einer höheren Gefährdung aussetzen, um sich selbst durch glücklichen Abschluß einer Unternehmung eigene Unverletzbarkeit zu beweisen.

4.2.3.3. Angst vor dem Tod in Abhängigkeit von Hintergrundvariablen

4.2.3.3.1. Angst vor dem Tod und Religiosität

Auf die Gepflogenheit der operationalen Bestimmung von »Religiosität« durch Erfragen der Häufigkeit von Gottesdienstbesuch, Bibellektüre und ähnlichem wurde bereits bei der Darstellung der Intensität gedanklicher Beschäftigung mit Tod und Sterben hingewiesen (vgl. S. 33 der vorliegenden Arbeit). In den im folgenden zu referierenden Publikationen wird in ähnlicher Weise operational definierte Religiosität in Beziehung gesetzt zur Intensität der Angst vor dem Tod. Dabei ist stets auf die christliche Religion bezogene Religiosität gemeint.

Ein Überblick über hier einschlägige Forschungsergebnisse vermittelt ein nicht minder widerspruchsvolles Bild, als es sich bereits für andere Teilbereiche von Todeserleben abgezeichnet hat. Eine Untersuchung von CHRIST (1961) an 100 psychiatrischen Patienten im Alter von 60 Jahren und mehr erbrachte keinen bedeutsamen Zusammenhang zwischen Angst vor dem Tod (erfaßt durch 11 Interview-Fragen sowie Wort-Assoziationsaufgabe) und Religiosität. WILLIAMS & COLE (1968) ließen Studenten, die sie Extremgruppen hinsichtlich Religiosität zugeordnet hatten, neben anderen Verfahren eine modifizierte Fragebogen-Skala zur Bestimmung von Angst vor dem Tod bearbeiten. Ferner wurden todbezogene Wörter tachistoskopisch geboten und dabei auftretende Veränderungen des Hautwiderstandes registriert. Weder Fragebogen noch Hautwiderstandsmessungen erbrachten signifikante Unterschiede zwischen der hochgradig religiösen und der nicht oder nur gering religiösen Gruppe. Ein Zusammenhang zwischen Religiosität und Angst vor dem Tod konnte weder auf bewußter noch auf unbewußt-physiologischer Ebene aufgewiesen werden.

HAHN (1968) fand bei einer aus Stadt- und Landbevölkerung bestehenden Stichprobe keine signifikante Korrelation zwischen Unsterblichkeitsglaube – ein in dieser Untersuchung nachweislich tragfähiger Indikator für Religiosität und Angst vor dem Tod. CHASIN (1968) gelang es nicht, bei Mitgliedern einer Kirchengemeinschaft signifikante Zusammenhänge zwischen orthodoxer Religiosität und Angst vor dem Tod zu ermitteln. Keine Unterschiede in der Angst vor dem Tod berichtet BLAKE (1969) für religiöse bzw. nicht-religiöse Versuchspersonen einer aus Heranwachsenden bestehenden Teilstichprobe. Entsprechend insignifikante Ergebnisse erhielt McDONALD (1976) beim Vergleich von Mormonen und Nicht-Mormonen.

Auch TEMPLER & DOTSON (1970) konnten bei 213 Studenten keinen statistisch gesicherten Zusammenhang zwischen Angst vor dem Tod und verschiedenen Aspekten von Religiosität ermitteln. Sie erklären dies mit der geringen Bedeutung, die Religion für die meisten Menschen in der heutigen Zeit hat. »Eine sparsamere Erklärung könnte sein, daß Religion das Niveau der Angst vor dem Tod nicht nachhaltig determiniert, zumindest in den meisten relativ normalen Populationen. Für die meisten Menschen in unserer Gesellschaft bilden religiöse und philosophische Werte nicht die Eckpfeiler des Lebens« (S. 897). Auch bei Gesunden und unheilbar Kranken fand FEIFEL (1974) keine Unterschiede in der Angst vor dem Tod in Abhängigkeit von religiöser Gläubigkeit.

In ihrem vorläufigen Bericht einer noch nicht endgültig abgeschlossenen Untersuchung unterscheiden FAUNCE & FULTON (1958) bei studentischen Versuchspersonen zwei Einstellungskomponenten gegenüber dem Tod: zum einen Betonung des zeitlichen Aspektes mit Akzentuierung der Endgültigkeit des Todes bzw. Ablehnung eines Lebens nach dem Tod. Dieser Standpunkt wird vorzugsweise von Nicht-Katholiken geteilt bzw. von Personen, für die Glaubensinhalte geringe Verbindlichkeit besitzen. Zum anderen Betonung des geistigen Aspektes, den Katholiken und Protestanten (als religiös engagierte Versuchspersonen-Gruppe) unterstreichen. Der Tod bedeutet für sie gemäß christlicher Lehre den Übergang in eine neue Form des Lebens, dabei die Möglichkeit von Belohnung und Strafe einbeziehend. Die in der Mehrzahl dem geistigen Aspekt zuzuordnenden Katholiken und Protestanten äußerten mehr Angst vor Tod und Sterben als Versuchspersonen der erstgenannten Kategorie. Der ohnehin begrenzte, weil vorläufige Aussagewert dieser Arbeit wird durch das Fehlen von Angaben über die statistische Verarbeitung der Daten zusätzlich beeinträchtigt.

In einer methodisch ebenfalls wenig fundierten Arbeit berichtet Feifel (1965 b) ähnliche Ergebnisse. »Im Vergleich zum nichtreligiösen Menschen fürchtet sich der religiöse Mensch stärker vor dem Tod« (S. 121). Eine anschließende Untersuchung, in die außer psychiatrischen Patienten, Betagten und »Normalen« zusätzlich unheilbar Kranke einbezogen wurden, brachte eine Bestätigung des früheren Ergebnisses (Feifel, 1966). Der Autor interpretiert Angst vor dem Tod bei religiös engagierten Personen als Ausdruck der in der christlichen Lehre enthaltenen Strafdrohung. Religiös indifferente Personen ängstigen sich hingegen wegen des Verlustes für sie wichtiger Personen und Sachen.

Widersprüchlich stellen sich die Resultate von Berman & Hays (1973) dar. Anhand einer Fragebogenskala wurde bei Personen im studentischen Alter der Glaube an ein zukünftiges Leben erfaßt und mit der Angst vor dem Tod in Beziehung gesetzt. Während Angst vor dem Tod – bestimmt mittels Fear of Death Scale (Lester, 1967 b) – signifikant positiv ($r = .24$) mit dem Glauben an ein zukünftiges Leben korrelierte, ergab sich keine überzufällige Korrelation, wenn die Angst vor dem Tod mit der Death Anxiety Scale (Templer, 1970) operationalisiert wurde.

Alexander & Adlerstein (1961) verglichen 25 gemäß aufwendiger Vorauswahl als hochgradig religiös eingestufte Personen (männliche Studenten) mit 25 Nicht-Religiösen hinsichtlich ihrer Angst vor dem Tod. Bezüglich zahlreicher soziographischer Variablen bestand weitgehend Homogenität. Das Vorgehen der Autoren verdient insofern Beachtung, als sie die Bearbeitung eines Fragebogens über Tod sowie ein anschließendes Gespräch über dasselbe Thema als experimentelle Stimulusbedingung einsetzten. Geprüft wurde die Zunahme manifester Angst durch Vergleich zweier Angst-Skalen, von denen eine vor der todbezogenen Reizkonstellation und eine im Anschluß daran zu bearbeiten war. Es wurde erwartet, daß »die aus der Diskussion seiner eigenen Gefühle und Einstellungen zum Tode resultierende manifeste Angst ... stärker bei den nicht-religiösen als bei den religiösen Versuchspersonen ansteigen« (S. 69) würde. Die Hypothese wurde nicht bestätigt. Nach einer experimentell gesetzten kontrollierten Konfrontation mit Tod und Sterben zeigten religiös engagierte Personen stärkere Zunahme an Angst als religiös Gleichgültige. »Es scheint also, daß unsere religiösen Versuchspersonen mehr durch den Begriff des Todes gestört werden als die nicht-religiösen« (S. 69).

Den bisher vorgestellten Ergebnissen zum Zusammenhang von Religiosität und Angst vor dem Tod widersprechen die Resultate von Martin & Wrightsman (1965): Religiöses Engagement korreliert signifikant negativ mit einer von Angst bestimmten Beschäftigung mit Tod. Je mehr religiöse Aktivitäten eine Versuchsperson von sich berichtete, um so geringer war ihre Angst vor dem Tod. Eine Untersuchung von Jeffers, Nichols & Eisdorfer (1961) an 60jährigen erbrachte einen ähnlich gearteten Zusammenhang: Häufige Bibellektüre sowie stark ausgeprägter Glaube an ein Leben nach dem Tod gingen einher mit einer von Angst freien Einstellung zum Tod.

Ähnlich ferner Hooper & Spilka (1970), die neben der Angst vor dem Tod auch die Angst vor der Zukunft in Beziehung zur Religiosität setzten. In einer mit einem großen Repertoire an Meßinstrumenten untersuchten Stichprobe überwiegend Kranker waren Personen ohne Angst vor dem Tod signifikant religiöser gemäß Selbstbeurteilung als Personen mit Angst vor dem Tod (Feifel & Branscomb, 1973).

Im Anschluß an Templer & Dotson (1970) eruierte Templer (1972 b, c) mit denselben Meßinstrumenten (Fragebogenskala DAS, Templer, 1970; acht Variable von Religiosität) bei hochgradig religiösen Personen eine statistisch gesicherte negative Beziehung zwischen Religiosität und Angst vor dem Tod. Stark religiöse Personen hatten signifikant geringere DAS-Werte. Mit dem Zusammenhang von geringer religiöser Aktivität und ausgeprägter Angst vor dem Tod berichtet SWENSON (1961) ebenfalls eine negative, in ihrer Richtung jedoch entgegengesetzte Beziehung.

In dem Bemühen, Religiosität differenzierter zu fassen und damit bisher möglicherweise verborgen gebliebene Merkmalszusammenhänge aufzuspüren, nahm MAGNI (1971) eine Unterscheidung in *extrinsisch Religiöse* und *intrinsisch Religiöse* vor. Ersteren dient religiöses Verhalten als Mittel zur Erlangung materieller Vorteile (z. B. beruflicher Aufstieg), bei letzteren ist religiöses Gedankengut in die Persönlichkeit integriert. Beide Versuchspersonen-Klassen zeigten als (nicht signifikante) Tendenz geringe latente Angst vor dem Tod. Extrinsisch Religiöse hatten sowohl auf bewußter (Fragebogen) als auch auf bewußt nicht kontrollierbarer Ebene (Reaktionszeit auf todesbezogene Stimuli) stärkere Angst vor dem Tod als intrinsisch Religiöse.

Übereinstimmende Ergebnisse erhielt SHEARER (1973). Er applizierte zwei Zufallsstichproben religiöser bzw. nicht-religiöser Personen sowie einer Gruppe dissidenter Priester (jeweils N = 20) mehrere Fragebogen-Skalen zur Bestimmung von Religiosität und Angst vor dem Tod. Religiöse Versuchspersonen manifestierten weniger Angst vor dem Tod als nichtreligiöse, ferner war die Angst vor dem Tod intrinsisch Religiöser schwächer als diejenige extrinsisch Religiöser.

Weiterhin differenzierende Befunde bietet eine Untersuchung von LESTER (1970 b). Ein Wortassoziationsversuch mit Reizwörtern, die offenen oder symbolischen Bezug zum Tod aufwiesen, sowie Fragebogen zur Erfassung der Angst vor dem Tod bildeten das Instrumentarium, mit dem weibliche Extremgruppen geringer und hoher Religiosität untersucht wurden.

Ein negativer Zusammenhang zwischen Religiosität und Angst vor dem Tod war bei Verwendung der Fear of Death Scale (LESTER, 1967 b) signifikant, erreichte jedoch bei Verwendung der gleichnamigen Skala von BOYAR (1964) Überzufälligkeit nicht. Im einzelnen zeigten Personen mit geringer Religiosität signifikant stärkere Angst vor dem eigenen Sterben als Personen mit starker Religiosität. Varianzanalytisch wurden keinerlei Unterschiede zwischen Angst vor dem Tod und Angst vor dem Sterben aufgedeckt, statistisch bedeutsame Differenzen ergaben sich hingegen zwischen dem Bezug auf die eigene Person und dem Bezug auf andere Menschen: Personen mit geringer Religiosität hatten stärkere Angst um sich selbst, Personen mit intensiver Religiosität hatten mehr Angst um andere Menschen. »Die Ergebnisse scheinen zu besagen, daß religiöser Glaube nicht so sehr die Angst des einzelnen vor Tod und Sterben vermindert, sondern vielmehr die Beschäftigung von der eigenen Person auf andere verlagert« (LESTER, 1970 b, S. 187).

Einige ergänzende Befunde sollen die aufgezeigten Merkmalszusammenhänge abrunden. KURLYCHEK (1976) untersuchte Angst vor dem Tod in Abhängigkeit von nicht-religiösem Glauben an ein zukünftiges Leben. Ein bedeutsamer Zusammenhang ergab sich für den Glauben an ein Leben nach dem Tod und die Angst vor dem Tod anderer Menschen ($r = .44$; $p < .01$), keine signifikanten Korrelationen wurden hingegen zwischen dem Glauben an ein zukünftiges Leben und der Angst vor dem eigenen Tod, dem eigenen Sterben und dem Sterben anderer ermittelt.

BURROWS (1971) überprüfte, ob und in welchem Umfang Angst vor dem Tod durch *Zufriedenheit* (»comfort«) *mit religiösem Glauben* determiniert wird. Eine Stichprobe von 291 Studenten nahm Selbsteinschätzungen hinsichtlich Religiosität, orthodoxer Haltung und Zufriedenheit mit der Religion vor, aufgrund deren verschiedene Gruppierungen gebildet wurden. Alle Versuchspersonen bearbeiteten vor und nach der Darbietung von Diapositiven (Experimentalgruppe: todbezogener Inhalt; Kontrollgruppe: neutraler Inhalt) zwei Fragebogen, die Einstellungen zum Tod anzielten.

Unzufriedene Versuchspersonen hatten ungeachtet ihrer religiösen Einstellung in der ersten Versuchshälfte (vor Darbietung der Diapositive) mehr Angst vor dem Tod und stärker negative Einstellungen zum Tod als zufriedene Versuchspersonen. Nach Betrachtung der Diapositive zeigten alle Versuchspersonen der Experimentalgruppe eine Zunahme der Angst vor dem Tod, die allerdings bei unzufriedenen Versuchspersonen signifikant größer war als bei zufriedenen Versuchspersonen. Diese Untersuchung weist darauf hin, daß neben Religiosität auch andere Variable, die zwar in mehr oder weniger enger Beziehung zu Religiosität stehen, aber doch deutlich von ihr abgegrenzt werden können, die Angst vor dem Tod nachhaltig beeinflussen können. So tragen kirchliche Aktivitäten stets auch dazu bei, den Teilnehmer in die Kommunikations- und Interaktionsstruktur der Gemeinde oder einer ihrer Untergruppierungen einzubeziehen. Damit wird für viele, insbesondere alte Menschen die Gefahr der Isolierung und der damit vielfach einhergehenden pessimistischen Einstellung zum Leben gemildert.

Beim Versuch einer Synopsis der dargestellten empirischen Ergebnisse zeigt sich, daß religiöse Wertorientierung sowohl positiv als auch negativ mit der Angst vor dem Tod korreliert. Dieser Widerspruch läßt sich auflösen, indem man eine unterschiedliche Akzentuierung der in der christlichen Lehre enthaltenen Komponenten Belohnung und Strafe annimmt.

Geht Religiosität einher mit geringer Angst vor dem Tod, kann man davon ausgehen, daß *positive Versprechungen* christlicher Lehre (Gnade, Beginn eines neuen Lebens, Paradies) für das Individuum subjektiv vorrangig verbindlich sind. Religiosität wird zum erfolgreichen Mittel der Bewältigung von Angst und Unsicherheit, zur »Verteidigungsmaßnahme« (ALEXANDER & ADLERSTEIN, 1961, S. 71) mit dem Effekt der Angstreduktion (vgl. analoge Interpretationsansätze bei FEIFEL (1956) sowie MARTIN & WRIGHTSMAN (1965)). Hier kommt das von S. FREUD (1915, 1927) angeregte und u. a. von HALL (1915) und ALLPORT (1950) aufgegriffene Verständnis von Religiosität als Abwehrmechanismus zum Tragen (vgl. auch JACKSON, 1965).

Mit starker Angst vor dem Tod einhergehende Religiosität läßt sich interpretieren als Ausdruck subjektiver Dominanz *negativer Glaubensinhalte* wie Jüngstes Gericht, Hölle, Verdammnis.

Bei kritischer Einschätzung des Beitrages, den die Thanatopsychologie zum Verhältnis Religiosität – Angst vor dem Tod geleistet hat, vermissen KASTENBAUM & AISENBERG (1972, S. 98) die Berücksichtigung sozialer Aspekte, in die Religion und Religiosität vielfach eingebettet sind. Der Einfluß sozialer Komponenten auf die Ausprägung der Angst vor dem Tod kann ebenso groß sein wie der Einfluß von Religiosität selbst. Darüber hinaus geben die Autoren zu bedenken, daß Religion und religiöse bzw. kirchliche Institutionen nicht statisch sind, sondern Veränderungen unterliegen.

Das kirchliche Leben hat sich in den vergangenen Jahrzehnten gewandelt. So nehmen Vertreter der Kirchen stärker als früher allgemein fürsorgerische Aufgaben wahr. Ihr Augenmerk scheint unter anderem den Jugendlichen und ihren Problemen zu gelten. Aber auch die Betreuung Alter und Sterbender beginnt in den Vordergrund zu rücken. Dabei wird von Theologen das »Clinical Pastoral Training« praktiziert, eine hinsichtlich der Gesprächstechnik und der Therapeutenmerkmale mit der Gesprächspsychotherapie verwandte Form der Begegnung mit Sterbenden, die von A. T. BOISEN im Jahre 1925 in den USA begründet wurde (vgl. ZEPP, 1974).

Inhaltliche Veränderungen kirchlicher Betätigungsfelder, wie sie hier an zwei Beispielen angedeutet wurden, werden schwerlich ohne Einfluß auf die Einstellungen der Kirchenmitglieder bleiben. Zumindest was den Zusammenhang mit der Angst vor dem Tod anbelangt, scheint Religiosität dynamisch verschränkt mit sozialen und sozialpsychologischen Prozessen innerhalb kirchlicher Institutionen, die ihrerseits Veränderungen unterliegen. Auch darauf sollte die empirische Forschung Rücksicht nehmen.

4.2.3.3.2. Zusammenhänge zwischen Angst vor dem Tod und Zeiterleben

Obwohl grundsätzlich auch die Vergangenheit einschließend, bezieht sich Zeiterleben im folgenden ausschließlich auf die Zukunft. Im vorliegenden Kontext ist Zeiterleben daher gleichzusetzen mit *Zukunftsperspektive.* Die gängige Methode zur Erfassung der Hintergrundvariablen ist der Fragebogen.

Weibliche Bewohner eines Altenheims im Alter von 62 und mehr Jahren hatten um so stärkere Angst vor dem Tod, je weiter ihre Zeitorientierung in die Zukunft reichte (BASCUE, 1973). Daraus läßt sich die Annahme ableiten, daß ältere Menschen ihre Zukunftsperspektive (mehr oder weniger bewußt) einschränken, um so Angst vor dem Tod zu vermeiden. In diesem Sinn kann die Beobachtung, daß »Zukunft« bei Kranken (teils Herz- oder Krebskranken, teils Psychotikern, Neurotikern) fehlte, während sie bei Gesunden mit einem Durchschnittsalter von 35,1 Jahren vorhanden war (FEIFEL & HELLER, 1962), als Ausdruck von Vermeidung und damit als indirekter Beleg für einen positiven Zusammenhang zwischen zukunftsorientiertem Zeiterleben und der Angst vor dem Tod gewertet werden.

WOHLFORD (1966) fand bei Studenten anhand eines Assoziationsverfahrens, das die Richtung und Ausdehnung persönlicher Zeitwahrnehmung zu erfassen gestattet, daß ein positiver Affektzustand in Gestalt eines antizipierten angenehmen Ereignisses die Ausdehnung der persönlichen Zeit in die Zukunft steigerte, daß ein unangenehmes Ereignis wie die Antizipation des eigenen Todes hingegen mit verkürzter zukunftsorientierter Zeitperspektive einherging. Demnach tragen unlustbetonte Erlebnisse dazu bei, daß zukunftsorientierte Gedanken einer stärkeren Vergangenheitsbezogenheit Platz machen.

Lediglich als spekulativ bezeichnen HOOPER & SPILKA (1970) den schwachen Zusammenhang, den sie zwischen positiver bzw. negativer Zeitperspektive und positiver bzw. negativer Einstellung zum Tod fanden. Positive Einschätzung der Zukunft bedeutet Wahrnehmung ausgedehnter Zukunft, die ausgefüllt, interessant und zweckbestimmt strukturiert ist.

Als eine Sonderform zukunftsbezogenen Zeiterlebens ist *subjektive Lebenserwartung* anzusehen. Im Gegensatz zu den bisher dargestellten Ergebnissen ermittelte HANDAL (1969) zwischen diesem Aspekt von Zeiterleben und der Angst vor dem Tod eine negative Beziehung. Studierende (Postgraduierte, Durchschnittsalter 31,2 Jahre) mit unrealistisch geringer subjektiver Lebenserwartung hatten signifikant stärkere Angst vor dem Tod als Versuchspersonen mit realistischer oder unrealistisch hoher subjektiver Lebenserwartung. Die Korrelation von -.37 zwischen subjektiver Lebenserwartung und Angst vor dem Tod erwies sich jedoch nur für weibliche Versuchspersonen als signifikant.

Handal (1969) interpretiert dies als Manifestation von Abwehrmechanismen. Wie von Reynolds & Kalish (1974) bestätigt, neigen Männer mehr als Frauen zu unrealistischer Überschätzung ihrer Lebenserwartung. Erwartung und Wunsch nach einem langen Leben können als Ausdruck der Angst vor dem Tod gedeutet werden, auf die das Individuum mit Abwehr reagiert.

Obwohl in dieser Interpretation mit Handal (1969) übereinstimmend, kann der empirische Beitrag von Reynolds & Kalish (1974) nicht zur Bestätigung vorliegender Resultate herangezogen werden. »Zumindest auf bewußter Ebene hat die Angst vor dem Tod keinen klar erkennbaren Einfluß auf die Erwartung oder den Wunsch nach einem langen Leben bei grundsätzlich gesunden Erwachsenen, die in der Gemeinschaft leben« (S. 230).

4.2.3.3.3. Angst vor dem Tod in Abhängigkeit vom Gesundheitszustand

Als Indikator des Gesundheitszustands wird in der Regel die medizinische Diagnose angesehen. Vergleiche nicht nur von Kranken und Gesunden, sondern insbesondere zwischen verschiedenen Krankheitsformen lassen differenzierte Aussagen erhoffen.

So berichtet Christ (1961) von älteren psychiatrischen Patienten, bei denen von mehreren Hintergrundvariablen einzig »Gesundheitszustand« in signifikantem Zusammenhang mit der Angst vor dem Tod stand. Personen mit schlechtem Gesundheitszustand hatten stärkere Angst vor dem Tod als Patienten in guter Verfassung.

Bei Psychotikern und Neurotikern fanden Feifel & Heller (1962) auf der Ebene der (bewußten) Verbalisierung deutlich stärkere Angst vor dem Tod als bei Herz- bzw. Krebskranken sowie Gesunden. Neben der Ebene bewußten Verhaltens zielten FEIFEL et al. (1973) auch eine hypothetische Phantasie-Ebene sowie eine Ebene unbewußten Reagierens an. Alle Versuchspersonen zeigten geringe Angst vor dem Tod in einem Interview (bewußte Ebene). Im Wortassoziationstest (unbewußte Ebene) manifestierten Karzinom-Patienten und Herzkranke hingegen stärkere Angst vor dem Tod als eine gesunde Kontrollgruppe.

HOBLIT (1972) untersuchte verschiedene Personengruppen daraufhin, ob und in welchem Umfang sich die gedankliche Beschäftigung mit Tod und Sterben in einer Erhöhung des Angstniveaus niederschlägt. Im einzelnen handelte es sich um Patienten mit Krebsleiden, denen ihre Diagnose und Prognose bekannt war; ferner um »normale« Patienten mit vergleichsweise geringfügigen Gesundheitsproblemen, für die aber eine Beschäftigung mit der Todes-Thematik angenommen wurde, auch wenn eine akute vitale Bedrohung nicht bestand; eine dritte Versuchspersonen-Gruppe bestand aus Krankenhauspersonal mit wenig Kontakt zu Kranken; als vierte Gruppe wurden Drogen-Konsumenten (Heroin) in die Untersuchung einbezogen, bei denen vitale Bedrohung gegeben war, die aber gleichwohl oft eine heiter-unbeschwerte Haltung gegenüber Tod zeigten.

Angenommen wurde, daß – entsprechend unterschiedlich deutlicher Konfrontation mit dem Tod – das Angstniveau der Versuchspersonen verschieden sein würde: Am höchsten bei der Gruppe der Krebs-Patienten, am niedrigsten bei den Drogenkonsumenten. Tatsächlich fand HOBLIT (1972) jedoch keine Unterschiede zwischen den vier Versuchspersonen-Gruppen, weder im Niveau allgemeiner Angst noch in der Angst vor dem Tod.

Lassen sich wenigstens gelegentlich Differenzen im Ausmaß der Angst vor dem Tod zwischen Kranken und Gesunden aufzeigen, so ist eine weitergehende Differenzierung zwischen einzelnen Krankheitsformen, wie z. B. zwischen Patienten mit Herzleiden und solchen mit Karzinomen, in der Regel ohne Erfolg (FEIFEL & HELLER, 1962; FEIFEL et al., 1973).

Eine Ausnahme stellt die Arbeit von TEMPLER (1971 a) dar. Körperliches Wohlbefinden von 75 Pensionären wurde mit dem Cornell Medical Index erfaßt und in Beziehung zur Death Anxiety Scale (Templer, 1970) gesetzt. Während sich für den Zusammenhang zwischen somatischen Beschwerden und der Angst vor dem Tod ein nicht signifikanter Korrelationskoeffizient von .18 ergab, korrelierte Angst vor dem Tod mit psychiatrischen Auffälligkeiten zu .54 ($p < .01$).

Auch der sich zunächst andeutende Befund verstärkter Angst vor dem Tod bei Psychotikern und Neurotikern gegenüber Gesunden wird durch Feifel & Herman (1973) in Frage gestellt. Weder auf bewußter noch auf unbewußter oder phantasiebestimmter Verhaltensebene ergaben sich Unterschiede in der Angst vor dem Tod zwischen klinisch auffälligen Personen und »Normalen«.

Geht man davon aus, daß Sterbende sich in der Regel in schlechter gesundheitlicher Verfassung befinden, sind auch Untersuchungen an Moribunden im vorliegenden Kontext relevant. So verstanden schließt »Gesundheitszustand« neben einem bestimmten Krankheitsbild auch die physische und psychische Befindlichkeit in der Endphase des Lebens ein, gleichgültig, ob Krankheit gegeben ist oder nicht. Von daher zeichnen sich Querverbindungen zu »psychischen Veränderungen in Abhängigkeit von der zeitlichen Distanz zum eigenen Tod« einerseits und zu »Angst im Licht sogenannter Sterbeerfahrungen« andererseits ab (vgl. S. 46 f. bzw. S. 114 ff. der vorliegenden Arbeit).

Bei einer Untersuchung an »Normalen«, psychisch Kranken, somatisch Kranken und Sterbenden (Gesamtstichprobe $N = 254$) fand Cappon (1962) signifikant mehr Äußerungen der Angst vor dem Tod bei somatisch und psychisch Kranken. Stärkste Angst zeigten psychiatrische Patienten. Mit zunehmender Nähe zum eigenen Tod wurden direkte Äußerungen von Angst mehr und mehr zu indirekten. Soziographische Variablen wurden in die Untersuchung einbezogen, erwiesen sich jedoch als nicht bedeutsam.

Dieses Resultat wird gestützt durch klinische Beobachtungen, die Witzel (1971) an sterbenden Patienten vornahm. Während der letzten 24 Stunden vor Eintritt des Todes führte er ausführliche Gespräche mit 73 Patienten. Als Kontrollgruppe fungierte eine gleichgroße Patienten-Stichprobe mit chronischen, jedoch nicht letalen Krankheiten. Angst vor dem Tod hatten zwei Personen der Experimental- und 35 Personen der Kontrollgruppe, ein Unterschied, der sich als überzufällig erwies. Bedauerlich ist, daß eine zweite, von psychischen oder somatischen Beschwerden freie Kontrollgruppe nicht in die Untersuchung einbezogen wurde.

Neben der Angst vor dem Tod wird auch die emotionale Anpassung durch den Gesundheitszustand beeinflußt. Bei 84 Patienten aller Altersstufen war die Fähigkeit zu emotionaler Anpassung umso geringer, desto größer das Mißbefinden war. Zu dieser Aussage gelangt Garey (1975) aufgrund von Einschätzungen, die vom Krankenhauspersonal vorgenommen worden waren. Wenngleich vom Autor nicht angesprochen, scheint es denkbar, daß verminderte Flexibilität in der Anpassung durch Zunahme von Angst vor dem Tod bewirkt wurde.

Hier zeichnet sich eine komplexe Wechselwirkung zwischen dem Gesundheitszustand, der Fähigkeit zu emotionaler Anpassung und der Angst vor dem Tod ab. Geht man davon aus, daß Angst grundsätzlich zu einer Einengung des Verhaltens und zu erhöhter Rigidität beiträgt, läßt sich (spekulativ) folgendes Bedingungsgefüge aufzeigen: Schlechtes körperliches Allgemeinbefinden, damit einhergehende Schmerzen und verminderte körperliche und geistige Leistungsfähigkeit, die sich besonders im Unvermögen des Moribunden äußert, auf seine Umgebung gezielt nach seinen eigenen Vorstellungen einzuwirken, trägt zur Ausprägung von Angst vor dem Tod und vor dem Sterben bei (vgl. auch S. 111). Diese Angst bewirkt erhöhte Rigidität des Verhaltens speziell in Anpassungsvollzügen. Zwischenmenschliches Verhalten wird damit weniger effektiv im Sinne des Betroffenen, was eine weitere Zunahme der Angst vor Tod und Sterben auslösen kann. Das solcherart stark beeinträchtigte subjektive Wohlbefinden bedingt möglicherweise eine Verschlechterung des objektiven Gesundheitszustandes, und der skizzierte Vorgang kann von neuem ablaufen.

4.2.3.3.4. Angst vor dem Tod in Abhängigkeit von Lebensumständen

Die Variable »Lebensumstände« weist inhaltlich Ähnlichkeit auf mit der bereits in anderem Zusammenhang angesprochenen Variablen *»Soziale Integration«* (vgl. S. 31 ff. der vorliegenden Arbeit). Hier wie dort handelt es sich um eine mehrdimensionale Variable, unter der im folgenden divergierende Aspekte subjektiver Lebensbedingungen subsumiert werden.

Veränderung ihrer Lebensumstände geht bei älteren Menschen nicht nur einher mit einer Intensivierung gedanklicher Beschäftigung mit Tod und Sterben (LIEBERMAN & COPLAN, 1970), sondern auch und besonders mit Angst vor dem Tod. SHRUT (1958) verglich zwei Stichproben alleinstehender Frauen, die in zwei unterschiedlich straff geführten Heimen lebten. Drei jeweils unterschiedliche Aspekte anzielende Testverfahren wurden durch Fremdbeurteilungen ergänzt. Personen, deren Lebens- und Wohnverhältnisse, bedingt durch Anpassung an das Leben im Heim, gegenüber früher Einengungen und Beschränkungen unterlagen, hatten stärker angstbetonte negative Einstellungen zum Tod als Personen, deren Freiheit und Unabhängigkeit nahezu uneingeschränkt erhalten geblieben war. »Versuchspersonen, die in Verhältnissen leben, welche ihrer früheren Umgebung hinsichtlich der Unabhängigkeit der Lebensumstände ähnlich sind (...), zeigen weniger Angst vor oder gedankliche Beschäftigung mit dem Tod als Personen, deren Umgebung sich erheblich von der unterscheidet, die sie früher gewohnt waren« (S. 265).

SWENSON (1961) traf bei isoliert lebenden älteren Personen beiderlei Geschlechts häufiger Angst vor dem Tod an als bei Personen, die als aktive Mitglieder in eine Gemeinschaft einbezogen waren. In dieselbe Richtung weist der Befund von IAMMARINO (1975), der bei Studenten, die bei nur einem Elternteil lebten, signifikant stärkere Angst vor dem Tod fand als bei Studenten, die mit beiden Elternteilen zusammenlebten.

Geht man davon aus, daß der vorwiegend durch die Höhe des Einkommens definierte sozio-ökonomische Status die Lebensumstände von Menschen prägt, daß näherhin sozio-ökonomischer Status in der Regel mit günstigen und als angenehm erlebten Lebensumständen einhergeht, ist das Ergebnis einer Untersuchung von FARLEY (1971) überraschend. Wenn auch nur als Tendenz stand hoher sozio-ökonomischer Status in Zusammenhang mit starker Angst vor dem Tod. Allerdings handelte es sich bei den Versuchspersonen um Studenten, deren sozio-ökonomischer Status nach dem Einkommen des Vaters beurteilt wurde und damit nur indirekt Rückschlüsse auf die Lebensumstände der Versuchspersonen zuläßt.

Weitere Untersuchungen mit verschiedenartigen Personengruppen, bei denen sozio-ökonomischer Status nicht als soziographische, sondern als Hintergrundvariable behandelt wird, scheinen angezeigt.

4.2.3.3.5. Angst vor dem Tod und Lebenszufriedenheit

Im Bereich der Gerontologie richten sich Bemühungen seit geraumer Zeit darauf, die als äußerst komplex zu denkende Variable *»Lebenszufriedenheit«* (»life satisfaction«) zu erfassen (z. B. NEUGARTEN, HAVIGHURST & TOBIN, 1961). Dabei wird die subjektive Einschätzung des vergangenen oder gegenwärtigen Lebens eines Menschen durch diesen Menschen angesprochen, ausgehend von der Annahme, daß das Individuum selbst der einzig taugliche Informant bezüglich seines Wohlbefindens ist.

Zusammenhänge zwischen Lebenszufriedenheit und anderen Hintergrundvariablen wie Religiosität, Gesundheitszustand und Lebensumständen anzunehmen, scheint plausibel, tragen doch all diese Variablen zur Zufriedenheit bzw. Unzufriedenheit mit aktuellen Lebensbedingungen bei. So berichtet ARNOLD (1972), daß religiöse Studenten nach eigener Einschätzung mit sich und ihrer Umwelt zufriedener waren als andere.

Auch der Sinn, den jemand seinem Leben gibt oder den er in seinem Leben sieht, scheint als konstituierendes Merkmal von Lebenszufriedenheit auf. LEPP (1968) legt dar, daß eine angstfreie Einstellung zum Tod durch Zufriedenheit mit dem Leben bewirkt wird und daß nur derjenige im Tod einen Sinn zu erkennen vermag, der auch in seinem Leben Bedeutung gesehen hat bzw. sieht. »Jedermann erkennt an, daß der Tod nur unter der Bedingung Sinn und Bedeutung haben kann, daß das Leben Sinn und Bedeutung hat. Und umgekehrt, wenn das Leben einen Sinn hat, muß auch der Tod einen Sinn haben« (S. 134 f.).

Diese Auffassung wird durch mehrere Studien an Personen unterschiedlichen Alters bestätigt. BLAZER (1973) erhielt einen hochsignifikanten Zusammenhang zwischen *Sinngebung im Leben* und Angst vor dem Tod. Männliche und weibliche Personen im Alter zwischen 18 und 52 Jahren, die ihr Leben als sinnerfüllt betrachteten, hatten geringe Angst vor dem Tod und statt dessen eine positiv-akzeptierende Haltung gegenüber dem Tod.

Von Oberschülern und Studenten berichtet DURLAK (1972 b) Korrelationskoeffizienten von -.54 bzw. -.68 zwischen Angst vor dem Tod und Sinnerfüllung des Lebens. Eine Replikation bei Pflegeheimbewohnern (Durchschnittsalter: 76 Jahre) brachte erneut eine signifikant negative Beziehung zwischen beiden Merkmalen (DURLAK, 1973 b). Der Einfluß sozialer Erwünschtheit wurde kontrolliert und war bei allen drei Resultaten vernachlässigenswert gering.

Die vorliegenden Befunde fügen sich ein in FRANKLS (1972) Konzept des »Wille zum Sinn« und unterstreichen damit die Bedeutung, die der Variablen »Lebenszufriedenheit« von manchen Forschern zugesprochen wird. Aufgabe der Zukunft sollte sein, einzelne Komponenten dieser vielschichtigen Hintergrundvariablen herauszuarbeiten. Zu denken wäre u. a. an die Sektoren Freizeit und Arbeit, wobei dem Arbeitserlebnis bereits heute ein hoher Stellenwert eingeräumt wird: »Die Arbeit ist der wesentliche Inhalt des modernen Lebens, das Arbeitserlebnis ist zum Zentralerlebnis geworden, und die Arten und Gliederungen der modernen Gesellschaft sind von der Dominanz dieses Faktors mitbestimmt« (ARNOLD, 1956, S. 56).

4.2.3.4. Angst vor dem Tod in Abhängigkeit von Persönlichkeitsmerkmalen

4.2.3.4.1. Angst vor dem Tod in Abhängigkeit vom allgemeinen Angstniveau

Zwischen *Ängstlichkeit* im Sinne eines relativ stabilen Persönlichkeitsmerkmals und Angst vor dem Tod wurden wiederholt Zusammenhänge beobachtet. Bei drei Gruppen von Patienten korrelierte Angst vor dem Tod positiv mit allgemeiner Ängstlichkeit, jedoch geringer als Indizes allgemeiner Ängstlichkeit untereinander (LUCAS, 1974). Bei Studenten fanden NOGAS, SCHWEITZER & GRUMET (1974) einen prinzipiell gleich gearteten, hochsignifikanten Zusammenhang zwischen allgemeiner Ängstlichkeit und Angst vor dem Tod ($r = .41$; $p < .001$).

Als zusätzliche Bestätigung ist die Korrelation von .34 ($p < .01$) zwischen der Death Concern Scale des Experimentators und der Manifest Anxiety Scale (TAYLOR, 1953) zu werten (DICKSTEIN, 1972).

Keineswegs überraschend zeichnet sich nach den vorliegenden Befunden ab, daß das Niveau allgemeiner Ängstlichkeit an der Ausprägung der Angst vor dem Tod beteiligt ist. Angesichts relativ hochentwickelter Techniken zur Bestimmung individueller Ängstlichkeit scheinen hier Ansatzpunkte für Diagnose und Prognose von Erlebensmodi Sterbender zu liegen. Zu denken ist an den Einsatz diagnostischer Instrumente mit dem Ziel, die individuelle Reaktionsbereitschaft eines schwerkranken Patienten zu bestimmen und es Ärzten und Schwestern zu ermöglichen, ihr Verhalten darauf einzurichten. So könnte das vielfach umstrittene Vorgehen bei der Bekanntgabe einer ungünstigen medizinischen Diagnose unter Berücksichtigung psychodiagnostischer Informationen differenzierter gestaltet werden. Dabei sollte freilich nicht übersehen werden, daß ein solchermaßen differenzierterer und stärker auf den einzelnen abgestimmter Umgang mit einem Patienten auch höhere Anforderungen an Betreuer und Ärzte stellt. Gänzlich offen bleibt zunächst aber, in wieweit konventionelle Testverfahren bei Schwerkranken überhaupt anwendbar sind.

4.2.3.4.2. Der Zusammenhang zwischen Angst vor dem Tod und Emotionaler Labilität

Daß *Emotionale Labilität* (Neurotische Tendenz, Neurotizismus) und Ängstlichkeit miteinander variieren, gehört zum verhältnismäßig gut gesicherten Kenntnisbestand der Psychologie. Es ist daher keineswegs überraschend, auch zwischen Angst vor dem Tod und Neurotizismus entsprechende Zusammenhänge zu finden.

Wolff (1966) unterschied bei geriatrischen Patienten aufgrund psychodiagnostischer Befunde und psychiatrischer Einschätzung u. a. zwei Erscheinungsformen, die er als »inadequate« bzw. »unstable personalities« bezeichnete. Beide Gruppen wiesen Merkmale Emotionaler Labilität auf: Allgemeine Unsicherheit, Inferioritätsgefühle, Besorgnis über alltägliche Angelegenheiten, Klagen über vielfältige körperliche Beschwerden, leichte Erregbarkeit, geringe Frustrationstoleranz. Beide Gruppen erlebten Tod als starke Bedrohung und hatten entsprechend starke Angst vor Tod und Sterben.

Untersucher, die das Ausmaß Emotionaler Labilität mittels Fragebogen-Skalen erfaßten, fanden gleichfalls positive Korrelationen (Moses, 1973; Templer, 1972 a). Auch Depression gemäß Skala D des Minnesota Multiphasic Personality Inventory korrelierte signifikant positiv mit Angst vor dem Tod (Templer, 1971 a). Nach medikamentöser Behandlung fanden Templer, Ruff & Simpson (1974) bei depressiven Patienten neben einer Abnahme von Depression auch überzufällige Verminderung der Angst vor dem Tod und liefern damit einen weiteren Beleg für einen Zusammenhang zwischen Depression und Angst vor dem Tod.

Überraschen mag im vorliegenden Kontext eine Arbeit von O'Connell (1968), in der *Humor* in Beziehung zu verschiedenen Komponenten der Angst vor dem Tod gesetzt wurde. Ist man jedoch bereit, Humor als Kriterium der Reife anzuerkennen und humorvolles Verhalten demgemäß dem Syndrom Emotionale Stabilität zuzuordnen, ist – ausgehend vom bisherigen Kenntnisstand – ein negativer Zusammenhang zwischen Angst vor dem Tod und Humor zu erwarten.

Tatsächlich werden sowohl bei starkem als auch bei schwachem Todbezug zwar nur geringe, aber signifikante negative Korrelationen ($r = -.23$ bzw. $r = -.17$) zwischen Angst vor dem Tod und Humor mitgeteilt. »Starker todbezogener Humor, . . . , korrelierte negativ mit Todesangst und mit humanistischer Bildung. Auch Vorliebe für Galgenhumor korrelierte negativ mit einem ad hoc gebildeten Todesmuster, das aus Todesangst, Abscheu vor einem unangenehmen Tod, Angst vor dem Begräbnis und der Ablehnung, den eigenen Tod im voraus zu wissen, bestand« (O'CONNELL, 1968, S. 391).

Ähnlich wie bereits mit Blick auf allgemeine Ängstlichkeit angedeutet (vgl. S. 100 der vorliegenden Arbeit), ist auch hier zu bedenken, inwieweit differenzierte Diagnostik Emotionaler Labilität beim Umgang mit Moribunden Hilfestellung leisten kann.

4.2.3.4.3. Angst vor dem Tod und Abwehr vs. Sensibilisierung

Sensibilisierer sind durch erhöhte Empfänglichkeit für bedrohende Reize gekennzeichnet sowie durch die Tendenz, angsterzeugende Situationen durch verstärkten Einsatz kognitiver Funktionen zu bewältigen. *Abwehrer* reagieren hingegen auf Bedrohung vorzugsweise mit Abwendung, Vermeidung oder Flucht. »Dominanz der Abwehr vs. Dominanz der Sensibilisierung« bezeichnet eine als kontinuierlich zu denkende dichotome Persönlichkeitsdimension (vgl. HERRMANN, 1969, S. 195 ff.).

Mit Bezug auf Tod liegt die Annahme nahe, daß Sensibilisierer auf einschlägige Stimuli mit stärkerer Angst reagieren als Abwehrer. Dennoch fanden PARIS & GOODSTEIN (1966) bei Studenten im Anschluß an die Lektüre eines todbezogenen Textes keine Unterschiede in der Angst von Abwehrern und Sensibilisierern. Da Angst anhand eines Stimmungswortinventars erfaßt wurde, muß man davon ausgehen, daß es sich um Angst im Sinne einer aktuellen Befindlichkeit handelte.

Bei dem Versuch, Ängstlichkeit qua Verhaltensdisposition in Beziehung zu Abwehren – Sensibilisieren zu setzen, erhielten

Tolor & Reznikoff (1967) ein ähnliches Resultat. Sensibilisierer zeigten deutlich stärkere Angst vor dem Tod als Abwehrer. Als weiterer Beleg ist die signifikant positive Korrelation zwischen der Death Anxiety Scale von Handal (1969) und der Revised Repression-Sensitization Scale (Byrne, Barry & Nelson, 1963) einerseits sowie der den Einfluß sozialer Erwünschtheit und von Antworttendenzen kontrollierenden Controlled R-S Scale (Messick & Jackson, 1961) andererseits anzuführen (Handal, 1973).

In diesen Rahmen fügt sich auch der positive Zusammenhang zwischen ängstlich getönter Beschäftigung mit Tod und der Tendenz zum Sensibilisieren ein (Dickstein, 1972). Damit wird das Konzept des Abwehrens – Sensibilisierens für den Teilaspekt todbezogener Stimuli nahezu definitionsgemäß bestätigt.

4.2.3.4.4. Angst vor dem Tod in Abhängigkeit von Konservativismus

Konservativismus, definiert als »Neigung, bewährte und gewohnte Verhaltensweisen beizubehalten« (English & English, 1958, S. 113), wird in jüngerer Zeit zusehends öfter als Persönlichkeitsmerkmal gehandhabt. Als ein gemeinsames Charakteristikum von Konservativismus und Angst vor dem Tod ist Angst vor Unbekanntem, Unstrukturiertem und Neuem anzusehen. Von daher scheint es sinnvoll, Angst vor dem Tod auf Zusammenhänge mit einem konservativ-dogmatischen Einstellungssyndrom zu überprüfen.

Brown (1972) fand bei einer wenig repräsentativen Stichprobe von 32 Frontsoldaten und 30 Etappenoffizieren stärkere Orientierung an protestantisch-ethischen Werten im Sinne von Dogmatismus bei jenen Personen, die stärkere Angst vor dem Tod aufwiesen. Deutlicher tritt diese Beziehung in einer Arbeit von Nash (1972) hervor. Eine selbstentworfene Skala zur Erfassung von Angst vor dem Tod korrelierte mit einer modifizierten Konservativismus-Skala .54 (hochsignifikant) bei Studenten beiderlei Geschlechts. Für die Zusammenhänge zwischen Angst vor dem Tod und einzelnen, voneinander unabhängigen

Komponenten von Konservativismus (Religion – Puritanismus; Militarismus – Bestrafung; Anti-Hedonismus; Ethnozentrismus) werden Koeffizienten zwischen .40 und .45 mitgeteilt.

Andere Autoren erhielten insignifikante oder anders geartete Resultate: Während KALISH (1963) eine Beziehung zwischen der Angst vor dem Tod und einem liberalen oder konservativen Einstellungssyndrom empirisch nicht feststellen konnte, fanden LIVINGSTON & ZIMET (1965) bei Medizinstudenten eine signifikant negative Beziehung von -.16 zwischen Autoritarismus und Angst vor dem Tod.

4.2.3.4.5. Angst vor dem Tod in Abhängigkeit von Leistungsmotivation

Versuche, empirisch Zusammenhänge zwischen *Leistungsmotivation* und Angst vor dem Tod aufzuzeigen, sind bisher fehlgeschlagen. LESTER (1970 c) verwendete thematisches Bildmaterial, um einen Index der Leistungsmotivation seiner Studentinnen zu gewinnen, sowie zwei verschiedene Fragebogen-Skalen zur Erfassung der Angst vor dem Tod, konnte jedoch keine überzufälligen Korrelationen zwischen beiden Merkmalen finden.

Ebenfalls mit thematischem Bildmaterial zielten COHEN & PARKER (1974) *Angst vor Versagen* als eine Komponente von Leistungsmotivation an. Studenten mit starker Angst vor Versagen unterschieden sich in ihrer Angst vor dem Tod nicht signifikant von ihren Kommilitonen mit geringer Angst vor Versagen. Die Autoren erklären dieses Ergebnis mit der Wahl des (projektiven) Meßinstruments. Sie glauben, bei Verwendung eines nicht-projektiven Instruments zur Erfassung von Angst vor Versagen wäre ein überzufälliger Zusammenhang deutlich geworden. Diese Erklärung scheint zweifelhaft, erhielten doch NOGAS et al. (1974) anhand von Fragebogen ebenfalls keinen Zusammenhang zwischen Leistungsmotivation und Angst vor dem Tod.

4.2.3.4.6. Angst vor dem Tod und Selbstaktualisierung

Das auf MASLOW zurückgehende Konzept der *Selbstaktualisierung*, das in enger Beziehung zur humanistischen Psychologie in

Ost und West steht (vgl. BÜHLER & ALLEN, 1972; PLATONOV, 1972), wird definiert als »Prozeß der Entwicklung eigener Fähigkeiten und Möglichkeiten, des Sich-selbst-Verstehens und Sich-selbst-Akzeptierens, der Harmonisierung oder Integration eigener Strebungen und Bedürfnisse« (ENGLISH & ENGLISH 1958, S. 485).

Während BLAKE (1969) zwar signifikante Korrelationen zwischen der Identitätsfindung Heranwachsender und ihren Einstellungen zum Tod berichtet, Einzelheiten über die Art der Zusammenhänge jedoch offen bleiben, sind einer Arbeit von WESH (1971) konkretere Anhaltspunkte zu entnehmen. Die auf Fragebogen-Daten basierende Untersuchung weist für männliche und weibliche Studenten eine inverse Beziehung zwischen Selbstaktualisierung und Angst vor dem Tod aus: Ein hohes Maß an Selbstaktualisierung ging einher mit geringer Angst vor dem Tod, wenig Selbstaktualisierung mit starker Angst vor dem Tod. Einen ebenso gearteten Zusammenhang sieht auch AMMON (1971), betont aber darüber hinaus die Bedeutung von Gruppenbeziehungen für erfolgreiche Selbstverwirklichung.

4.2.3.4.7. Angst vor dem Tod in Abhängigkeit von Interner bzw. Externer Kontrolle

Mit dem Konzept der »Internal versus External Control« (ROTTER, 1966) ist angesprochen, ob bzw. in welchem Umfang ein Mensch glaubt, sein Leben werde durch eigene Aktivitäten oder aber durch äußere, von ihm nicht beeinflußbare Einwirkungen bestimmt.

Glaube an Zufall, Glück, Prädestination als Bestimmungsstücke von Externer Kontrolle standen bei Studenten in signifikant positivem Zusammenhang mit Angst vor dem Tod (TOLOR & REZNIKOFF, 1967). Dem gegenüber erhielten BERMAN & HAYS (1973) bei einer vergleichbaren Stichprobe keine überzufälligen Korrelationen zwischen Externer Kontrolle und der Intensität der Angst vor dem Tod.

Die unterschiedlichen Ergebnisse beider Studien können mit der Wahl verschiedener Meßinstrumente zur Erfassung der

Angst vor dem Tod erklärt werden. TOLOR & REZNIKOFF (1967) verwendeten die Death Anxiety Scale von LIVINGSTON & ZIMET (1965) während BERMAN & HAYS (1973) die gleichnamige Fragenbogenskala TEMPLERS (1970) benutzten. Allerdings weckt der Befund DICKSTEINS (1972), der im Zuge der Konstruktvalidierung seiner Death Concern Scale keine statistisch bedeutsamen Zusammenhänge zwischen beiden Merkmalen fand, Zweifel an der Methodenabhängigkeit einer statistischen Unabhängigkeit von Interner bzw. Externer Kontrolle und Angst vor dem Tod.

4.2.3.4.8. Die Beziehung zwischen Angst vor dem Tod und » sense of competence «

»Sense of competence« bezeichnet das Vertrauen eines Menschen in seine Fähigkeiten, sich erfolgreich mit den Anforderungen seiner Umgebung auseinanderzusetzen (WHITE, 1964).

Sowohl mit Fragebogen als auch mit strukturiertem Interview angezielter »sense of competence« stand in negativer Beziehung zur Angst vor dem Tod. Personen mit starker Angst vor dem Tod hatten signifikant weniger »sense of competence« als Personen mit mittlerer oder schwacher Angst vor dem Tod (FARLEY, 1971). In einer anderen Untersuchung war der Korrelationskoeffizient von -.27 auf dem 2 %-Niveau signifikant (NOGAS et al., 1974). Beide Resultate beziehen sich auf Studenten.

4.2.3.4.9. Angst vor dem Tod in Abhängigkeit von der Inkonsistenz der Einstellungen zum Tod

Inkonsistenz der Einstellungen zum Tod wird operational gefaßt als die Tendenz, einer Vielfalt unterschiedlicher Items eines entsprechenden Fragebogens zuzustimmen. Ausgeprägte Inkonsistenz kann im Zusammenhang mit Konfliktanfälligkeit und weiterhin mit Angst gesehen werden.

So interpretiert LESTER (1967 c) seinen Befund, daß Studenten mit hoher Inkonsistenz der Einstellungen zum Tod stärkere Angst vor dem Tod hatten als Versuchspersonen mit weniger streuenden Einstellungen, als Ausdruck erhöhter Angst, die einerseits ihre Ursache in der Konfliktanfälligkeit der Versuchspersonen hat und andererseits zu verstärkter Angst vor dem Tod beiträgt.

Ergänzende Studien (LESTER, 1969 a; LESTER, 1972) bestätigen den obigen Zusammenhang. »Es kann die Schlußfolgerung gezogen werden, daß der von LESTER (1967) berichtete Zusammenhang ein tragfähiges Resultat ist, daß dieser Zusammenhang aber recht schwach ist« (LESTER, 1972, S. 440).

4.2.3.5. Angst vor dem Tod und Suizidalität

Es scheint einleuchtend, bei Personen mit *erhöhter Suiziddisposition* und insbesondere bei jenen, die bereits einen Suizidversuch unternommen haben, ein geringes Ausmaß von Angst vor dem Tod anzunehmen. Personen, die freiwillig den Tod suchten oder suchen, kann man – verglichen mit nicht suiziddisponierten Menschen – geringere Angst vor dem Tod unterstellen.

Diese Auffassung fand empirische Bestätigung in einer Untersuchung von LESTER (1967 b), in der Studenten neben Fragenbogen-Skalen zur Angst vor dem Tod und zu Suizidhandlungen auch Metaphern als Beschreibungskategorien von Tod sowie durch Tod zerstörte Werte beurteilten. Personen mit versuchtem oder angedrohtem Suizid legten signifikant größeres Gewicht auf die Vorzüge des Todes und hatten weniger Angst vor dem Tod als Personen, die nie an Selbstvernichtung gedacht hatten. Mit Trauer von seiten der Freunde und Bekannten im Falle ihres Todes erwies sich ein sozialer Aspekt als wichtige Determinante ihrer (verhältnismäßig geringen) Angst vor dem Tod.

In eine weiterführende Studie (TARTER, TEMPLER & PERLEY, 1974) wurde mit der Risk-Rescue Scale (WEISMAN & WORDEN, 1971) ein Verfahren einbezogen, das die Quantifizierung des *Risikos der Selbstvernichtung* gestattet sowie die Genesungschancen nach einem Suizidversuch angibt. Versuchspersonen waren durchschnittlich 30jährige Patienten einer Klinik, die vor kurzer Zeit einen Suizidversuch unternommen hatten.

Die Untersucher erhielten keine überzufälligen Zusammenhänge – weder zwischen Angst vor dem Tod und der Anzahl der Suizidversuche noch zwischen Angst vor dem Tod und der Erfolgswahrscheinlichkeit einer Selbstvernichtung. Männer unterschieden sich im Ausmaß ihrer Angst vor dem Tod nicht von Frauen. Bemerkenswert erscheint allerdings eine positive Korrelation zwischen der Angst vor dem Tod und der Möglichkeit der Rettung. Wenn bei Suizidalen die Einschätzung guter Rettungsmöglichkeiten einhergeht mit starker Angst vor dem Tod, kann dies als indirekter Hinweis auf Vermeidung als Folge starker Angst interpretiert werden und würde damit dem Befund LESTERS (1967 b) widersprechen.

Aufgrund prsönlicher Eindrücke in zahlreichen Gesprächen mit Suizidpatienten weist auch REINER (1971) auf das Vorhandensein von Angst hin, die sich weniger auf den Vorgang des Sterbens als vielmehr auf das »Danach« richtet. Der vorliegende Sachverhalt wird am Rande berührt von den Einstellungen, die nur mittelbar Betroffene gegenüber Tod und Selbstvernichtung haben. LESTER (1971 d) fand jedoch unter Verwendung von Fragebogen und semantischem Differential »keinen Zusammenhang zwischen Einstellungen zum Suizid und Einstellungen zum Tod in einer unauffälligen Population« (S. 386).

Eine mögliche Ursache für die Inkonsistenz empirischer Befunde zum Zusammenhang zwischen Angst vor dem Tod und Suizidalität kann in Stimmungsveränderungen im Anschluß an einen Suizidversuch erblickt werden. Dabei ist nicht nur an einen einmaligen Umschwung, etwa im Sinne einer Ablehnung des Todes, zu denken, sondern auch an eine allgemeine Labilisierung, die mit häufigeren Stimmungs- und Meinungsveränderungen einhergeht. Solange Phänomene dieser Art nicht zuverlässig kontrollierbar sind, wird der Zusammenhang zwischen Angst vor dem Tod und Suizidalität unklar bleiben.

4.2.3.6. Angst vor dem Tod und Alpträume

Alpträume können als *Indikatoren für Konfliktbereiche* angesehen werden, denen der Träumer hilflos gegenübersteht. Ausgehend von dieser Auffassung des Alptraums schien es FELD-

MAN & HERSEN (1967) lohnend, die Häufigkeit von Alpträumen auf Beziehungen mit der Angst vor dem Tod zu überprüfen.

Gemäß 2 x 4 – faktoriellem Design bearbeiteten Studenten beiderlei Geschlechts, die »häufig«, »manchmal«, »selten«, »nie« Alpträume hatten, einen von den Untersuchern entworfenen Fragebogen zum Thema Tod. Eine Varianzanalyse deckte eine signifikant positive Beziehung zwischen Häufigkeit von Alpträumen und gedanklicher Beschäftigung mit dem Tod auf. Personen, die häufig Alpträume hatten, setzten sich gedanklich intensiver mit der Todesthematik auseinander als Personen, die selten oder nie Alpträume hatten.

Es muß darauf hingewiesen werden, daß in der obigen Arbeit primär die Intensität gedanklicher Beschäftigung mit Tod und Sterben in Beziehung gesetzt wurde zur Häufigkeit von Alpträumen und nicht – wie verschiedentlich in der Sekundärliteratur zu finden – Angst vor dem Tod. Allerdings ist nicht auszuschließen, daß aufgrund des Zusammenhangs zwischen beiden Merkmalen Angst vor dem Tod in nicht bestimmbarem Umfang in das Ergebnis von FELDMAN & HERSEN (1967) eingegangen ist.

Sachliche Kritik an der obigen Untersuchung entzündete sich an der Tatsache, daß FELDMAN & HERSEN (1967) versäumt hatten, Traumhäufigkeit im allgemeinen zu kontrollieren (LESTER, 1968). In einer entsprechend aufwendigeren Untersuchung wurden von studentischen Versuchspersonen die Fragebogen zur Erfassung der Angst vor dem Tod von LESTER (1967 b) und BOYAR (1964) bearbeitet sowie neben der Häufigkeit von Alpträumen auch die allgemeine Traumfrequenz und das Erinnerungsvermögen an Träume eingeschätzt. Es ergab sich kein gesicherter Zusammenhang zwischen Traum- oder Alptraum-Häufigkeit und der Angst vor dem Tod (LESTER, 1968).

In einer weiteren, prinzipiell analog aufgebauten Untersuchung verwendete LESTER (1969 b) die differenzierte Aussagen gestattende Fear of Death Scale (COLLETT & LESTER, 1969). Wiederum konnten signifikante Zusammenhänge zwischen der Angst vor dem Tod und der Häufigkeit von Alpträumen nicht ermittelt werden. »Es kann die Schlußfolgerung gezogen werden, daß wahrscheinlich kein Zusammenhang zwischen Alptraum-Erfahrungen und Ängsten vor Tod und Sterben (weder für sich selbst noch für andere) besteht« (LESTER, 1969 b, S. 438).

4.2.4. Empirische Beiträge zur Angst vor dem Sterben

Aufgabe einer Psychologie des Todes ist es, die Angst vor dem Tod nicht nur begrifflich abzuheben von der Angst vor dem Sterben, sondern letztere auch zum Gegenstand empirischer Forschung zu machen. Das Gros der Autoren scheint sich jedoch der Notwendigkeit differenzierender Ansätze nicht bewußt zu sein. Eine Ausnahme bilden JEFFERS et al. (1961): »Außerdem bedarf in all diesen Untersuchungen ein semantischer Faktor der Klärung, [nämlich] die Differenzierung zwischen den Wörtern ›Tod‹ und ›Sterben‹« (S. 55). Ähnlich äußert sich MUNNICHS (1969, 1973), indem er nachdrücklich auf die Notwendigkeit einer Unterscheidung zwischen »Endlichkeit« und »Sterben« hinweist sowie vor allem COLLETT & LESTER (1969), deren Fear of Death Scale einen Ansatzpunkt für weitere zwischen der Angst vor dem Tod und der Angst vor dem Sterben unterscheidende Untersuchungen darstellt.

Im vorliegenden Kontext einschlägige Publikationen gestatten einen Vergleich der Intensität der Angst vor dem Tod und der Angst vor dem Sterben. BROMBERG & SCHILDER (1933) fanden in ihrer wiederholt zitierten Fragebogenerhebung Angst vor dem Sterben stärker ausgeprägt als Angst vor dem Tod. Für die Versuchspersonen dieser Untersuchung scheint der Vorgang des Sterbens der charakteristische Aspekt von Tod zu sein. »Die Furcht vor dem Sterben ist offensichtlich am stärksten. Es hat den Anschein, als ob der Sterbevorgang mehr als das Totsein oder der Tod genau die Vorstellung ausdrückt, daß das Individuum aus dem Land der Lebenden entfernt wird. Die Mehrzahl der Versuchspersonen betont eine Abneigung gegenüber dem Sterbeprozeß« (S. 147 f.).

Dem gegenüber äußerten die Studenten, die an der Untersuchung von COLLETT & LESTER (1969) teilnahmen, signifikant geringere Angst vor dem Sterben als Angst vor dem Tod. Mit Hahn (1968, S. 33) könnte die Widersprüchlichkeit dieser Ergebnisse damit erklärt werden, daß die Angst vor den Schmerzen des Sterbevorganges angesichts erheblicher Fortschritte von Medizin und pharmazeutischer Industrie während des Zeitraums, der zwischen beiden Publikationen liegt, zurückgegangen ist.

So erweckte in einer jüngeren Studie die Mehrzahl von 40 Patienten mit hoher Verweildauer im Krankenhaus (Alter: 60 Jahre und mehr) aufgrund von Feldbeobachtungen und Gesprächen den Eindruck, keine Angst vor dem Sterben zu haben (Chappell, 1975).

Andere Beiträge, die *Dominanz der Angst vor dem Sterben gegenüber der Angst vor dem Tod* ausweisen, nötigen freilich zu differenzierter Interpretation. Orlans (1957) und Witzel (1973) stimmen in ihren Befunden darin überein, daß die Angst vor körperlichen Beschwerden und besonders vor Schmerzen zu stärkerer Ausprägung der Angst vor dem Sterben im Vergleich zur Angst vor dem Tod beiträgt. »Die Tatsache, daß man häufig beteuert, Schmerzen und Verletzungen mehr zu fürchten als den Tod, beweist, daß es das Sterben ist, das man mehr fürchtet als den Tod« (Orlans, 1957, S. 108).

Anhand einer Literaturübersicht hebt J. R. Marshall (1975) hervor, daß Patienten nicht so sehr den Tod (das Totsein i. S. von »Danach«) fürchten als den Sterbeprozeß. Zusätzlich zur Angst vor Schmerzen weist der Autor auf *Angst vor Einsamkeit und Isolierung* als bedeutender Determinante der Angst vor dem Sterben hin. Eine analoge Feststellung trifft Munnichs (1969): »Verschiedenen Untersuchern zufolge ist einer der deutlichsten Aspekte des Sterbens die Angst vor Einsamkeit und Isolation« (S. 279).

Erste Hinweise dafür, daß Angst vor Schmerzen als Teilaspekt der Angst vor dem Sterben nicht isoliert betrachtet werden sollte, bieten Diggory & Rothman (1961). Angst bei der Antizipation eines schmerzhaften Sterbevorganges erwies sich abhängig von verschiedenen Begleitvariablen. Personen aus mittleren und gehobenen sozialen Schichten äußerten stärkere

Angst vor Schmerzen beim Sterben als Angehörige unterer Schichten, Frauen ängstigten sich mehr als Männer.

Die Bedeutung der Angst vor Schmerzen, Einsamkeit, Isolierung, die an der Angst vor dem Sterben beteiligt zu sein scheint, wird ferner bestätigt durch die Beobachtung, daß Sterben von vielen Menschen als weniger furchterregend erlebt bzw. antizipiert wird, wenn es als ein zeitlich eng begrenzter Vorgang vorgestellt wird. College-Schülerinnen beurteilten verschiedene Todesarten, die sämtlich einen langsamen und schmerzhaften Sterbeprozeß implizierten, ausnahmslos als stärker angstbesetzt als einen plötzlichen Tod (MEANS, 1936).

CAPPON (1962) berichtet für 80 bis 95 % seiner Versuchspersonen den nachdrücklich geäußerten Wunsch nach einem plötzlichen Tod. In Übereinstimmung damit befindet sich ORLANS (1957): Die Mehrzahl seiner Versuchspersonen sprach sich für einen entweder unbemerkten (im Schlaf) oder plötzlichen Tod aus, wobei Heftigkeit (z. B. Unfall) in Kauf genommen wurde.

Rückblickend kann festgestellt werden, daß die wenigen Informationen keineswegs einheitlich sind. Das eingangs angesprochene Argument, verbesserte Möglichkeiten der Schmerzlinderung könnten zu einer Verminderung der Angst vor dem Sterben beitragen, da Sterben sich in der Vorstellung vieler Menschen medizinisch bzw. pharmakologisch kontrollierbar darstellt, ist nicht von der Hand zu weisen. Immerhin macht der Umstand, daß die Mehrzahl der vorliegenden Arbeiten Dominanz der Angst vor dem Sterben gegenüber der Angst vor dem Tod belegt, zusätzliche Überlegungen notwendig. So wäre denkbar, daß als Folge häufig auftretender Krebsleiden und einer in allen Medien regen Berichterstattung zu dieser Thematik Leiden und Schmerzen assoziativ zunehmend enger mit Sterben verknüpft werden, »friedliches« Sterben hingegen als Ausnahme angesehen wird.

Unberührt von gegenwärtigen und zukünftigen medizinischen Möglichkeiten bleiben Ängste, die sich auf Einsamkeit, Hilflosigkeit etc. richten. Immer mehr Menschen verbringen die letzten Tage und Stunden ihres Lebens in der Anonymität des Krankenhauses. Die damit angesprochene soziale Komponente der Angst vor dem Tod scheint von ebenso großer Bedeutung wie der physiologische Aspekt. Die hier aufscheinenden Probleme berühren den Bereich der Medizin-Soziologie (vgl. Blauner, 1966; Glaser & Strauss, 1968, 1974) und überschreiten damit den Rahmen der vorliegenden Arbeit.

Sie verweisen aber auch auf das bisher wenig beachtete Phänomen des »sozialen Todes«. Ein tatsächlich (noch) lebender Mensch ist sozial tot, wenn er mit anderen Menschen und besonders mit Bezugspersonen nicht (mehr) kommuniziert und in Interaktion steht und wenn seine Bekannten, Freunde und Verwandten sich ihm gegenüber so verhalten, als existiere er nicht (mehr) (vgl. Kastenbaum 1969; Kastenbaum & Aisenberg, 1972, S. 121 f.). Dabei spielt es keine Rolle, welche der beteiligten Personen die Auflösung der Interaktions- und Kommunikationsstrukturen bewirkt hat, und ob dies absichtlich oder unabsichtlich erfolgte.

Beispiele für die Vorbereitung des sozialen Todes sind die Unterbringung alter Menschen in Alten- und Pflegeheimen, die langfristige Inhaftierung Straffälliger, der Ausschluß aus berufsständischen oder politischen Verbänden sowie ein damit häufig einhergehendes Ignorieren und »Totschweigen« eines Menschen.

Jener Prozeß, der allmählich zum sozialen Tod hinführt und den man demnach als »soziales Sterben« bezeichnen kann, wird von Moreno (1947) erläutert. Ein Mensch einschließlich jener Personen, zu denen er eine emotionale Beziehung unterhält, stellt die kleinste soziale Einheit, das »soziale Atom«, dar. Es ist dies eine Aura von Anziehungen und Ablehnungen im Umkreis eines Menschen. Scheiden Mitglieder aus dem sozialen Atom aus, können sie durch andere Personen ersetzt werden, ohne daß sich die Struktur ändert.

Mit fortschreitendem Alter sind durch Tod bedingte Verluste im sozialen Atom immer schwerer zu ersetzen. Die Möglichkeiten zur Interaktion und Kommunikation vermindern sich, andere Personen, die die entstandenen Lücken ausfüllen könnten, sind nicht so zahlreich vorhanden und so leicht anzusprechen wie in den mittleren Lebensjahren. Das »Wegsterben« von Angehörigen des sozialen Atoms wird zum unübersehbaren Hinweis auf den eigenen Tod, lange bevor dieser aktuell ist. In diesem Verständnis beginnt der Prozeß des sozialen Sterbens mit dem meist altersbedingt irreparablen Verfall des sozialen Atoms. Aber auch die zwangsweise Ausgliederung eines alten oder kranken Menschen aus dem Gefüge seiner persönlichen Beziehungen und die Einweisung in ein Alten- oder Pflegeheim bzw. ein Krankenhaus kann als Beginn eines sozialen Sterbeprozesses verstanden werden, der von Unsicherheit und Angst begleitet ist.

4.2.5. Angst im Licht sogenannter Sterbeerfahrungen

Der folgende Abschnitt ist als Versuch zu verstehen, die Darstellung der Angst vor Tod und Sterben abzurunden. Es werden affektive Reaktionen und Bewußtseinsinhalte behandelt, die nicht – wie bisher – Antworten auf die Antizipation von Tod und Sterben als in mehr oder weniger ferner Zukunft liegenden Ereignissen darstellen, sondern im Sterbeprozeß bzw. anläßlich akuter vitaler Bedrohung zustandekommen. Mit Blick auf Angst ist daher die Bezeichnung »Todesangst« angemessener als »Angst vor dem Tod« (vgl. auch S. 67 der vorliegenden Arbeit).

Zugang zum Grenzbereich zwischen Leben und Tod bzw. zur »Frage der seelischen Erlebnisse des Sterbenden« (Hoff, 1975) vermitteln Selbst- und Fremdbeobachtung. So gewonnene Erfahrungsberichte, sogenannte *Sterbeerfahrungen,* von Noyes (1972) als »mystical states of consciousness« (S. 180) bezeichnet, haben die subjektive Überzeugungsgewißheit, sterben zu müssen, zur unabdingbaren Voraussetzung. Informanten sind entweder Moribunde oder Personen, die Beinahe-Unfälle erlebt haben.

Übereinstimmung scheint darüber zu bestehen, daß der Sterbevorgang weitgehend frei von Angst erlebt wird (Dudley, Verhey, Masuda, Martin & Holmes, 1969; Hampe, 1975; Husemann, 1954; Kalish, 1974; Orlans, 1957; Wiesenhütter, 1973 a, 1974). Sowohl alte und kranke als auch junge und gesunde Menschen, die durch einen Unfall beinahe ums Leben gekommen wären, berichten von den Augenblicken höchster Bedrohung über keine oder nur wenig Angst (KALISH, 1974), im Gegenteil: Vielfach wird Sterben als angenehm, als Zustand der Erlösung und als Glücksgefühl erlebt (DUDLEY et al., 1969; HAMPE, 1975; HUSEMANN, 1954; WIESENHÜTTER, 1973 a, 1974).

Differenziertere Aussagen »zur Psychologie des Sterbenden« macht HOFF (1975). Er ist in Übereinstimmung mit der Mehrzahl der vorliegenden Befunde der Ansicht, daß physiologisch bedingtes Sterben (Altersschwäche, Krankheit) meist ohne Angst verläuft. Als Ursache dafür ist eine oft länger anhaltende Bewußtseinstrübung anzusehen, die kurz vor Eintritt des Todes in Bewußtlosigkeit übergehen kann. Bei chronischen Krankheiten (z. B. Krebs) ist der körperliche Verfall begleitet von Urteilsschwäche, die dazu beiträgt, daß eine »friedliche und zufriedene Stimmungslage« (S. 13), bisweilen gar Euphorie zustandekommt.

Im Gegensatz zu physiologisch bedingtem Sterben geht HOFF (1975) bei einer plötzlichen Bedrohung des Lebens eines gesunden Menschen (z. B. Unfall) davon aus, daß starke Angst auftritt, die allerdings einer Amnesie unterliegt. »Es scheint mir der ... Schluß, diese Todesarten verliefen ohne Angst und Schmerzen, durchaus nicht unbedingt richtig zu sein. Ähnlich wie bei dem geschilderten schweren Schock kann sehr wohl eine kurze Angst empfunden werden, die nur durch Amnesie wieder ausgelöscht wird« (S. 14). In dieser Sicht erklärt sich das Fehlen von Angst in den Berichten über Sterbeerfahrungen mit dem Wirksamwerden einer Erinnerungshemmung.

Bemerkenswert scheint, daß einige Opfer von Beinahe-Unfällen oder Schwerkranke an der Schwelle des Todes nach ihrer Wiederherstellung auch in Zukunft keine Angst vor Tod und Sterben mehr hatten (WIESENHÜTTER, 1973 a).

Neben Angst wird wiederholt das Phänomen der *Rückschau auf das eigene Leben* (»Lebenspanorama«; »flash past«; »life review«) berichtet (z. B. HAMPE, 1975, S. 65 ff.; HUSEMANN, 1954). Von den Beinahe-Opfern von Unfällen, die

Kalish (1974) untersuchte, hatten 12,2 % Teile ihres Lebens in filmartigen Szenen vorüberziehen sehen. Auch die Erfahrung des *Ich-Austritts* (»our-of-the-body experiences«, OOB) kehrt in den Berichten über Sterbeerlebnisse häufig wieder (Ehrenwald, 1974; Hampe, 1975, S. 45 ff.; Goleman, 1977; Schreiber, 1977). Der Kranke oder Verletzte beobachtet seinen eigenen Körper und alles, was mit ihm geschieht, aus einiger Entfernung, meist von oben. Das beobachtende Ich ist dabei frei von Gefühlsregungen, es erlebt sich als nüchterner Beobachter. Die Wiedervereinigung des ausgetretenen Ich mit seinem Körper erfolgt jedoch meist widerwillig. Das Erlebnis des Ich-Austritts unterscheidet sich von einem gewöhnlichen Traumzustand dadurch, daß Bewußtsein und Urteilsfähigkeit des Individuums denen des Wachzustands entsprechen.

Das Phänomen des Ich-Austritts wird von Ehrenwald (1974) als Ausdruck von Unsterblichkeitsstreben interpretiert. Es ist der Versuch des Selbst, sich von seinem geschwächten, zerstörten, kaum mehr funktionierenden Körper zu trennen, und somit der Versuch, den Tod zu negieren. Ähnlich sieht auch Noyes (1972) im Ich-Austritt eine Abwehrhaltung, deren Funktion darin besteht, durch eine Trennung von Körper und Selbst Angst zu vermindern. Indem das ausgetretene Selbst erlebt, daß sich die Bedrohung des Todes nur auf den Körper richtet, ist die Angst vor dem Tod eingegrenzt und verliert an Gewicht.

4.3. Zusammenfassung und Diskussion

Im Gegensatz zu anderen Provinzen psychologischer Forschung hat die Thanatopsychologie bisher versäumt, theoretische Konzepte, die in psychologischen Nachbardisziplinen entwickelt und erprobt wurden, auf eigene Fragestellungen und Ergebnisse anzuwenden. Es fehlt offensichtlich an Erklärungsmöglichkeiten. Abgesehen von der Psychoanalyse als einzigem »großgearteten Versuch einer Psychologie des Todes« (Bottenberg, 1968, S. 152) ist ein *Zustand der Theorielosigkeit* zu erkennen, der die Einordnung von Ergebnissen erheblich erschwert, wenn nicht unmöglich macht. Daran vermögen auch sporadische Hinweise auf die theoretische Beziehung zwischen der Angst vor Tod und Sterben und der Stressforschung (ANTHONY, 1971, S. 137 ff.; KASTENBAUM & AISENBERG, 1972, S. 41 f.) grundsätzlich nichts zu ändern.

Die psychologische Erforschung der Angst vor Tod und Sterben scheint charakterisierbar durch eine Diskrepanz zwischen dem Niveau des Experimentierens und dem der Theoriebildung in der Weise, daß die Entwicklung theoretischer Konzepte nicht Schritt hält mit der rasch anwachsenden Zahl empirischer Ergebnisse. Es ist daher nicht verwunderlich, daß die Mehrzahl verfügbarer Resultate lediglich einen Beitrag zur Beschreibung von Erscheinungsformen im Bereich der Angst vor Tod und Sterben liefert, ohne auf Einordnung und Explikation dieser Phänomene einzugehen.

Die Ergebnisse empirischer Forschung zur Angst vor Tod und Sterben sind hochgradig widersprüchlich, so daß fundierte Aussagen kaum möglich scheinen. Die Ursachen dafür sind einmal in der Auswahl *eng umschriebener und sehr verschiedenartiger Stichproben* zu sehen. Zum anderen in der Verwendung weniger und insgesamt *eindimensionaler Meßinstrumente.* Einschränkungen hinsichtlich Generalisierbarkeit und Vergleichbarkeit sind die Folge (vgl. KASTENBAUM, 1966; KASTENBAUM & AISENBERG, 1972, S. 66). Es ist zu bezweifeln, daß die ausschließliche Verwendung von Verfahren, die kognitiv-bewußte Reaktionen erfassen, dem thanatopsychologischen Untersuchungsgegenstand angemessen ist. Als Ergänzung des bisher meistens verwendeten Testrepertoires bietet sich der Einsatz von Verfahren an, die eine unbewußt-affektive Ebene des Verfahrens anzielen (vgl. MARTIN & WRIGHTSMAN, 1965).

Schließlich sei mit KASTENBAUM (1966) auf hinsichtlich ihrer Konsequenzen für Forschung und Anwendung nicht gering einzuschätzende *Kommunikationsschwierigkeiten zwischen Forschern und Praktikern* hingewiesen. Verbesserte Wahl von Stichproben und Untersuchungsmethoden versprechen so lange keinen Erfolg, bis grundlegende terminologische und konzeptionelle Divergenzen ausgeräumt sind. Trotz dieser Einschränkungen wird im folgenden eine schwerpunktartige Einschätzung des Forschungsstandes zur Angst vor Tod und Sterben versucht.

Bezüglich der *Altersvariablen* zeichnet sich ab, daß Angst vor dem Tod im hohen Alter nicht zunimmt, sondern eher schwächer wird. Mit Blick auf das Merkmal *»Geschlecht«* wird deutlich, daß Frauen stärkere Angst vor dem Tod haben als Männer. In einer allgemeinen Einschätzung *soziographischer Variablen* weist LESTER (1967 a) auf den geringen Erkenntnisgewinn hin, der durch ihre Berücksichtigung erzielt wurde. »Die besser konzipierten Untersuchungen, ..., zeigen, daß innerhalb einer einzigen Gruppe demographische Variablen geringen Einfluß auf die Einstellungen zum Tod haben. Das Alter beeinflußt die Einstellungen offensichtlich so lange, bis die geistige Entwicklung abgeschlossen ist. Danach scheinen Persönlichkeitsfaktoren und Lebenserfahrungen die wichtigen Determinanten der Angst vor dem Tod zu sein« (S. 31).

Diese Beurteilung scheint grundsätzlich zutreffend. Dennoch bedarf sie einer Ergänzung. Als wenig ergiebig erweisen sich demographische Variable, wenn sie als bedeutungsleere Daten benutzt werden, wie dies bisher durchweg der Fall war. Aufzuklären bleibt indessen, welche Bedeutung Alter, Familienstand etc. im Erleben eines Menschen haben. Das in ähnlichem Zusammenhang bereits an anderer Stelle (vgl. S. 41 der vorliegenden Arbeit) eingebrachte erste Postulat aus THOMAES (1971) Kognitiver Theorie des Alterns scheint auch hier nutzbringend anwendbar.

Obwohl KASTENBAUM & AISENBERG (1972) feststellen, daß »die Beziehung Religion – Tod ... von der psychologischen Forschung nicht besonders gut behandelt worden ist« (S. 98), handelt es sich um einen der am intensivsten erforschten thanatopsychologischen Teilaspekte. Es zeichnet sich ein *»Zwei-Seiten-Effekt« von Religiosität* ab (WITTKOWSKI & BAUMGARTNER, 1977; vgl. auch JEFFERS & VERWOERDT, 1969). Im Hinblick auf den eigenen Tod vermag Religiosität sowohl angstreduzierend als auch angstinduzierend zu wirken, je nachdem, ob verheißungsvolle oder drohende Aussagen der Religion für eine Person Verbindlichkeit besitzen. Offen bleibt, wie erhöhte Ansprechbarkeit für positive bzw. negative Komponenten christlicher Religion zu erklären ist. Bei aller gebotenen Vorsicht scheint es berechtigt, mit TEMPLER (1972 c) grundlegende Persönlichkeitsmerkmale – zu denken wäre an Konservativismus – als gemeinsame Ursache von positiv akzentuierter Religiosität und geringer Angst vor dem Tod bzw. negativ ausgerichteter Religiosität und erhöhter Angst vor dem Tod anzunehmen. Die Intensität der Angst vor dem Tod und die Affinität mit positiven oder negativen Aspekten christlicher Lehre sind in dieser Sicht als Folgeerscheinungen ein und desselben Persönlichkeitsmerkmals aufzufassen.

Bei der Diskussion der Beziehung Angst vor dem Tod – Religiosität ist auch zu bedenken, ob das Konstrukt »Religiosität« bisher sachgerecht erfaßt worden ist. Es ist ungewiß, ob sich Durchdrungensein von religiösen Glaubensinhalten durch Ermittlung der Häufigkeit von Gottesdienstbesuch und Bibellektüre angemessen operationalisieren läßt. Beispielsweise wird der vielfach konstatierte Schwund der Religiosität in den westlichen Ländern (mit Ausnahme der USA) bezweifelt, da diese Aussage einzig von der Verminderung formaler religiöser Praktiken abgeleitet ist (SMART, 1968). Nicht zuletzt in fragwürdigen Operationalisierungen kann eine Ursache für die Inkonsistenz vorliegender Ergebnisse erblickt werden.

Angst vor dem Tod scheint bei *Gesunden* schwächer ausgeprägt als bei (somatisch oder psychisch) *Kranken*. Auch *Sterbende* scheinen vergleichsweise geringe Angst vor dem Tod zu haben. Sterbende in experimentelle Untersuchungen einzubeziehen ist angesichts weitverbreiteter Unsicherheit in Fragen der Sterbehilfe grundsätzlich sinnvoll. Jedoch sind dem Experimentator aufgrund ethischer Verpflichtungen Grenzen in der Wahl seiner Untersuchungsmethoden gesetzt (vgl. LEHR & SCHUSTER, 1976). Als angemessenstes Verfahren bietet sich die Exploration an.

Die Bedeutung von *Persönlichkeitsmerkmalen* für die Erforschung der Angst vor dem Tod wird von LESTER (1967 a) hervorgehoben. Obwohl in jüngerer Zeit Persönlichkeitsvariablen verstärkt berücksichtigt wurden, scheint eine Einschätzung des immer noch wenigen Materials verfrüht.

Abschließend seien einige Fragen von grundsätzlicher Bedeutung erörtert. KASTENBAUM & AISENBERG (1972, S. 44) weisen auf die Problematik hin, die mit einer naiven Handhabung der Angst vor dem Tod im Rahmen eines S-R-Modells verbunden ist. Die Schwierigkeit besteht darin, Stimulus und Response klar zu trennen. Da der Reiz (Tod) sich in der Vorstellung des Individuums befindet, ist von vornherein mit einer Überlagerung von Reiz und Reaktion zu rechnen. Angesichts der Komplexität des Sachverhalts stellt das S-R-Modell in der Thanatopsychologie eine unzulässige Simplifizierung dar.

Noch weiter reichende Überlegungen beziehen sich auf die Frage der Brauchbarkeit des Konzepts »Angst vor dem Tod«. KASTENBAUM (1966) erwägt eine kritische Überprüfung. »Vielleicht ist eine radikale Überprüfung des ›Todesfurcht‹-Konzepts geboten – mit Sicherheit hat die Verwendung dieses Ausdrucks bis heute nicht zu viel überzeugender Forschungsarbeit geführt« (S. 69). KASTENBAUM & AISENBERG (1972) erläutern die Beschränkungen, denen sie das Konzept der »Angst vor dem Tod« unterworfen sehen. Angst ist dynamisch. Sie ist eine sich selbst begrenzende Erlebnisweise: Angst bleibt nicht unbegrenzt bestehen, sondern kann in andere Befindlichkeiten übergehen.

Dieser Sachverhalt wird in einer Arbeit von MURRAY (1974) deutlich. Im Rahmen eines »Death Education Program« nahmen 30 Krankenschwestern an insgesamt sechs Sitzungen von je $1^1/_2$ Stunden teil. Die einmal wöchentlich abgehaltenen Sitzungen beinhalteten Text-Diskussionen, audio-visuelle Darbietungen, Rollenspiel und Sensitivity-Übungen. Zu Beginn der ersten und am Ende der letzten Sitzung sowie vier Wochen nach der letzten Sitzung wurde den Versuchspersonen die Death Anxiety Scale (TEMPLER, 1970) appliziert.

Während des sechswöchigen Ausbildungsprogramms erfolgte keine signifikante Abnahme der Angst vor dem Tod. Hingegen zeigten die Versuchspersonen vier Wochen nach Abschluß der Kurse signifikant verminderte Werte in der Death Anxiety

Scale. Dieses Resultat bestärkt in der Auffassung, daß Angst im allgemeinen und Angst vor dem Tod im besonderen keine Konstante, sondern ein dynamisches Geschehen ist. Entsprechend begrenzt ist der Erklärungswert des Konzepts der Angst vor dem Tod. Um thanatopsychologische Phänomene umfassend erklären zu können, müssen zusätzlich andere Konzepte herangezogen werden. Damit geraten Abwehrmechanismen in den Blick.

5. Abwehrmechanismen als Reaktion auf Tod und Sterben

5.1. Der Begriff des Abwehrmechanismus

Der Terminus »Abwehrmechanismus« geht auf S. FREUD zurück. In seinen frühen Schriften aus den Jahren 1894 und 1896 versuchte er, einzelne Neuroseformen – insbesondere Hysterie und Zwangsneurose – durch die Annahme von Abwehrvorgängen zu erklären, Abwehr damit zum »Kernpunkt im psychischen Mechanismus der erwähnten Neurosen« (S. FREUD, 1896; zit. nach 1952 a, S. 379 f.) erhebend.

Unmittelbar nach Einführung des Begriffs ersetzte S. FREUD »Abwehr« durch »Verdrängung«. Erst 30 Jahre später griff er – angeregt durch die Beobachtung von Abwehrvorgängen bei Hysterikern – den ursprünglichen Begriff wieder auf und bestimmte das Verhältnis von Abwehr und Verdrängung näher: Erstere sei »die allgemeine Bezeichnung für alle die Techniken . . . , deren sich das Ich in seinen eventuell zur Neurose führenden Konflikten bedient«, letztere »der Name einer bestimmten solchen Abwehrmethode . . . « (S. FREUD, 1926; zit. nach 1948, S. 196). »Abwehr« wird damit zum Oberbegriff, unter den sich »Verdrängung« als eine von mehreren Abwehrmaßnahmen unterordnen läßt. Auf dem vorgezeichneten Weg fortschreitend legte A. FREUD im Jahre 1936 eine zusammenfassende Darstellung der Abwehrmechanismen im Verständnis der Psychoanalyse vor. Abwehrmechanismen können umschrieben werden als unbewußte psychodynamische Vorgänge, welche die Sicherung eines funktionsfähigen Individuums zum Ziel haben. Sie sind nur indirekt erschließbar: In der analytischen Therapie äußert sich Abwehr qua Verdrängung als Widerstand. Die Funktionsfähigkeit des Individuums kann bedroht werden durch Angst und Konflikt (als Folgeerscheinung unerwünschter Triebimpulse). Vornehmliche Aufgaben eines Abwehrmechanismus' sind mithin *Angstreduktion und Konfliktlösung* (vgl. BRUN, 1946, S. 242; A. FREUD, 1946; S. FREUD, 1896; zit. nach 1952 b; LAUGHLIN, 1970, S. 4; ULLMANN & KRASNER, 1969, S. 151; WOLMAN, 1968, S. 144 ff.).

Die im jeweils konkreten Fall vorliegende Art der Abwehraktion ist abhängig vom Charakter des Individuums (vgl. BALLY, 1961, S. 145).

Während in der Psychoanalyse Abwehrmechanismen fast ausschließlich im Kontext neurotischer Fehlhaltungen gesehen wurden, weisen jüngere Autoren darauf hin, daß Abwehr ein Merkmal auch des normalen bzw. gesunden Individuums ist (vgl. LAUGHLIN, 1970, S. 5; ULLMANN & KRASNER, 1969, S. 152). Erst wenn eine Abwehraktion Ursache von Fehlangepaßtheit ist, gewinnt sie Bedeutung als pathologisches Phänomen.

Die Erscheinungsformen einzelner Abwehrvorgänge sind wiederholt gegeneinander abgegrenzt und ausführlich beschrieben worden: A. FREUD (1946) nennt 10 Mechanismen, LAUGHLIN (1970, S. 7) unterscheidet 22 primäre und 26 sekundäre Spielarten. Dabei ist zu bedenken, daß solche Ordnungs- und Darstellungsversuche primär heuristischen Wert haben. Ein einzelner Abwehrmechanismus tritt kaum jemals isoliert in Erscheinung, sondern artikuliert sich meist als Legierung mehrerer Abwehrmaßnahmen (vgl. LAUGHLIN, 1970, S. 8; ULLMANN & KRASNER, 1969, S. 152). Die Bedeutung eines Abwehrmechanismus' bemißt sich danach, in welchem Umfang er zur Befriedigung grundlegender Bedürfnisse eines Menschen beiträgt (MASLOW, 1963, S. 97).

5.2. Unspezifische Abwehr von Tod und Sterben

Während die Mehrzahl der mit Abwehrmechanismen befaßten thanatopsychologischen Publikationen eine oder mehrere Erscheinungsformen der Abwehr (z. B. Verdrängung, Negation, Rationalisierung, Projektion) zum Gegenstand hat, wird in einer vergleichsweise kleinen Zahl von Veröffentlichungen auf Abwehr in nicht weiter spezifizierter Weise Bezug genommen.

WAHL (1965) stellt das Wirken starker Abwehrvorgänge bei der Begegnung mit Tod und Sterben fest, ohne Belege anzuführen. Beim Vergleich verschiedener Personengruppen hinsichtlich bewußter Einstellungen zu Tod und Sterben beobachtete CAPPON (1962) Abwehrmaßnahmen insbesondere bei Sterbenden; ähnlich HUTSCHNECKER (1965), der von Karzinom-Patienten auf die Krankheit bezogene Abwehrtendenzen berichtet. Auch bei KZ-Häftlingen wurden Abwehrmechanismen als Reaktion auf die permanente Todes-Bedrohung beobachtet (De WIND, 1968 a). »Zur Bewältigung der Realität mußte der Häftling auf dem geschwächten und archaisch funktionierenden Ich ein System von Abwehrmechanismen aufbauen« (zit. nach MONTEFIORE et al., 1973, S. 96).

Die Effektivität von Religiosität als Abwehrmechanismus gegen die Angst vor dem Tod wurde von OSARCHUK & TATZ (1973) untersucht. Extremgruppen hinsichtlich Jenseitsglaube (N = 60, Studenten) wurden einer Angst vor dem Tod induzierenden Versuchssituation, einer allgemein angstinduzierenden Versuchsbedingung und einer neutralen Kontrollbedingung unterworfen. Die Resultate zeigen, daß (experimentell) verstärkte Angst vor dem Tod bei solchen Personen zu intensiverem Jenseitsglauben führt, deren Jenseitsglaube bereits zu Beginn des Experiments stark ausgeprägt war. Bei Personen mit mäßigem oder geringem allgemeinem Jenseitsglauben ist eine Intensivierung des Jenseitsglaubens nach induzierter Angst vor dem Tod nicht feststellbar.

Da bezüglich des Angstniveaus der Versuchspersonen keine Unterschiede vorlagen, die zur Erklärung der Ergebnisse hätten herangezogen werden können, interpretieren die Autoren intensivierten Jenseitsglauben als Verarbeitungsmechanismus gesteigerter Angst vor dem Tod, mithin als Abwehrvorgang.

Das vorgestellte Ergebnis von OSARCHUK & TATZ (1973) stützend, weist FEIFEL (1961) in seinen Anmerkungen zu einem Symposium über Einstellungen zum Tod bei alten Menschen darauf hin, daß religiöse Betätigung gleichermaßen als Folge echten Glaubens wie eines Abwehrvorgangs aufgefaßt werden kann.

SELVEY (1973) ließ Studenten Geschichten über bzw. mit Tod zu den TAT-Tafeln 1, 8 GF, 10, 12 BG, 14, 20, 16 sowie einer neu entworfenen Tafel erzählen. Der inhaltsanalytischen Auswertung lagen die Kategorien »Verlust«, »Trauer«, »Gewaltsamer Tod«, »Frustration und Versagen«, »Hilflosigkeit/Bewältigung« und »Sonstiges« zugrunde. Von 1.008 TAT-Geschichten wurde Tod in nur 15 Geschichten als erschreckend oder unangenehm geschildert, ein Ergebnis, das auf den Einfluß von Abwehrmechanismen, näherhin auf wenig spezifisches Vermeidungsverhalten, zurückgeführt wurde.

Einen Beitrag zum Verständnis interindividuell unterschiedlich gearteter Abwehrformen leisten JEFFERS & VERWOERDT (1969), indem sie verschiedene Aspekte aufzeigen, die am Zustandekommen eines bestimmten Abwehrmechanismus' beteiligt sind: (1) Chronologisches Alter sowie zeitliche Distanz zum eigenen Tod; (2) körperliche und geistige Gesundheit; (3) Einfluß eines Bezugsrahmens wie z. B. Religiosität; (4) Einstellungen der Bezugsgruppe; (5) persönliche Erfahrungen mit Tod und Sterben; (6) Grad der Reife des Individuums.

5.3. Verdrängung

5.3.1. Begriff und Mechanismus der Verdrängung

Der Begriff der Verdrängung – von HERBART und SCHOPENHAUER gegen Mitte des 19. Jahrhunderts erstmals gebraucht (vgl. LAUGHLIN, 1970) – verlor nach der Wiederaufnahme des Begriffs der Abwehr durch S. FREUD im Jahre 1926 seine Exponiertheit als der Abwehrmechanismus schlechthin. Wenngleich Verdrängung in systematischer Einordnung seither als eine von vielen Abwehrmaßnahmen aufgefaßt wird, hat sie hinsichtlich ihrer Wirkungsweise eine Sonderstellung inne: »Sie leistet der Quantität nach mehr als die anderen Techniken, d. h. sie kann starke Triebregungen noch bewältigen, gegen die andere Abwehrversuche machtlos bleiben« (A. FREUD, 1946, S. 59). Da Verdrängung stets ein hohes Maß psychischer Energie absorbiert, ist sie nicht nur die wirkungsvollste, sondern auch die gefährlichste Verteidigungsmaßnahme; sie hat von allen Abwehrmechanismen die engste Beziehung zur Neurosenentstehung.

Verdrängung (»repression«) bezeichnet einen *unbewußten psychodynamischen Prozeß, der unlustbetonte Bewußtseinsin-*

halte bewußtseinsunfähig – nicht jedoch gänzlich unwirksam – *macht*. Als Subjekt der Verdrängung ist das Ich, als ihr Objekt sind vom Ich bzw. Über-Ich abgelehnte Triebregungen des Es anzusehen (vgl. BRUN, 1946, S. 292, 296; ENGLISH & ENGLISH, 1958; HEISS, 1972, S. 352; LAUGHLIN, 1970, S. 359; PONGRATZ, 1967, S. 217; ULLMANN & KRASNER, 1969, S. 152; WOLMAN, 1968, S. 144). Das Konzept der Verdrängung ist ein hypothetisches Konstrukt. *Urverdrängung* (»primal repression«) verhindert, daß Triebregungen und Instinkte der frühen Kindheit jemals bewußt werden, das Urverdrängte gilt als »Kern des Unbewußten« (BRUN, 1946, S. 287; vgl. auch ENGLISH & ENGLISH, 1958; LAUGHLIN, 1970, S. 363). *Primäre Verdrängung* (»primary repression«) wirkt als Abwehr bewußtseinsfähiger Inhalte, entsprechend der oben gegebenen Charakterisierung von Verdrängung. Demgegenüber bezieht sich *Sekundäre Verdrängung* (»secondary repression«) auf Inhalte, die das Individuum an Urverdrängtes oder primär Verdrängtes erinnern können. Die Unterscheidung verschiedener Verdrängungsformen geschieht nicht einheitlich, vielfach werden Gleichsetzungen vorgenommen. Fehlt das für Verdrängung charakteristische Merkmal des unbewußten Funktionierens, handelt es sich vielmehr um einen bewußten Vorgang, wird von *Unterdrückung* (»suppression«) gesprochen (vgl. ENGLISH & ENGLISH, 1958; LAUGHLIN, 1970, S. 361, PONGRATZ, 1973, S. 245, ULLMANN & KRASNER, 1969, S. 152).

Der *Mechanismus der Verdrängung* steht in engem Zusammenhang mit Konzeptionen über das Zustandekommen bewußter Vorstellungen. Gemäß psychoanalytischer Auffassung ist die Voraussetzung für Bewußtseinsfähigkeit eine durch Verknüpfung von Sachvorstellung und Wortvorstellung erzeugte Überbesetzung eines Inhalts. Ein im System Unbewußt angesiedelter, nicht bewußtseinsfähiger Erinnerungsinhalt erfährt nach Verbindung mit der zugehörigen Wortvorstellung einen Energiezuwachs, der den Übertritt ins System Vorbewußt bewirkt, gleichzeitig Bewußtseinsfähigkeit ermöglichend.

Verdrängung vollzieht sich folgerichtig als Umkehrung dieses Vorgangs: Ein bewußtseinsfähiger Inhalt wird durch Abspaltung der Wortvorstellung bewußtseinsunfähig, die Überbesetzung ist aufgehoben, der Erinnerungsinhalt fällt dem System Unbewußt anheim (vgl. BALLY, 1961, S. 84 ff.).

5.3.2. Verdrängung als Reaktion auf Tod und Sterben

5.3.2.1. Für und Wider die These von der Verdrängung des Todes

Die Häufigkeit, mit der Verdrängung in populärwissenschaftlichen Schriften, Vorträgen und Diskussionen zum Thema Tod und Sterben angesprochen wird, vermag den Eindruck zu erwecken, als sei dieser spezifische Abwehrmechanismus die selbstverständliche und gleichsam regelhafte Reaktionsweise des Menschen auf die Begegnung mit Tod und Sterben. Wird dieser Eindruck durch die Fachliteratur bestätigt?

Zahlreiche Autoren unterschiedlicher Provenienz vertreten – jeweils verschiedene Aspekte desselben Sachverhaltes hervorhebend – mit einiger Selbstverständlichkeit die Auffassung, Verdrängung sei die einer Konfrontation mit Tod und Sterben gemäße Reaktion. So bejahen JEFFERS & VERWOERDT (1969) und LEPP (1968) die Existenz von Verdrängung, ohne dies zu erläutern oder gar zu begründen. Von mehreren Autoren wird das permanente Wirksamsein von Verdrängung für unumgänglich gehalten, da nur durch sie die von ständiger Angst vor dem Tod bedrohte Funktionsfähigkeit des Individuums aufrechterhalten werden kann (BECKER, 1973; WIESENHÜTTER, 1973 b; ZILBOORG, (1943). WIESENHÜTTER (1974) nennt neben Tod auch Krankheit und Altern als Objekte von Verdrängung. HARTH (1974) setzt mit der Frage nach der Adäquatheit von Verdrängung als Reaktion auf Todesangst die Existenz eines Verdrängungsmechanismus in diesem Zusammenhang ebenso stillschweigend voraus wie JACKSON (1974) mit seinem Appell, Angst vor dem Tod nicht zu verdrängen, sondern mit ihr zu leben; ähnlich TILLICH (1965), der von theologischer Warte auf verschiedene Erscheinungsformen der Verdrängung des Bewußtseins der eigenen Endlichkeit hinweist, sowie BLEISTEIN (1973), für den Tod und Sterben besonders pointiert in

Erscheinung tritt »in einer Zeit, die vor lauter Jugendlichkeit und Lebensfreude den Tod verdrängt« (S. 710).

MARCUSE (1965) hebt als eine der bedeutenden Denkströmungen in der Geschichte des Abendlandes die Auffassung vom Tod als einem natürlichen biologischen Vorgang hervor. Zwei (alternative) Reaktionsweisen sind für ihn möglich: Akzeptieren des Unvermeidlichen in Gleichmut bzw. Skepsis oder Zurückdrängen des Gedankens an den Tod. Für HEPP (1973) führt die schwindende Bedeutung religiöser Glaubensinhalte und ein zunehmend stärker naturwissenschaftlich bestimmtes Weltbild den Menschen in den Widerspruch, »die Unsterblichkeit zu bezweifeln, aber doch nicht sterblich sein zu wollen« (S. 4). Ohne Jenseitsglaube bleibt dem modernen Menschen nur, den Gedanken an den Tod gewaltsam zu unterdrücken. Aus der Sicht des analytisch orientierten Arztes konstatiert MEYER (1973, 1974) vielfältige Hinweise für die Gültigkeit einer Verdrängungshypothese.

Vielfach wird das sozialpsychologische Phänomen der *Tabuierung*, der Kommunikationshemmung bezüglich Fragen im Umfeld von Tod und Sterben, als Indikator für das Vorliegen von Verdrängung bzw. Unterdrückung interpretiert. Im Rahmen eines interkulturellen Vergleichs von Bestattungsbräuchen berichtet MANDELBAUM (1965) über den in Arizona lebenden Pueblostamm der Hopi. In dieser Subkultur sind alle Aktivitäten, die in irgendeiner Weise mit Tod und Sterben in Zusammenhang stehen (Sterbeprozeß, Begräbnis, Trauer der Hinterbliebenen), auf ein Minimum reduziert. Die Hopi haben gesellschaftliche Regeln entwickelt, durch die das Bewußtsein des eigenen Todes vom Individuum weitgehend ferngehalten wird. In modernen Krankenhäusern begünstigen wissenschaftliche und technische Möglichkeiten der modernen Medizin Verschleierung und Manipulierung des Todes. Sie können damit einer Tabuierung dieses Themas Vorschub leisten (vgl. v. LEHNDORFF, 1974).

Im Gegensatz zu den Hopi pflegen die römisch-katholischen Bewohner von Barra, einer Insel der äußeren Hebriden, ausgedehnte Trauer- und Beerdigungsbräuche. MANDELBAUM (1965) schildert das Verhältnis dieser Menschen zu Tod und Sterben als unbefangen und frei von jeglicher Tabuierung. »Wenigstens im offenen Verhalten scheint es keine große Frucht vor den Toten zu geben, keine Angst vor Aufwendungen an den Geist des Verstorbenen und keine Vermeidung des Themas oder der Erinnerung an den Verstorbenen. Die meisten Männer und Frauen nehmen pro Jahr an etwa 10 bis 15 Beerdigungen in ihrer Nachbarschaft teil; Todeszeremonien sind für sie normale Ereignisse« (S. 205 f.).

Mit der Gegenüberstellung von Hopi und Barra läßt sich zeigen, daß Verdrängung als mögliche, keineswegs aber uneingeschränkt als zwangsläufige Reaktion auf Tod und Sterben aufgefaßt wird. Der ethnologische Vergleich leitet über zu vornehmlich von Soziologen vertretener Ablehnung der Verdrängungshypothese.

So weist HAHN (1968) die These von der Tabuierung und Verdrängung des Todes mit der Begründung zurück, daß im Widerspruch zum Verdrängungskonzept jene Menschen am häufigsten über Tod und Sterben sprechen, die am intensivsten mit ihm konfrontiert wurden oder werden. Ferner leitet er aus der Feststellung, das Bewußtsein des Todes sowie die Angst vor dem Tod seien nur sporadisch vorhanden und von geringem Einfluß, die Überflüssigkeit eines Verdrängungsmechanismus ab.

In analoger Weise argumentierend wertet v. FERBER (1970) die Tatsache, daß sich Menschen auf Befragen zu Themen wie Tod und Sterben spontan äußern und darüber hinaus die Behandlung dieser Fragen im Schulunterricht propagieren, als Indiz gegen eine Verdrängungshypothese.

Von der doppelten Zielsetzung, die der Arbeit von FUCHS (1973) zugrunde liegt – kritische Auflösung der Verdrängungsthese einerseits, Ablösung des Themas von konservativer Kulturkritik andererseits – kann im vorliegenden Kontext nur erstere berücksichtigt werden. Der Umgang mit Tod und Sterben im westlichen Kulturkreis der Gegenwart – akzentuiert hervortretend u. a. in Todesanzeigen, Bestattungs- und Trauerzeremoniellen – wird erklärt als vorläufiges Ergebnis einer soziologisch-historischen Entwicklung. Ein geschichtlich sich erweiternder Kenntnisstand über den »natürlichen Tod« steht für FUCHS (1973) in der Polarität von Archaik und Rationalität: Die zunehmend rationale Durchdringung nahezu aller Lebensbereiche des Menschen bei gleichzeitiger Hilflosigkeit dem Tod gegenüber bewirkt die Übernahme archaischer (z. B. magisch-religiöser) Orientierungsmuster in moderne »Todesbilder«.

Mittels historischer und soziologischer Analyse werden in Bezug auf Tod und Sterben Verhaltensdimensionen des modernen Menschen transparent als gesellschaftlicher Entwicklungsprozeß; der Annahme eines Verdrängungsmechanismus' bedarf es nicht. »Statt von Verdrängung, Tabuierung, Bagatellisierung des Todes in der modernen Gesellschaft zu reden, ist es angemessener, auf das Fortleben der – gemessen am Begriff des natürlichen Todes – archaischen Bilder zu verweisen« (FUCHS, 1973, S. 228).

5.3.2.2. Empirische Beiträge zur These von der Verdrängung des Todes

In der Diskussion um das Pro und Contra einer Verdrängungshypothese treten zwei gegensätzliche Positionen hervor. Die den verschiedensten Disziplinen (Psychologie, Philosophie, Theologie, Medizin) angehörenden Verfechter eines Verdrängungsmechanismus' vermögen ihre Argumentation nicht immer hinreichend zu belegen. Die durchweg soziologisch orientierten Gegner dieser Abwehrmaßnahme gründen ihre Aussagen auf die Analyse gesellschaftlicher Erscheinungen. Im folgenden werden die Ergebnisse empirisch-psychologischer Forschung vorgestellt mit dem Ziel, die Diskussion um die Verdrängung von Tod und Sterben inhaltlich anzureichern und einer Klärung näherzubringen.

Rund 75 % der von BROMBERG & SCHILDER (1933) mittels Fragebogen untersuchten Personen bezeichneten die Wahrscheinlichkeit ihres eigenen Todes als äußerst gering. Die Unfähigkeit vieler Menschen, an ihr eigenes Ableben als an ein in näherer Zukunft mögliches Ereignis zu denken, interpretieren die Autoren als Resultat von Verdrängung ebenso wie das Unvermögen vieler Personen, sich selbst als tot vorzustellen. »Es ist wahrscheinlich, daß jene, die sich selbst nicht als tot vorstellen können, diesen Sachverhalt vollständig unterdrükken« (S. 145).

Im Rahmen klinischer Interviews gewann CHRIST (1961) den Eindruck, daß die Mehrzahl der Patienten durch das Thema Tod in beträchtliche Erregung versetzt wurde und u. a. Verdrängung als Abwehrmaßnahme benutzte. Einen weiteren Beleg für die Wirksamkeit von Verdrängung sieht CHRIST (1961) darin, daß 87 % der Befragten vor dem Gespräch noch nie über Tod und Sterben gesprochen hatten. Auch von Patienten mit irreversiblem obstruktivem Atemwegsyndrom berichten DUDLEY et al. (1969) Verdrängung als eine von mehreren Formen der Anpassung an die Krankheit und die mit ihr verbundene Prognose.

Die beim Vergleich der Reaktionen religiöser und nichtreligiöser Personen auf eine Konfrontation mit Tod und Sterben beobachtete Gleichgültigkeit nicht-religiöser Personen deuten ALEXANDER & ADLERSTEIN (1961, 1965) als Ausdruck von Verdrängung. Auch KASTENBAUM (1965 a) glaubt, Verdrängung aufweisen zu können. In seinem Modell der »Zeitfelder«, die unterschiedlichen Strukturierungsmodi unterliegen (vgl. S. 35 f. der vorliegenden Arbeit), sind Inhalte der fernen Zukunft wie Tod und Sterben (»structuring principle death«) Gegenstand von Verdrängung.

Methodisch anspruchsvoller als die bisher vorgestellten Arbeiten sind die Untersuchungen von HANDAL & RYCHLACK (1971) und MAGNI (1971). Den Versuch einer Validierung des Verdrängungsmodells unternahmen HANDAL & RYCHLACK (1971) in zwei gleichen, aber unabhängig voneinander durchgeführten Experimenten. Studentische Versuchspersonen mit extrem hoher und extrem geringer Angst vor dem Tod (gemessen mit der Death Anxiety Scale, HANDAL, 1969) berichteten aus ihren Träumen signifikant mehr unlustbetonte und todbezogene Inhalte als Versuchspersonen, die hinsichtlich Angst vor dem Tod den Mittelbereich einnahmen. Die Beziehung zwischen bewußter Mitteilung von Angst vor dem Tod (im Fragebogen) und unbewußter Artikulation von Angst vor dem Tod (im Traum) stellte sich somit als kurvilinear dar. Bei Versuchspersonen mit extrem hoher Angst vor dem Tod auf bewußter Ebene ist Verdrängung nicht wirksam, dem hohen Angstniveau entsprechend kommen todbezogene Inhalte auch auf unbewußter Ebene zum Ausdruck. Hingegen ist extrem geringe Angst vor dem Tod auf bewußter Ebene Folge von Verdrängung, die jedoch gleichzeitige Manifestation von Angst vor dem Tod auf weniger bewußter Ebene nicht verhindern kann.

Diese Befunde werden ergänzt und gestützt durch die Ergebnisse von MAGNI (1971), der bei Studenten, die als »Verdränger« (gemäß MMPI-Skala Hy) eingestuft worden waren, keine Hinweise auf Angst vor dem Tod in zwei von drei Fragebogenskalen zur Messung von Angst vor dem Tod fand. Demgegenüber zeigten »Sensibilisierer« (gemäß MMPI-Skala Pt) Angst vor dem Tod in allen drei Skalen. Auch die von MALCOLM (1973) als »Verdränger« vorausgelesenen Studenten berichteten weniger Angst vor dem Sterben als »Sensibilisierer«. Wider Erwarten konnten jedoch in dieser Untersuchung »Verdränger« todbezogene Sätze genauer wiederholen als »Sensibilisierer«.

Vorläufig zurückblickend läßt sich feststellen, daß auf sehr unterschiedlichem methodischen Niveau durchgeführte Untersuchungen ausnahmslos eine Verdrängungshypothese bestätigen.

5.4. Negation

5.4.1. Zum Begriff der Negation

Negation, Verneinung, Verleugnung (»denial«) bezeichnet einen sowohl unbewußt als auch bewußt möglichen primären Abwehrvorgang, der in *Nichtbeachtung unlusterzeugender intra- und/oder extrapsychischer Sachverhalte* besteht. Die Weigerung, peinliche Eindrücke zur Kenntnis zu nehmen, bewirkt eine Umgestaltung der Realität gemäß den Wünschen des Individuums. Dies kann sich gleichermaßen in der Phantasie wie auch in Wort und Tat vollziehen. Durch Negation bedingter Realitätsverlust wird durch Wahrnehmung und Gedächtnis in seinem Ausmaß kontrolliert (vgl. ENGLISH & ENGLISH, 1958; A. FREUD, 1946; LAUGHLIN, 1970, S. 58; TOMAN, 1971 a, WOLMAN, 1968, S. 145). Negation steht in enger Beziehung zu Verdrängung, da sie deren Wirkungen teilweise aufzuheben vermag. Indem sie Kenntnisnahme verdrängter Inhalte, »eine Art von intellektueller Annahme des Verdrängten« (S. FREUD, 1925, zit. nach 1948, S. 12) ermöglicht, wird sie von ihrer Funktion als Abwehrmechanismus her zum »intellektuellen Ersatz der Verdrängung« (S. FREUD, 1925, zit. nach 1948, S. 12).

5.4.2. Theoretische Beiträge zur Negation als Reaktion auf Tod und Sterben

Im Rahmen seiner allgemeinen Darstellung von Negation zieht LAUGHLIN (1970, S. 75 f.) exemplarisch die Begegnung mit Tod und Sterben als Auslöser für Negation heran, damit die Bedeutung unterstreichend, die diesem Thema für den in Rede stehenden Abwehrvorgang zukommt. Einige gleichfalls nichtempirische Beiträge stimmen hinsichtlich der Existenz von Negation als Reaktion auf Tod und Sterben überein, erläutern dies jedoch in unterschiedlicher Weise.

ZILBOORG (1943) führt neben Verdrängung Negation als zweite Abwehrmaßnahme gegen die Angst vor dem Tod an. Die Möglichkeit des eigenen Todes wird nicht nur verbal abgestritten, sondern die eigene Unverletzbarkeit wird auch durch Teilnahme an gefährlichen Sportarten bewiesen. Auch das starke Interesse vieler Menschen an tödlichen Unfällen, Naturkatastrophen und Hinrichtungen wird mit der vom einzelnen erhofften Bestätigung seiner eigenen Unversehrtheit, mit »selbstinflationärer Negation des Todes« (S. 470), erklärt. MUENSTERBERGER (1963/64) spricht den in der westlichen Kultur üblichen Bestattungsbräuchen (Verschönerung des Leichnams, Schmücken von Sarg und Grab) die Funktion einer Verneinung der Angst vor Tod und Zerfall zu, die einmündet in den Glauben an ein zukünftiges Leben.

Ähnlich wie Hepp (1973) mit Blick auf Verdrängung erkennt Wahl (1965) Negation als zwangsläufige Reaktionsweise von Menschen, die unter dem Eindruck eigener Omnipotenz der Endlichkeit ihres Daseins hilflos gegenüberstehen.

5.4.3. Empirische Beiträge zur Negation als Reaktion auf Tod und Sterben

5.4.3.1. Negation als Reaktion auf Tod und Sterben in Abhängigkeit vom Lebensalter

In den im folgenden vorzustellenden Arbeiten bezeichnet »Lebensalter« ausnahmslos *höheres und hohes Alter.* Christ (1961) fand bei über 60jährigen (nicht unheilbaren) psychiatrischen Patienten neben Verdrängung ausgeprägte Negation. Dieses Ergebnis bestätigen Jeffers et al. (1961) in einer hinsichtlich Alter der Versuchspersonen und Untersuchungsmethode vergleichbaren Arbeit, und auch Blake (1969) beobachtete Negation im Zusammenhang mit Tod und Sterben häufiger bei älteren als bei jüngeren Menschen.

Im Gegensatz zu diesen Befunden stehen Resultate, die entweder keinen Zusammenhang zwischen Negation von Tod und Sterben und dem Lebensalter oder eine gegenläufige Beziehung belegen. Bei älteren Menschen (Durchschnittsalter 71,6 Jahre), die gemäß Standard-Instruktion Geschichten zu den TAT-Tafeln 3 BM, 8 BM, 10 und 15 erzählten, ergab inhaltsanalytische Auswertung in 11 Kategorien keinen Zusammenhang zwischen Lebensalter und todbezogener Negation (Kimsey, Roberts & Logan, 1972). Dabei ist allerdings zu bedenken, ob das Fehlen einer gesicherten Beziehung zwischen Alter und Negation nicht der allgemein üblichen und damit hinsichtlich Tod und Sterben unspezifischen Instruktion anzulasten ist.

Ein weiterer Beleg für das Fehlen eines Zusammenhangs zwischen todbezogener Negation und Alter stammt von Lieberman & Coplan (1970), die bei 80 Personen im Alter zwischen 65 und 91 Jahren in nur drei Fällen Anzeichen von Verneinung fanden, wenn die Personen direkt auf Tod und Sterben angesprochen wurden.

Negation von Tod und Sterben kann im hohen Alter als Teilaspekt des ersten von zwei Syndromen des Alterns betrachtet werden, die GUTMANN (1973) unterscheidet. Das im vorliegenden Zusammenhang relevante Syndrom ist charakterisiert durch Nachlassen von Aggressivität und Leistungsbereitschaft zugunsten von Sensitivität, Abhängigkeit und Passivität bei der Lebensbewältigung. Als besonders dem hohen Alter eigentümliche Bewältigungs- und Verarbeitungsweise ist *»magical mastery«* anzusehen, die mit dem Verlust der Realitätsorientierung einhergeht. »Mit magical mastery werden Probleme entweder negiert oder die Verantwortung für sie wird vom Selbst hinwegprojiziert« (S. 61).

Verneinung wird darüber hinaus bei alten Menschen begünstigt durch (1) Störungen und Veränderungen der Wahrnehmungsfunktionen, bedingt durch entsprechende Veränderungen in Cortex und Rezeptor; (2) Veränderungen des Körperkonzepts (»body-image«) bei höherem Alter oder chronischer Krankheit; (3) allmählichen Abbau des Zentralnervensystem, der mentale Prozesse denen der frühen Kindheit angleicht (JEFFERS et al., 1961).

In dieser Sicht disponiert höheres und hohes Alter zu Verneinung im allgemeinen und damit auch zu Verneinung von Tod und Sterben im besonderen. Jene empirischen Ergebnisse, die einen positiven Zusammenhang zwischen todbezogener Negation und dem Lebensalter darlegen, erhalten mit GUTMANS (1973) Konzept der »magical mastery« im Rahmen eines allgemeinen Syndroms des Alterns einen vorläufigen theoretischen Bezugsrahmen.

5.4.3.2. Negation als Reaktion auf Tod und Sterben in Abhängigkeit von Hintergrundvariablen

Die wenigen Untersuchungen, in denen Negation in Beziehung zu Hintergrundvariablen gesetzt wurde, vermitteln – von den konkreten Merkmalen abstrahierend – den Eindruck, daß Vermeidungsverhalten gegenüber Tod und Sterben einhergeht mit geringer *Lebenszufriedenheit.*

So beobachtete MUNNICHS (1966) Ausweichen vor der Endlichkeit des eigenen Lebens vorzugsweise bei Personen in höherem Alter, die keinen oder nur noch wenig Kontakt zu ihren Kindern und anderen Bezugspersonen hatten.

Beim Vergleich der TAT-Geschichten betagter Pflegeheim-Bewohner und Nicht-Institutionalisierter fanden KIMSEY et al. (1972) bei den Heimbewohnern signifikant mehr Hinweise auf Negation als bei den Personen, die nicht in Heimen lebten. Die Autoren sehen in Hilflosigkeit und Abhängigkeit, die teils durch vorgerücktes Alter und teils durch die Lebensbedingungen in einem Heim bedingt sind, die Ursachen für verstärkte Negation. »Aber Negation und Affektverengung werden von den Älteren gebraucht, wenn die Erkenntnis ihres schlechter werdenden Befindens und ihrer Abhängigkeit sie nötigt, dem Sterbeprozeß entgegenzusehen« (S. 161).

5.4.3.3. Negation als Reaktion auf vitale Bedrohung

»Vitale Bedrohung« bezeichnet im folgenden eine *objektiv gegebene und/oder subjektiv erlebte Gefährdung des eigenen Lebens oder der eigenen Gesundheit.* Neben Kranken und Sterbenden sind daher auch Menschen von Interesse, die durch bestimmte Umstände in extreme Belastungssituationen geraten sind, sowie solche, die eine Gefährdung von Gesundheit und Leben freiwillig in Kauf nehmen.

Anhand von Gesprächen und Fragebogenverfahren ermittelten sowohl CAPPON (1959) und DUDLEY et al. (1969) als auch KÜBLER-ROSS (1975 b) Verneinung der Krankheitssituation und ihrer Konsequenzen. KÜBLER-ROSS (1975 b) schildert Negation als Charakteristikum der ersten von fünf Phasen der Verarbeitung des bevorstehenden Todes, die mit zunehmender Todesnähe anderen Formen der Bewältigung Platz macht. »Was ich hervorzuheben versuche, ist, daß das Bedürfnis nach Negation zu bestimmten Zeiten bei jedem Patienten besteht, ganz zu Beginn einer ernsten Erkrankung stärker als gegen Ende des Lebens« (S. 37).

Auch ABRAMS (1971) sieht aufgrund eigener Erfahrungen mit unheilbaren Krebskranken Negation als typische Erscheinung der terminalen Phase an, die im Verein mit Depression zur Stabilisierung des Moribunden beitragen kann. In einer Replik bemängelte VISPO (1971) das Fehlen ausreichender Belege für das Vorhandensein von Negation sowie allgemeine begriffliche Unschärfen in der Arbeit von ABRAMS (1971), ihre Aussagen damit in Frage stellend.

Hinweise dafür, daß bereits Krankheit allein (d. h. ohne verschärfendes Moment der Unheilbarkeit) Negation provozieren kann, liefert GREENBERGER (1965). Beim Vergleich von unheilbaren Krebskranken sowie Patienten mit verschiedenen anderen ernsthaften Erkrankungen mit einer Gruppe vergleichsweise harmlos Erkrankter erbrachten TAT-Geschichten keine Unterschiede hinsichtlich Negation.

Reaktionen auf die reale wie symbolische Bedrohung des Lebens durch eine Herzoperation werden von ABRAM (1965) mitgeteilt. Mit 23 Patienten wurden im Abstand von 24 bis 48 Stunden vor der Operation unstrukturierte Interviews von etwa einer Stunde Dauer durchgeführt. Postoperativ erfolgten tägliche Besuche und Gespräche bis zur Entlassung. »Negation der unmittelbaren Bedrohung des Lebens, der der Patient entgegensah« (S. 660) wurde vor der Operation bei 33 % der Patienten beobachtet.

In seinem Diskussionsbeitrag zu einer Arbeit von DE WIND (1968 b) nennt NIEDERLAND (1968) eine »Hierarchie der Abwehrformen ..., deren sich das Ich unter den extremen Bedingungen der KZ-Situation bis zu einem gewissen Grade bedienen konnte« (S. 443). An die erste Stelle dieser Rangreihe setzt er Verleugnung.

LIFTON (1967) schildert mit dem Phänomen des *»psychic closing-off«* eine der Negation sehr ähnliche Reaktion, die er anläßlich längerer Gespräche mit Überlebenden der Atombomben-Explosion von Hiroshima beobachtete. Während der Explosion selbst und auch unmittelbar danach waren die Menschen hochgradig überrascht. Sie waren völlig unvorbereitet für ein solches Ereignis, zum einen wegen einer kurz zuvor erfolgten Entwarnung, zum anderen »wegen eines Gefühls der Unverletzbarkeit, das allen Menschen auch im Angesicht einer Gefahr eigen ist« (S. 196).

Aufgrund dieser Ausgangslage war die Konfrontation mit dem Tod so extrem, daß ein sehr wirksamer Abwehrmechanismus einsetzte, eben das Phänomen des »psychic closing-off«. Innerhalb kürzester Zeit verloren die Menschen jegliche emotionale Ansprechbarkeit. Sie erkannten klar, was um sie herum vorging, sahen die Zerstörung, sahen Sterbende und Tote, jedoch ohne eine Gefühlsregung. Innerlich gänzlich unberührt, äußerlich in einem der Apathie ähnlichen Zustand, registrierten sie als nüchterne Beobachter den Ablauf der Katastrophe in allen Einzelheiten. Obwohl von großer Wirksamkeit bei der Abwehr von (Todes-)Angst, konnte das »psychic closing-off« nicht das Entstehen von Schuldgefühlen verhindern. Viele der Überlebenden stellten sich die Frage, warum gerade sie verschont wurden, und sie fühlten sich schuldig gegenüber den Opfern.

Die Möglichkeit, quasi experimentell gesetzte Konfrontation mit Tod und Sterben an einer relativ jungen und nicht durch Krankheit bedrohten bzw. beeinträchtigten Personengruppe zu untersuchen, nutzten Bluestone & McGahee (1962) für eine kasuistische Studie. Bei 19 zum Tod verurteilten Inhaftierten des Gefängnisses von Sing-Sing war Negation der am häufigsten angetroffene Abwehrmechanismus.

Mit Blick auf ihre einem gewissen Sicherheitsrisiko unterliegende Stichprobe von Amateur-Fallschirmspringern halten Alexander & Lester (1972) das Wirksamsein von Negation zur Angstabwehr für möglich.

5.4.3.4. Negation als Reaktion auf Tod und Sterben in Abhängigkeit von verschiedenen anderen Merkmalen

Nicht nur zwischen dem global gefaßten Merkmal »Krankheit« und Negation von Tod und Sterben scheinen Zusammenhänge zu bestehen, sondern auch zwischen *spezifischen Krankheitsformen* und todbezogener Verneinung. So wurde als Negation interpretierte Vermeidung der Todesthematik zwar sowohl bei Psychotikern und Neurotikern als auch bei Herz- und Krebskranken als auch bei gesunden »Normalen« beobachtet, war jedoch bei Psychotikern und Neurotikern am häufigsten und effektivsten (FEIFEL & HELLER, 1962).

Der Kasuistik von SEGAL (1958) zufolge traten im Verlauf der psychoanalytischen Therapie eines 73jährigen Mannes Angst vor dem Tod und neben anderen Abwehrformen auch Negation auf. Mittels Fragebogen-Verfahren erhielt O'CONNELL (1968) bei Studenten eine positive Beziehung zwischen Negation der Angst vor dem Tod und ablehnender Einstellung gegenüber Suizid und Euthanasie. EHRENWALD (1974) interpretiert *»out-of-the-body (OOB) experiences«* Sterbender als Indiz für Negation des Todes. Das an vier Fallbeschreibungen erläuterte Erlebnis, sich außerhalb seines eigenen Körpers zu befinden und sich selbst und seine Umgebung von außerhalb zu betrachten, wird als Ausdruck von Unsterblichkeitsstreben gedeutet: OOB-Erfahrungen sind der Versuch des Selbst, sich von einem unzulänglichen, geschwächten, kaum mehr funktionierenden Körper zu trennen. »Sie [die Fallbeschreibungen] legen nahe, daß OOB-Erfahrungen dem uralten Wunsch nach Unsterblichkeit entstammen sowie dem Bedürfnis, den Tod zu negieren oder sich ihm zu widersetzen« (S. 227).

5.5. Rationalisierung

5.5.1. Der Begriff der Rationalisierung

Der auf einen von Ernest JONES im Jahre 1908 gehaltenen Vortrag zurückgehende Begriff der Rationalisierung (»rationalization«) umschreibt eine unbewußt ablaufende primäre Abwehrmaßnahme, durch die für das Individuum *nicht-akzeptable und seine Funktionsfähigkeit beeinträchtigende Bedürfnisse, Gefühle, Ansichten und Verhaltensweisen eine vernunftbestimmte Begründung erfahren* bei gleichzeitiger Verzerrung der Realität.

Rationalisierung wird als einer der häufigsten Abwehrmechanismen bezeichnet. Sie steht in enger Beziehung zu Negation und Verdrängung: Indem Rationalisierung einen nicht-akzeptablen Inhalt durch einen akzeptablen ersetzt, kann sie als »Ersatzverdrängung« aufgefaßt werden (vgl. ENGLISH & ENG-

LISH, 1958; LAUGHLIN, 1970, S. 250 f.; NITSCH, 1972, WOLMAN, 1968, S. 145).

5.5.2. Rationalisierung als Reaktion auf Tod und Sterben

Beiträge zur Rationalisierung als Reaktion des Individuums auf Konfrontation mit Tod und Sterben sind spärlich. CAPPON (1959) beobachtete bei Gesprächen mit Kranken und Sterbenden außer Negation auch Rationalisierung. Aus einer Fragebogen-Untersuchung an Bewohnern eines Altersheims (Durchschnittsalter 67 Jahre) erfuhr FEIFEL (1956), daß 40 % der Versuchspersonen den Tod als Ende der physischen Existenz und Beginn eines neuen Lebens im Sinne christlicher Religion sehen. Dieser Befund wird interpretiert als Ausdruck von Rationalisierung: »Eine Hypothese wurde zur zukünftigen Überprüfung vorgeschlagen – daß bestimmte ältere Menschen den Tod als den Beginn einer neuen Existenz auffassen, um so starke Ängste vor dem Tod zu kontrollieren« (S. 130).

Ebenfalls bei Altenheimbewohnern beobachtete V. W. MARSHALL (1973), daß Personen, die sich der Endlichkeit ihres Lebens sehr deutlich bewußt waren, verstärkt zu Begründungen dafür neigten, daß ihr Tod angemessen und gerechtfertigt sei. Diese in Interviews artikulierte »Legitimation des Todes« (S. 874) stimmt weitgehend mit dem überein, was gemeinhin unter Rationalisierung verstanden wird.

Im Rahmen ihrer Längsschnittuntersuchung an alten Menschen stießen JEFFERS & VERWOERDT (1969) neben Verdrängung und Negation auch auf Rationalisierung als Mechanismus der Anpassung an den Gedanken des eigenen Todes. Schließlich fanden FEIFEL & HELLER (1962) anhand von Tiefen-Interviews, Beurteilungs-Skalen und eines nicht näher bezeichneten projektiven Verfahrens, daß Intellektualisierung (als Spielart von Rationalisierung) häufiger und effektiver bei Psychotikern und Neurotikern auftrat als bei Herz- oder Krebskranken oder bei Gesunden.

5.6. Projektion

5.6.1. Begriff und Mechanismus der Projektion

Projektion (»projection«) bezeichnet einen unbewußten Abwehrvorgang, durch den *objektive Gegebenheiten in der Umgebung des Individuums in Übereinstimmung erlebt werden mit (subjektiven) Bedürfnissen, Erwartungen, Gefühlen, Einstellungen* des Individuums. Indem das Individuum verbotene und/oder die eigene Funktionsfähigkeit gefährdende intrapsychische Prozesse nicht in der eigenen Person erkennt, sondern Objekten der Außenwelt zuschreibt, bewirkt es eine Verzerrung der Realität. Projektion hat hinsichtlich ihrer Wirksamkeit am meisten Ähnlichkeit mit Verdrängung: Beide Mechanismen verhindern die Wahrnehmung eines bedrohlichen Bewußtseinsinhalts (vgl. ENGLISH & ENGLISH, 1958; A. FREUD, 1946; HÖRMANN, 1964; LAUGHLIN, 1970, S. 220 f.; TOMAN, 1971 b; WOLMAN, 1968, S. 146). Der heute gültige Begriff und Mechanismus der Projektion hat seinen Ursprung in der Theorie der exzentrischen Projektion des 16. und 17. Jahrhunderts, die eine Rückverlegung zentraler Erregungsvorgänge auf die Sinnesflächen und anschließende Hinausverlegung auf die reizaussendenden Gegenstände annimmt. »Diese Theorie . . . hat sich bis heute als Grundmodell eines psychischen Vorgangs in den gebräuchlichen Projektionsbegriffen mit großer Zähigkeit lebendig erhalten, obwohl sie (. . .) zu tödlichen Schwierigkeiten führt . . . « (HECKHAUSEN, 1960, S. 56).

Bedeutungszuwachs erfuhr der Projektionsbegriff durch S. FREUD (1911, 1913), der seine ersten Vorstellungen von Projektion als reinem Abwehrmechanismus alsbald erweiterte, Projektion als allgemeinen Wahrnehmungsvorgang fassend, dessen Auftreten sich nicht auf den pathologischen Bereich oder die Welt der Primitiven beschränkt, sondern sich auch auf die Wahrnehmung Normaler erstreckt.

Kritik am Projektionsbegriff richtet sich weniger auf seine Verwendung im klinischen Bereich, sondern stellt vielmehr seine grundlegende Bedeutung für die Theorie sogenannter projektiver – meist thematischer – Tests in Frage. Neben dem

Problem einer durch zahlreiche neuere Begriffsvarianten bedingten Begriffsentleerung (vgl. z. B. MURRAY, 1951) wird die Frage nach der Notwendigkeit der Annahme eines psychodynamischen Mechanismus zur Erklärung des mit Projektion bezeichneten Phänomens gestellt (z. B. HECKHAUSEN, 1960).

5.6.2. Projektion als Reaktion auf Tod und Sterben

Die bisher einzige Erwähnung von Projektion als Reaktion auf Tod und Sterben erfolgt in der von BLUESTONE & MCGAHEE (1962) vorgelegten Kasuistik von zum Tode verurteilten Inhaftierten. Die psychiatrisch orientierten Autoren berichten Verfolgungsvorstellungen für drei der Inhaftierten und interpretieren sie als Ausdruck von Projektion.

Anhaltspunkte über das Vorliegen von Projektion bei Verwendung einschlägiger Testverfahren liegen nicht vor.

5.7. Zusammenfassung und Diskussion

Abwehr in ihren verschiedenen Erscheinungsformen erscheint neben Angst als die aufgrund ihrer Häufigkeit bedeutendste Reaktionsweise auf Begegnung mit Tod und Sterben. Dies ist nicht überraschend, stehen Angst und Abwehr doch in ursächlicher Beziehung zueinander. Aus dem Spektrum von Abwehrmaßnahmen treten *Verdrängung, Negation, Rationalisierung* und *Projektion* in Erscheinung. Dabei erweist sich Negation als der – insbesondere im Spiegel empirischer Untersuchungen – häufigste Abwehrvorgang. Zwei Erklärungsmöglichkeiten bieten sich an: 1. Negation ist der am häufigsten auftretende Abwehrmechanismus bei Konfrontation mit Tod und Sterben; 2. empirische Untersuchungen sind – bedingt durch die Popularität dieser Verteidigungsmaßnahme – mehrheitlich auf Erfassung von Negation angelegt, so daß andere, eventuell vorhandene Abwehrvorgänge nicht registriert werden.

Unter dieser Rücksicht würde sich der von der Häufigkeit ihres Auftretens abgeleitete besondere Stellenwert von Negation darstellen als ein durch einseitige Wahl der Meßinstrumente evoziertes Artefakt.

Obwohl *Verneinung* derjenige Abwehrmechanismus ist, über den im Zusammenhang mit Tod und Sterben die differenziertesten Aussagen gemacht werden können, ist auf Einschränkungen, die durch einseitige Stichprobenauswahl bedingt sind, hinzuweisen. Ergebnisse zum Zusammenhang zwischen Negation und anderen Merkmalen beziehen sich überwiegend auf Personen in höherem und hohem Alter. Zur Verbreiterung des empirischen Kenntnisstandes scheint Berücksichtigung jüngerer Stichproben dringend geboten. Indem die Diskussion um das Für und Wider einer *Verdrängungshypothese* sich einmal auf das einzelne Individuum und einmal auf Gruppenprozesse bezieht, bewegt sie sich auf unterschiedlichen, nicht vergleichbaren Ebenen (vgl. FUCHS, 1973). In zahlreichen – meist soziologisch orientierten – Publikationen wird von der Tatsache der Tabuierung todbezogener Themen auf das Vorliegen von Verdrängung geschlossen. Das Gebot, öffentlich nicht über Tod und Sterben zu sprechen, gilt vielen Autoren als Indikator für Verdrängung. Nun bedeutet das Gruppenphänomen »Tabu« zwar, daß ein bestimmter Sachverhalt aus der Kommunikation zwischen Gruppenmitgliedern ausgeklammert wird, es schließt jedoch nicht aus, daß der einzelne häufig an den tabuierten Inhalt (z. B. Sexualität) denkt. Hier zeichnen sich zwei verschiedenartige Auffassungen von Verdrängung ab – einmal als gesellschaftliches oder Gruppenphänomen, eine Art *»Kollektivverdrängung«*, zum anderen als ausschließlich auf das Individuum beschränktes Phänomen, eine Art *»Individualverdrängung«*.

Das hier mit »Kollektivverdrängung« bezeichnete Phänomen wird von SCHÜTZE (1976) grundsätzlich in Frage gestellt. Er sieht die Ursache für die »gesellschaftliche Verschwörung, den Tod möglichst nicht zur Kenntnis zu nehmen« (S. 4) weniger in der Angst vor Tod und Sterben als vielmehr im Fehlen einer kollektiven Überzeugung hinsichtlich Tod und Sterben. Da das Individuum nicht auf allgemein akzeptierte Einstellungen positiver Art, wie sie z. B. in Konventionen und Sitten zum Ausdruck kommen, zurückgreifen kann, wird die Todesthematik zu seiner Privatsache.

Dies war nicht immer so. Im Mittelalter gab es eine Art Koexistenz von Lebenden, Sterbenden und Toten (vgl. ARIES, 1967; ARIES, 1975, S. 17 ff.). Sterbe- und Trauerbräuche wurden ohne Dramatik und exzessive Gefühlsregungen akzeptiert und befolgt. Anders als heute, wo die meisten Menschen relativ isoliert im Krankenhaus sterben, wurde der Tod im Kreis der Großfamilie erwartet. Das Sterben war in diesem Rahmen ein öffentliches Zeremoniell, dessen Ablauf vom Sterbenden selbst wesentlich mitbestimmt werden konnte. Die Toten wurden auf dem Kirchhof beigesetzt, einem Ort, der bis ins 17. Jahrhundert hinein durch die Abwicklung von Handel und Vergnügungen das Zentrum des städtischen Lebens war.

Auf der Grundlage eines allgemeinen Brauchtums wurden so die Menschen jener Zeit schon früh und in ihrem späteren Leben immer wieder mit Tod und Sterben konfrontiert. Der Gedanke an ihren eigenen Tod bedeutete für sie kein Schrecknis, sondern war ihnen vertraut. Von nicht geringer Bedeutung für eine solche von Angst und Abwehr freie Haltung gegenüber Tod und Sterben war die Religion. Das durch den Glauben an die Aussagen des Christentums nachhaltig geprägte Weltbild des mittelalterlichen Menschen war durch keinerlei Zweifel in Frage gestellt und konnte daher eine stabile Orientierungshilfe für Gruppen und ihre Mitglieder bieten. Mit der Hinwendung zum naturwissenschaftlichen Denken gerieten zahlreiche Glaubensinhalte ins Wanken, besonders mit dem Schwinden des Jenseitsglaubens gewann die zu Lebzeiten eines Menschen verfügbare Zeit an Bedeutung; Arbeit, Unterhaltung und Vergnügung traten in den Vordergrund (vgl. TOYNBEE, 1968 b). Wie diese Entwicklung auch in der modernen Literatur zum Ausdruck kommt, zeigt HOFFMAN (1965) auf.

In der Folgezeit entstand für den einzelnen die unausgesprochene moralische und soziale Verpflichtung, einen Beitrag zum kollektiven Glück zu leisten, mit der die Erwähnung unangenehmer oder gar bedrohlicher Sachverhalte wie Tod und Sterben unvereinbar war.

Eindeutige Verwendung präzise umschriebener und abgegrenzter Begriffe gilt als Forderung an wissenschaftliche Arbeiten. Im Umgang mit dem Begriff der Verdrängung ist vielfach Nachlässigkeit zu erkennen. So findet sich in dem Buch von FUCHS (1973), das die Widerlegung der Verdrängungshypothese im Zusammenhang mit Tod und Sterben zum Ziel hat, keine Definition von Verdrängung. MEYER (1974) weist mit Recht darauf hin, »daß die Bezeichnung [Verdrängung] viel zu pauschal zur Anwendung gelangt und nur sinnvoll ist, wenn man sich im einzelnen klar wird, was damit gemeint ist und auf welche individuellen und gesellschaftlichen Phänomene der Ausdruck zutrifft« (S. 51).

Unklarheiten und Mißverständnisse kommen insbesondere durch nicht hinreichend klare Unterscheidung von *»Verdrängung«* und *»Unterdrückung«* (vgl. S. 126 der vorliegenden Arbeit) zustande. So bezieht sich das Ergebnis SHNEIDMANS (1971), daß 39 % der an der Fragebogenerhebung beteiligten Leser von »Psychology Today« Gedanken an den Tod zurückstellen (»postpone«), auf Unterdrückung, nicht aber auf Verdrängung. Obwohl BROMBERG & SCHILDER (1933) von »suppressing« (S. 145) sprechen, ist aus dem Kontext ihrer Ausführungen zu entnehmen, daß nicht Unterdrückung, sondern Verdrängung gemeint ist.

Projektion als abwehrende Reaktion auf Tod und Sterben scheint eindeutig unterrepräsentiert. Als Ursachen können zum einen weitverbreitete Vorbehalte gegenüber thematischen Testverfahren und zum anderen Zurückhaltung angesichts relativ aufwendiger Versuchsanordnungen vermutet werden.

Abschließend sei eine wenig diskutierte Frage von grundsätzlicher Bedeutung angesprochen. SCHILLER (1971) diskutiert, ob Abwehrreaktionen angesichts von Tod und Sterben »ein Phänomen personaler Gesundheit oder Krankheit« (S. 105) seien. Tatsächlich kann man Abwehr der Sterbe- und Todesthematik sowohl als eine gesundes Funktionieren fördernde psychische Regulation als auch als Symptom neurotischer Fehlhaltung auffassen. Praktische Bedeutung kann diese Frage im Rahmen der Diskussion um geeignete Formen der Betreuung Schwerkranker und Sterbender erlangen.

Ein Ansatzpunkt für zukünftige Forschung ist in der Untersuchung von Beinahe – Todes – Situationen zu sehen. Personen, die als Teilnehmer am Straßenverkehr, als Flug- oder Schiffspassagiere, als fliegendes Personal und nicht zuletzt als Kriegsteilnehmer in unmittelbarer Todesgefahr standen, können wertvolle Aussagen über ihr Erleben und Verhalten in Momenten höchster Todesbedrohung machen. Berichte dieser Art sind wegen des Ernstcharakters der Situation und der Unmittelbarkeit des Erlebens Laboratoriumsexperimenten, die stets auf die Simulation entsprechender Situationen angewiesen sind, überlegen. Ein Schritt in diese Richtung ist in dem Buch von Grinker & Spiegel (1945) zu sehen, das zahlreiche Fallbeschreibungen des im Zweiten Weltkrieg eingesetzten fliegenden Personals der amerikanischen Luftwaffe enthält.

6. Gleichgültigkeit gegenüber Tod und Sterben

6.1. Vorbemerkungen

In den wenigen Beiträgen, die auf Gleichgültigkeit (»indifference«) gegenüber Tod und Sterben Bezug nehmen, scheint diese Reaktionsweise auf als *passives Akzeptieren, als Fehlen jeglicher Äußerung zu Tod und Sterben.* Auf der Ebene bewußten Verhaltens – operational zugänglich durch Ergebnisse von Gespräch und Fragebogen – besteht sie in der Abwesenheit negativer wie positiver Stellungnahme; die Äußerungen einer Versuchsperson lassen sich hinsichtlich Bevorzugung oder Ablehnung einem neutralen Mittelbereich zuordnen. Auf bewußt nicht steuerbarer Ebene – repräsentiert vornehmlich durch physiologische Meßwerte (Hautwiderstand, Pulsfrequenz, Blutdruck etc.) – ist Gleichgültigkeit durch das Fehlen jedweder Veränderung, verglichen mit einer neutralen Kontrollsituation, gekennzeichnet.

6.2. Theoretische und empirische Beiträge zur Gleichgültigkeit gegenüber Tod und Sterben

Wolff (1966) konstatiert eine mit Gleichgültigkeit umschreibbare Reaktionsweise auf die Aussicht des eigenen Todes bei jenem Teil geriatrischer Patienten, den er als »passiv-abhängige Persönlichkeiten« (S. 190) bezeichnet. Anhand von Interview und Lebenslaufanalyse ergab sich, daß die Versuchspersonen sich nicht gedanklich mit Tod beschäftigten im Sinne von Beunruhigung, daß sie den nahenden Tod vielmehr als unvermeidbar und als Erlösung von unangenehmen Erfahrungen betrachteten. Ähnliches gilt für die hochbetagten Versuchspersonen von Roberts et al. (1970). Die Mehrzahl reagierte auf das Reizwort »Tod« weder positiv noch negativ, sondern mit dem Hinweis auf die Unausweichlichkeit des Todes.

Im Rahmen phänomenologischer Betrachtungen bejahen Becker & Bruner (1931) echte Gleichgültigkeit gegenüber dem eigenen Tod für Alte und Sterbende. Gleichzeitig weisen sie aber darauf hin, daß Gleichgültigkeit auch ihre Ursache haben kann im Ignorieren der Bedeutung des Todes, wie dies bei Kindern häufig der Fall ist. In diesem Verständnis stellt Gleichgültigkeit beim Erwachsenen sich dar als Flucht vor der Realität des Todes, der das Individuum nicht gewachsen ist. »Solche Gleichgültigkeit kann sehr wohl eine Täuschung darstellen, eine euphemistische Realitätsflucht als Folge einer Angstneurose und somit gerade das Gegenteil von Gleichgültigkeit« (S. 829).

Vorherrschen von Gleichgültigkeit gegenüber Dingen, die mit Tod und Sterben in Zusammenhang stehen, berichten ALEXANDER & ADLERSTEIN (1965) vom nichtreligiösen Teil ihrer studentischen Stichprobe. Dieser mittels Interview und Fragebogen gewonnene Befund steht im Gegensatz zu deutlichen affektiven Reaktionen, die bei denselben Versuchspersonen anhand von GSR-Messungen beobachtet wurden. Die Autoren interpretieren die bewußt geäußerte Gleichgültigkeit ihrer Versuchspersonen als Ausdruck von Abwehr, die durch die ursprünglich (und auf bewußt nicht steuerbarer Verhaltensebene auch weiterhin) angsterzeugende Wirkung von Tod notwendig wird.

6.3. Zusammenfassung und Diskussion

In den beiden zuletzt genannten Arbeiten wird – wenn auch mit unterschiedlicher Akzentuierung – Gleichgültigkeit gegenüber Tod und Sterben in den größeren Zusammenhang der Abwehr gestellt. Gleichgültigkeit als eigenständiges, unverfälschtes Phänomen, wie bisher einzig von BECKER & BRUNER (1931) angesprochen, ist vorläufig anzuzweifeln zugunsten der Auffassung von Gleichgültigkeit als einer Sonderform von Abwehr gegenüber Tod und Sterben. Für eine Klärung des Problems sind die verwendeten Meßinstrumente von zentraler Bedeutung: Es gilt, sowohl bewußte als auch bewußt nicht steuerbare Verhaltensbereiche durch die Wahl geeigneter Meßmethoden aufzuschließen. Mehrdimensionales Vorgehen ist die methodische Forderung an zukünftige Forschung in diesem Bereich.

7. Akzeptieren als Reaktion auf die Konfrontation mit Tod und Sterben

7.1. Vorbemerkungen

Angst und Gleichgültigkeit (Abwehr kann als Folgeerscheinung von Angst in diesem Zusammenhang außer acht gelassen werden) deuten ein zunächst unvollständiges Spektrum möglicher Reaktionen auf Tod und Sterben an. Beide Reaktionsweisen können auf einem Kontinuum gedacht werden, dessen einer Pol durch Angst markiert wird, an dessen anderem Pol, von Angst ausgehend und über Gleichgültigkeit fortschreitend, Akzeptieren bzw. bejahendes Hinnehmen einzusetzen ist (vgl. BROMLEY, 1974, S. 276).

Akzeptieren des Todes ist in Abgrenzung gegen Gleichgültigkeit zu verstehen als aktiver Vorgang, der entweder in rational determiniertem, meist *pessimistisch-depressivem Bejahen* oder in *positiv erlebtem Herbeisehnen* bestehen kann, stets aber Zustimmung ohne Beteiligung von Ignorieren oder Negieren bedeutet. Die erstgenannte Komponente wird durch den Begriff der »ontological inversion« (MARCUSE, 1965, S. 66) erläutert, der besagt, daß Tod nicht nur als Faktum, sondern auch als Notwendigkeit erkannt und angenommen wird; ferner durch depressives Akzeptieren, wie z. B. von MUSLIN, LEVINE & LEVINE (1974) berichtet, sowie durch das von Emotionen und Affekten weitgehend freie Akzeptieren in der letzten der fünf Phasen von KÜBLER-ROSS (1973, 1974, 1975 b).

Die zweite Komponente von Akzeptieren ist gekennzeichnet durch das Vorherrschen lustbetonter, als angenehm erlebter emotionaler Befindlichkeiten. Im Sinne dieser Differenzierung unterscheidet MUNNICHS (1966) zwischen positiv akzentuiertem Akzeptieren (»acceptance«) und resignierender Zustimmung (»acquiescence«), SHNEIDMAN (1966) zwischen »Psyde-welcomer« und »Psyde-acceptor«. Ersterer begrüßt das nahende Ende seines Lebens, während letzterer seinen bevorstehenden Tod resignierend hinnimmt.

7.2. Unspezifische Befunde zum Akzeptieren des Todes

Aufgrund von Erfahrungen im Umgang mit Sterbenden äussert WEISMAN (1975) die Auffassung: »Am Ende scheinen alle Sterbenden den Tod zu akzeptieren, er bedeutet Erlösung, Ruhe, ewiges Schweigen ...« (S. 79). Für einen vergleichbaren Personenkreis nennen GLASER & STRAUSS (1974) einzelne, zum Teil sehr verschiedenartige Verhaltensweisen, die sie als Ausdruck aktiver Vorbereitung auf den Tod und damit als Annehmen interpretieren, u. a.: Philosophieren über Sterben, Tod und das verflossene Leben; Stellen der Schicksalsfrage; Bereinigung sozialer und finanzieller Anliegen; Versuch, das Leben auszukosten.

MUNNICHS (1966) fand mittels Interview und Verhaltensbeobachtung Akzeptieren der Endlichkeit des Lebens bei 40 % seiner für eine niederländische Großstadt repräsentativen Stichprobe. Dem entspricht der Prozentsatz von 42, den SHNEIDMAN (1971) für eine Stichprobe der Leserschaft von »Psychology Today« mitteilt; ähnlich auch KASTENBAUM (1965 b): »Der Tod wird manchmal begrüßt oder gesucht und manchmal als natürlicher Abschluß einer vollendeten, erfüllten Existenz betrachtet« (S. 540).

In der Analytischen Psychologie JUNG's vermögen Erkennen und Akzeptieren des eigenen Todes als Teil eines übergeordneten biologischen Prozesses Wesentliches zur Selbstwerdung und damit zur Reifung (Individuationsprozeß) des älteren Menschen beizutragen (JACOBI, 1959, S. 255 ff.; JUNG, 1931, 1939). Auch die vorwiegend akademisch gebildeten Versuchspersonen von DANBLON & GODIN (1971) betrachteten den Tod ausnahmslos als ein Ereignis, das akzeptiert und in das eigene Leben integriert werden müsse. Antizipation des eigenen Todes als Wiedervereinigung und Erfüllung betrachten KASTENBAUM & AISENBERG (1972) als (hypothetisches) Bestimmungsstück einer akzeptierenden Einstellung zum Tod. Ins Extreme gesteigert kann Akzeptieren der eigenen Endlichkeit in Vorfreude (»joy or gladness«, BECKER & BRUNER, 1931, S. 828) einmünden.

Neben einer aus spezifischen Komponenten einer persönlichen

Weltanschauung resultierenden positiven Einstellung zu Tod und Sterben kann Zustimmung zur eigenen Endlichkeit auch auf dem Boden unerfreulicher Lebensumstände in Vergangenheit oder Gegenwart entstehen. In diesem Sinne kann der Tod – auch ohne (religiösen) Jenseitsglauben – als Ende eines als beschwerlich und qualvoll empfundenen Lebens begrüßt werden. »Es sind jene, die unzufrieden mit sich selbst sind, unbefriedigt von der Routine ihres Lebens und häufig verbraucht durch ihre eigenen emotionalen Konflikte, die an den Frieden denken, den der Tod bringen kann« (HINTON, 1967, S. 46; ebenso ORLANS, 1957).

An dieser Stelle ist die Frage der Suiziddisposition anzusetzen. Auf sie ebenso wie auf Märtyrertum als weitere Ursache für akzeptierendes Hinnehmen des Todes sei ohne weitere Erläuterungen hingewiesen.

7.3. Akzeptieren von Tod und Sterben in Abhängigkeit von soziographischen und Hintergrundvariablen

7.3.1. Akzeptieren von Tod und Sterben in Abhängigkeit vom Lebensalter

In spekulativ anmutenden Betrachtungen über Alter und Todesfurcht befaßt sich KOTSOVSKY (1951) unter anderem mit der Möglichkeit, den Tod im hohen Alter herbeizuwünschen. Er bestreitet – von wenigen Ausnahmen abgesehen – das Vorherrschen einer solchen Einstellungsvariante im hohen Alter. Immerhin erbrachte der Vergleich von 16- bis 21jährigen mit 55- bis 65jährigen hinsichtlich ihrer Deutungen auf TAT-ähnliches Bildmaterial keine signifikanten Differenzen bezüglich Akzeptieren des Todes (COREY, 1961), und von durchschnittlich 78jährigen Pflegeheim-Insassen sahen lediglich 24,5 % dem Tod freudig-akzeptierend entgegen (ROBERTS et al., 1970).

Die Mehrzahl der einschlägigen Publikationen vermittelt hingegen den Eindruck, daß eine *positive Haltung gegenüber Tod und Sterben im Sinne von Akzeptieren durch höheres und hohes Alter begünstigt wird.* KASTENBAUM (1967) verschaffte sich durch detaillierte Fallbeschreibungen kürzlich Verstorbener, die sich aus den Stellungnahmen der Mitglieder eines interdisziplinären Teams zusammensetzten (»psychological outopsy«), einen Überblick über die psychischen Reaktionen Sterbender. Bei den – bezogen auf ihren Todeszeitpunkt – durchschnittlich 82,2 Jahre alten Patienten waren akzeptierende Äußerungen häufiger als negative oder abwehrende. »Im Rahmen der vorliegenden Daten scheint es, daß relativ wenige sterbende geriatrische Patienten direkt negative Aussagen über ihren eigenen Tod machen, verglichen mit jenen, die eine Einstellung des Akzeptierens zum Ausdruck bringen« (S. 99).

Obwohl dieser Zusammenhang von KASTENBAUM & AISENBERG (1972) bestätigt wird, sind Einschränkungen mit Blick auf die Methode der »Psychologischen Autopsie« zu bedenken. Auf Erinnerungen beruhende Äußerungen verschiedener Personen, die mit den Verstorbenen Kontakt hatten, können sowohl hinsichtlich ihrer Vollständigkeit bzw. ihres Detailreichtums als auch hinsichtlich der Akzentuierung einzelner Verhaltensweisen oder Aussagebereiche durch vielfältige Störmomente beeinflußt sein. Zu denken wäre etwa an das persönliche Verhältnis zwischen Berichterstatter und Verstorbenem, aber auch an die Art und Weise, wie der Berichterstatter selbst auf eine Konfrontation mit Tod und Sterben reagiert. Von daher ist der obige Befund als vorläufig einzuschätzen.

Anhand inhaltsanalytischer Auswertung freier und strukturierter Explorationen bei Betagten (N = 100; Alter: 70 bis 85 Jahre) ermittelte MUNNICHS (1966, 1968) Beziehungen zwischen an- bzw. hinnehmender Haltung gegenüber Tod und verschiedenen soziographischen Variablen. Akzeptieren der eigenen Endlichkeit wurde mit zunehmendem Alter häufiger, wurde bei Männern öfter beobachtet als bei Frauen. »Gegenwärtig besteht die Schlußfolgerung aus der einschlägigen Forschung in den Vereinigten Staaten wie auch in Europa darin, daß geistig gesunde Menschen überwiegend zum Akzeptieren des Endes neigen, was nicht immer auch Akzeptieren des Sterbens bedeutet« (MUNNICHS, 1969, S. 277).

Der Tenor der vorliegenden Ergebnisse wird bekräftigt durch einen weiteren, allerdings nur mittelbar einschlägigen

Befund. Der Vergleich des Todeskonzepts alter Menschen mit demjenigen von Studenten mit Hilfe des semantischen Differentials ergab, daß alte Menschen weniger negative Vorstellungen vom Tod hatten als junge (KOGAN & WALLACH, 1961).

7.3.2. Akzeptieren von Tod in Abhängigkeit von Lebenszufriedenheit

Es scheint naheliegend, das Phänomen des Akzeptierens der eigenen Endlichkeit auf Zusammenhänge mit Hintergrundvariablen zu untersuchen, wie dies für die Angst vor dem Tod bereits geschehen ist. Dennoch wurde Beziehungen dieser Art bisher so gut wie keine Aufmerksamkeit geschenkt. Ein vereinzelter Ansatz in dieser Richtung stammt von MUNNICHS (1966, 1968). In die bereits skizzierte Untersuchung wurden auch Hintergrundvariable, wie Anregungen und Abwechslungsreichtum im Alltag, Einbettung in ein intaktes soziales Beziehungsgefüge, Sorge um die tägliche Existenz sowie Zufriedenheit mit dem Leben, einbezogen. Eine die Endlichkeit des eigenen Daseins bejahende Haltung ging einher mit abwechslungsreichem täglichem Leben, Einbezogensein in ein günstiges soziales Beziehungsgefüge (z. B. Familie), wenig wirtschaftliche Sorgen sowie ausgeprägter Zufriedenheit mit dem Leben.

Es scheint berechtigt, die hier angesprochenen Hintergrundvariablen (Abwechslungsreichtum im Alltag, Vorhandensein positiver Sozialkontakte, Fehlen materieller Sorgen) unter *»Zufriedenheit mit dem Leben«* zu subsumieren. Als weiteres Bestimmungsstück dieser äußerst bedeutsamen Hintergrundvariablen ist besonders mit Blick auf alte Menschen die Möglichkeit zu persönlichem Engagement zu sehen. »Aus den Resultaten kann geschlossen werden, daß Akzeptieren der Endlichkeit und Vertrautheit mit der Endlichkeit mit größter Wahrscheinlichkeit einhergehen mit einem *neuerlichen Engagement aus der Distanz,* das eine erneute Bedeutungsverleihung im Alter gestattet« (MUNNICHS, 1966, S. 125; vgl. auch MUNNICHS, 1973).

Zur inhaltlichen Ausgestaltung von »Lebenszufriedenheit«

trägt Toynbee (1968 c) durch Einführung des Begriffs »Zeit-Bonus« bei. Aufgrund eigener Erfahrungen des betagten Autors begünstigt die Beobachtung, ein hohes Alter erreicht und viele Menschen des eigenen Geburtsjahrgangs überlebt zu haben, mithin den eigenen zeitlichen Rahmen ausgeschöpft zu haben, rückblickend Zufriedenheit mit dem Leben und vorausschauend Einverständnis mit dem Tod.

7.3.3. Tod als Liebhaber – der »Harlekin-Komplex«

Innerhalb akzeptierender und herbeisehnender Einstellungskomponenten nimmt ein *erotisches Verhältnis zum Tod* eine Sonderstellung ein. McClelland (1966) beobachtete bei Frauen eine ambivalente Haltung gegenüber Tod im Sinne eines Annäherungs-Vermeidungs-Konfliktes. Nähere Untersuchung konzentrierte sich auf die Annäherungskomponente. 40 männliche und 38 weibliche Studenten brachten Metaphern in eine Rangreihe hinsichtlich ihrer Angemessenheit als Beschreibungskategorien von Tod. Signifikant mehr weibliche (66 %) als männliche Versuchspersonen (40 %) ordneten die todbezogene Metapher des »heiteren Verführers« der oberen Hälfte der Verteilung zu. McClelland (1966) schließt daraus, daß »sogar auf bewußter Ebene Frauen die Möglichkeit des Todes als Liebhaber leichter erkennen können als Männer« (S. 110).

Damit übereinstimmend fanden Paris & Goodstein (1966), daß ein todbezogener Text von Frauen signifikant stärker als sexuell erregend beurteilt wurde als von Männern. Eine Wiederholung der Untersuchung von McClelland (1966) brachte jedoch keine Bestätigung seiner Resultate (Papageorgis, 1966).

Der vergleichsweise weniger bewußte Bedeutungsgehalt von Tod wurde durch die Analyse von Phantasieproduktionen ermittelt (Greenberger, 1965). Unheilbare Karzinom-Patientinnen erzählten Geschichten zu den TAT-Tafeln 1, 2, 3 BM, 18 GF, 6 BM, 12 M, 3 GF, 13 MF, 10, 8 BM, 12 F, 16, 15 (die Reihenfolge entspricht derjenigen der Tafelvorgabe). Eine zweite Stichprobe herzkranker Frauen erhielt die TAT-Tafeln 1, 3 BM, 18 GF, 3 GF, 16, 15 sowie sieben neu entworfene

Bilder. Die Geschichten wurden auf das Vorhandensein folgender Themen hin in fünf Kategorien ausgewertet: 1. Nicht-Wahrhaben-Wollen des Todes; 2. Tod als Strafe für a) Aggression oder b) Inzestwünsche; 3. Tod als Trennung von der Mutter; 4. Tod als Wiedervereinigung mit der Mutter; 5. Tod als Liebhaber.

Verglichen mit einer Kontrollgruppe zeigten sowohl Herz- als auch Krebspatientinnen mehr Phantasieinhalte verbotener Sexualität. Vornehmlich alleinstehende Frauen äußerten in ihren TAT-Geschichten signifikant häufiger Themen unerlaubter Sexualität als Frauen mit Partner und jene der Kontrollgruppe.

Eine Ergänzung dieser Befunde bietet die Einzelfallstudie von GREENBERGER (1966). Es handelt sich um eine 59jährige ledige Weiße mit gehobener Schulbildung, die an Unterleibskrebs litt und 11 Monate nach der Testdurchführung starb. Der Patientin war ihre Prognose zum Zeitpunkt der Untersuchung bekannt.

Die Analyse von 12 TAT-Geschichten hinsichtlich Liebestod-Themen läßt einen Zusammenhang zwischen dieser Thematik und einer von Enttäuschung bestimmten Vaterbeziehung erkennen. GREENBERGER (1966) interpretiert sie folgendermaßen: Angeregt durch die Konfrontation mit dem eigenen Tod entwickelte die Patientin Phantasien, in denen die Personifizierung des Todes die Verwirklichung inzestuöser Wünsche verkörperte.

Was die Konsequenzen dieser Resultate betrifft, weist GREENBERGER (1965, 1966) zunächst auf die angstreduzierende Wirkung eines erotisch gefärbten Verhältnisses zum Tod hin. Es scheint denkbar, daß (besonders alleinstehende) Frauen ihrem eigenen Tod gegenüber eine positive, begrüßende Haltung einnehmen. Dies entspricht den bisher vorliegenden empirischen Ergebnissen. Dennoch ist aber auch die Möglichkeit einer verstärkt angstvollen Einstellungsvariante zu bedenken, wenn nämlich eine grundsätzlich ablehnende Haltung zur Sexualität vorliegt. Hier kann ebenso ein »Zwei-Seiten-Effekt« aufgewiesen werden, wie das für den Zusammenhang von

Angst vor dem Tod und Religiosität bereits geschehen ist (vgl. S. 118 der vorliegenden Arbeit).

Es muß betont werden, daß die referierten Untersuchungen zum »Harlekin-Komplex« nachhaltig von psychoanalytischen Konzepten beeinflußt sind. Wenngleich McClelland (1966) mannigfache Belege für die Existenz des Harlekin-Komplexes in Vergangenheit und Gegenwart anbietet (vgl. auch Aries, 1975), scheinen weitere empirische Bemühungen, die weniger einseitig psychoanalytisch orientiert sind, unerläßlich, bevor das Konzept einer erotischen Beziehung zum Tod bei Frauen an Vorläufigkeit verliert.

7.4. Zusammenfassung und Diskussion

Der gegenwärtige Kenntnisstand über Akzeptieren von Tod und Sterben ist gering. Die Mehrzahl der einschlägigen Untersuchungen macht entweder unspezifische Aussagen oder behandelt die zwar ökonomisch zu handhabende, aber wenig aussagekräftige Altersvariable. Von auch nur ansatzweise systematischer Erforschung dieses thanatopsychologischen Teilbereichs kann daher keine Rede sein.

Verwunderlich scheint insbesondere, daß bisher kaum versucht wurde, zuverlässige *Meßinstrumente zur Erfassung des Akzeptierens der Endlichkeit* zu entwickeln, wie dies für die Angst vor dem Tod in verhältnismäßig großem Umfang geschehen ist. Abgesehen von praktischen Auswirkungen (z. B. auf Methoden psychologischer Sterbehilfe, vgl. Feifel, 1965 b, S. 125) ist von solchen Versuchen eine intensivere Aufhellung des positiven Sektors eines auf Tod und Sterben bezogenen Einstellungsspektrums zu erhoffen.

Ein erster Ansatz, Akzeptieren des Todes mit einer Fragebogenskala zu bestimmen, stammt von Ray & Najman (1974). Für die sieben Items umfassende Skala wird zufriedenstellende Homogenität und Reliabilität berichtet, bezogen auf eine studentische Stichprobe. Zum Einfluß von Religiosität zeigte sich, daß Nicht-Gläubige Tod signifikant mehr akzeptierten als Gläubige. Besonderes Interesse kann der Zusammenhang zwischen der Angst vor dem Tod und dem Akzeptieren des Todes beanspruchen. Die »Death Acceptance Scale« korrelierte mit zwei Fragebogen-Skalen zur Messung der Angst vor dem Tod -.263 (Death Anxiety Scale; Templer, 1970) bzw. -.242 (Fear of Death Scale; Sarnoff & Corwin, 1959). Die Autoren folgern daraus, daß ein Mensch den Tod akzeptieren und gleichzeitig Angst davor haben kann. »Menschen, die den Tod akzeptieren, können dennoch Angst vor ihm empfinden. Sie scheinen einfach Menschen zu sein, die eine realistische Betrachtungsweise des Todes erlangen können und sogar positive Aspekte daran zu sehen vermögen« (Ray & Najman, 1974, S. 314).

Auf die Möglichkeit der Koexistenz gegensätzlicher Reaktionsformen bei der Begegnung mit Tod haben bereits Feifel & Heller (1962) und Feifel (1965 c) hingewiesen. Ein Gleichgewichtszustand von Akzeptieren und Ablehnen beispielsweise könne das Anpassungsvermögen von Schwerkranken erhöhen.

Forschungsbemühungen dieser Art stehen freilich methodische Schwierigkeiten entgegen. Aussagen über Akzeptieren von Tod und Sterben, die durch Gespräch oder Fragebogen erhoben werden, unterliegen dem Einfluß von Abwehrmechanismen – in welchem Ausmaß ist im konkreten Einzelfall kaum zuverlässig einzuschätzen.

Selbst bei Einbeziehung physiologischer Messungen kann eine Entscheidung darüber, ob eine Reaktion als positiv oder negativ aufzufassen ist, zum einen wegen der Mehrdeutigkeit psychophysiologischer Symptome, zum anderen wegen individual-, stimulus- und motivations-spezifischer Reaktionsmuster (vgl. Fahrenberg, 1969) nicht mit hinreichender Sicherheit getroffen werden. Auch die Möglichkeiten, mit projektiven – insbesondere thematischen – Verfahren tragfähigere Anhaltspunkte über Akzeptieren von Tod und Sterben zu gewinnen, sind ungewiß.

Diese *methodischen Schwierigkeiten,* denen sich die empirische Psychologie bei der Aufklärung von Merkmalszusammenhängen hinsichtlich Akzeptieren von Tod und Sterben gegenübersieht, können als wesentliche Ursache für Passivität in diesem Bereich angesehen werden. Selbst aufwendige Untersuchungskonzepte versprechen nur wenig Aussicht auf tragfähige Ergebnisse.

Ein *Zustand der Theorielosigkeit* wirkt zusätzlich behindernd. Das Fehlen eines theoretischen Bezugrahmens, wie er etwa für Angst in verschiedenen Ansätzen vorliegt, kann als Hemmschuh für die wissenschaftlich-psychologische Beschäftigung mit einer positiv-zustimmenden Einstellung zu Tod und Sterben gelten.

Ein vielversprechender, bisher nicht berücksichtigter Zugang zur Bejahung des Todes könnte durch das Studium von Biographien gewonnen werden. Diese Methode könnte sich besonders bei solchen Personen als ergiebig erweisen, die sich durch Beruf und Vorbildung stärker als andere Menschen mit Fragen der Endlichkeit beschäftigen, wie z. B. ehemalige Mönche und Geistliche. Dabei ist jedoch wegen der Komplexität des Untersuchungsgegenstandes Vorsicht geboten. Es ist zu berücksichtigen, in welcher Weise diese Personen die Leben-Tod-Problematik bewältigt haben, in welchem Alter diese Problematik auftritt und ob bzw. wie sie kompensiert worden ist.

8. Zusammenfassung und Schlußfolgerungen

8.1. Inhaltlicher Aspekt

Anhand vorwiegend empirischer Untersuchungen wurde der Kenntnisstand der Thanatopsychologie in quantitativer und qualitativer Hinsicht dargelegt: Unter *quantitativem Aspekt* wurde die Intensität gedanklicher Beschäftigung mit Tod und Sterben, unter *qualitativer Rücksicht* wurden Angst, Abwehrmechanismen, Gleichgültigkeit und Akzeptieren als Formen der Reaktion auf die Begegnung mit Tod und Sterben behandelt. Auf den Zusammenhang zwischen der Häufigkeit gedanklicher Beschäftigung mit Tod und Sterben und Angst vor dem Tod wurde hingewiesen. Ergänzend wurden psychische Veränderungen in Abhängigkeit von der zeitlichen Distanz zum eigenen Tod referiert.

Die genannten Erlebens- und Verhaltensweisen werden mit jeweils unterschiedlicher Akzentuierung in Beziehung gesetzt zu soziographischen und Hintergrundvariablen sowie zu Persönlichkeitsmerkmalen (Intensität gedanklicher Beschäftigung mit Tod und Sterben; Angst vor Tod und Sterben), zu soziographischen und Hintergrundvariablen (Negation und Akzeptieren als Reaktionen auf die Begegnung mit Tod und Sterben), oder nur zu Persönlichkeitsmerkmalen (psychische Veränderungen in Abhängigkeit von der zeitlichen Distanz zum eigenen Tod).

Eine *Unterscheidung von »Tod« und »Sterben«* wird gerade für empirische Untersuchungen vielfach gefordert, jedoch nur selten realisiert. Die Ungewißheit, ob Tod oder Sterben Gegenstand der Untersuchung war, provoziert Mißverständnisse und als deren Folge unnötige, da nur scheinbare Widersprüche. So sinnvoll aber eine solche Forderung prima facie scheinen mag, sollte sie doch nicht nur um sauberer Begriffsbildung willen vorgenommen werden, sondern dann, wenn dies der jeweiligen Fragestellung entspricht. Die Unterscheidung zwischen »Tod« und »Sterben« setzt voraus, daß es sich um zwei relativ eigenständige Aspekte im Erleben eines Menschen handelt. Ob dies der Fall ist, kann nicht immer mit hinreichender Sicherheit entschieden werden. Wenn aber damit zu rechnen ist, daß »Tod« und »Sterben« sich im Erleben eines Menschen überlagern, bedeutet die Unterscheidung zweier eigenständiger Aspekte im Hinblick auf empirische Untersuchungen die Schaffung von Artefakten.

Ein erheblicher Anteil theoretischer wie empirischer Beiträge im Bereich der Thanatopsychologie ist von *psychoanalytischem Gedankengut* geprägt. Dies kommt zum Ausdruck in der mehr oder weniger ausdrücklichen Anerkennung einer Latenzannahme und in ihrem Gefolge in psychodynamisch orientierten Versuchsplänen und Ergebnis-Interpretationen, die Erleben und Verhalten auf bewußter und auf unbewußter Ebene ansetzen (z. B. ALEXANDER, COLLEY & ADLERSTEIN, 1957; DICKSTEIN & BLATT, 1966; FEIFEL, 1956; 1969; FEIFEL & BRANSCOMB, 1973; FEIFEL & HERMANN, 1973; FEIFEL et al., 1973; GOLDING, ATWOOD & GOODMAN, 1966; LESTER, 1967 a; 1971 c; LIEBERMAN & COPLAN, 1970; MAGNI, 1971; MEISSNER, 1958; MUNNICHS, 1961; MURPHY, 1965; TEMPLER, 1971 b). Der nicht geringe Raum, den Abwehrmechanismen in der Thanatopsychologie einnehmen, belegt dies zusätzlich.

Abgesehen von der Psychoanalyse und einigen sporadischen Hinweisen auf die theoretische Beziehung zwischen der Angst vor Tod und Sterben und der Stressforschung herrscht *Theorielosigkeit* vor. Einzelergebnissen kann kaum ein Ort in einem größeren Bezugsrahmen außerhalb der FREUDschen Lehre zugewiesen werden.

Soziographische Variable und bisweilen auch *Hintergrundvariable* werden vielfach einseitig als einfache biographische Daten gehandhabt, wodurch der Bezug zum Erleben der Versuchspersonen schwach oder gar nicht gegeben ist. Bezüglich des Einflusses von *Persönlichkeitsmerkmalen* zeichnet sich im Teilbereich »Angst vor Tod und Sterben« zwar zunehmende Forschungsaktivität ab, dennoch bleibt aber ein Kenntnisdefizit bestehen, das eine Einschätzung des Stellenwertes von Persönlichkeitsmerkmalen innerhalb einer Psychologie des Todes behindert, wenn nicht gar unmöglich macht. Eine Ursache dafür ist in dem Umstand zu sehen, daß verschiedentlich vergleichsweise abgelegene Persönlichkeitsdimensionen verwendet wurden.

Der Versuch, den Kenntnis- und Forschungsstand der Thanatopsychologie unter inhaltlichem Aspekt zu bilanzieren, führt zu dem Ergebnis, daß die psychologische Forschung im Bereich von Tod und Sterben sich in einem Anfangsstadium befindet, daß durch Informationssammlung charakterisiert ist (vgl. KASTENBAUM, 1969, S. 1).

Aus dem vorstehenden Resümee leiten sich fünf Schlußfolgerungen ab:

1. Eine *Unterscheidung von »Tod« und »Sterben«* sowie weiterer Aspekte (eigener – fremder Tod; eigenes – fremdes Sterben) ist im Sinne klarer Begrifflichkeit grundsätzlich wünschenswert, sollte jedoch nur dann vorgenommen werden, wenn sichergestellt ist, daß die begrifflich voneinander abgehobenen Aspekte in gleicher Weise Eigenständigkeit im Erleben der Versuchspersonen besitzen.
2. In thanatopsychologischen Arbeiten sollte stärker als bisher versucht werden, Ergebnisse in relativ etablierte *theoretische Konzepte auch nicht-psychoanalytischer Provenienz* einzuordnen.
3. *Versuchspläne* sollten die Möglichkeit, daß Personen auf zwei Ebenen (bewußt – unbewußt) reagieren könnten, berücksichtigen.
4. *Hintergrund-* und insbesondere *soziographische Variable* sollten so interpretiert werden, wie es ihrem subjektiven Bedeutungsgehalt im Erleben der Versuchspersonen entspricht.
5. Vermehrte Einbeziehung von *Persönlichkeitsmerkmalen* in Untersuchungen zur Psychologie des Todes ist angezeigt. Dabei sollten im Hinblick auf die Möglichkeiten interpretativer Ein- und Zuordnung der Resultate zunächst vorzugsweise solche Dimensionen berücksichtigt werden, die theoretisch und empirisch als gut gesichert anzusehen sind.

8.2. Methodischer Aspekt

Mit Blick auf die Methodik ist die Art der empirischen Untersuchungen zugrunde liegenden Versuchspläne, die Art und Zahl der verwendeten Meßinstrumente (Tests, Untersuchungsverfahren) und die Vorgehensweise bei der statistischen Verarbeitung der Daten zu beleuchten.

Die weitaus größte Zahl thanatopsychologischer Untersuchungen basiert auf *einfachen Versuchsplänen,* die entweder darauf abzielen, zwei oder mehr (abhängige) Variablen zueinander in Beziehung zu setzen oder Unterschiede in der Ausprägung von zwei oder mehr (abhängigen) Variablen aufzudecken. Von daher werden meist Korrelationskoeffizienten berechnet oder Mittelwertsdifferenzen geprüft. Vielfach werden auch lediglich Häufigkeitsangaben mitgeteilt. Komplexere und damit differenziertere Versuchspläne mit entsprechend aufwendigerer Datenverarbeitung sind hingegen selten und erst in jüngerer Zeit zu finden.

Nur wenige Untersuchungen sind als Experimente in dem Sinn anzusprechen, daß der *Untersucher selbst einen todbezogenen Stimulus erzeugt* hat (z. B. ALEXANDER & ADLERSTEIN, 1961; BOYAR, 1964; SARNOFF & CORWIN, 1959). Die Mehrheit der Autoren untersucht vielmehr Erlebens- und Verhaltensweisen, die außerhalb der Untersuchungssituationen angeregt wurden.

Die auf inhaltliche Aspekte beschränkte Feststellung, daß die thanatopsychologische Forschung sich – verglichen mit anderen Bereichen der Psychologie – in einem Anfangsstadium befindet, kann nach einem Überblick über das methodische Niveau empirischer Untersuchungen auf die Methodik ausgedehnt werden.

Übereinstimmend nennen DICKSTEIN & BLATT (1964), ERLEMEIER (1972) und LESTER (1967 a) Fragebogen, Exploration und Projektive Verfahren als gängige Untersuchungstechniken. Darüber hinaus werden Beurteilungs-Skalen, Wort-Assoziations-Test, semantisches Differential, physiologische Messungen (in der Regel Hautgalvanischer Reflex, HGR) und Reaktionszeit-Bestimmung bei tachistoskopischer Darbietung eines Reizes als Meßinstrumente angeführt.

Die Inspektion von 138 als repräsentativ anzusehenden thanatopsychologischen Arbeiten weist 7 Kasuistiken, 12 Erfahrungsberichte und 119 empirische Untersuchungen im strengen Sinne aus. Eine Übersicht über Art und Häufigkeit der in diesen Untersuchungen verwendeten Meßinstrumente bietet Tabelle 2.

Untersuchungsverfahren	Zahl der Arbeiten, in denen das Verfahren verwendet wurde	
	Absolute Häufigkeit	Anteil in %
Fragebogen	87	50,9
Interview	25	14,6
Thematisches Apperzeptionsverfahren	17	9,9
Beurteilungs-Skala	15	8,8
Wort-Assoziations-Test	8	4,7
Semantisches Differential	6	3,5
Satz-Ergänzungs-Test	6	3,5
Physiologische Messungen (HGR)	5	2,9
Reaktionszeit-Messung bei tachistoskopischer Darbietung eines Reizes	2	1,2
	171	100,0

Tab. 2. Absolute und relative Häufigkeit, mit der Untersuchungsmethoden in empirischen Arbeiten eingesetzt wurden. (Einige Untersuchungen beinhalten mehrere Untersuchungstechniken.)

Faßt man Verfahren, die auf bewußter Ebene ansetzen (Fragebogen, Exploration, Beurteilungs-Skalen, semantisches Differential), zusammen, zeigt sich, daß diese verschiedentlich als »direkte Methoden« bezeichneten Techniken 133 mal eingesetzt wurden. »Indirekte Methoden«, die eine weniger bewußte Erlebens- und Verhaltensebene erfassen (Thematische Apperzeptionsverfahren, Wort-Assoziations-Tests, Satz-Ergänzungstests, physiologische Messungen und Reaktionszeit-Messung bei tachistoskopischer Darbietung von Reizen), wurden hingegen in 38 Fällen verwendet.

In der weitaus größten Zahl der Untersuchungen wurde lediglich eine einzige Art von Untersuchungsverfahren benutzt, meist eine der »direkten Methoden«, in erster Linie Fragebogen. Bedenken gegen dieses Vorgehen richten sich zum einen gegen die Wahl nur einer einzigen Art von Meßinstrumenten (»›one-perspective‹ variety«, KASTENBAUM & AISENBERG, 1972, S. 66). Der Komplexität des thanatopsychologischen Untersuchungsgegenstandes scheint die *Kombination mehrerer Untersuchungsverfahren* eher zu entsprechen (vgl. ERLEMEIER, 1972; ROBERTS et al., 1970). Zum anderen haben Bedenken die Unzulänglichkeiten von Fragebogen im Auge. Neben dem Störmoment der sozialen Erwünschtheit ist grundsätzlich zu bezweifeln, daß die Erfassung ausschließlich verbaler, d. h. bewußt steuerbarer Reaktionen für die Untersuchung thanatopsychologischer Fragestellungen ausreichend ist (vgl. GOLDING et al., 1966; KASTENBAUM & AISENBERG, 1972; MAGNI, 1971).

Die Notwendigkeit, auch Reaktionen auf nonverbaler bzw. bewußt nicht steuerbarer Ebene zu erfassen, nötigt zur Kombination »direkter« und »indirekter« Methoden. Diese Erkenntnis scheint sich bereits in der Forschungspraxis niederzuschlagen: Während 14 der 119 inspizierten empirischen Untersuchungen eine Kombination verschiedener »direkter« Techniken aufweisen, werden in 25 Arbeiten »direkte« Verfahren gemeinsam mit »indirekten« eingesetzt.

Als erfolgversprechende Alternative zu den auf bewußter Ebene ansetzenden Untersuchungsverfahren sind neben physiologischen Messungen in erster Linie sogenannte projektive Verfahren anzusehen (vgl. KALISH, 1963; MARTIN & WRIGHTSMAN, 1965; MUNNICHS, 1961; ROBERTS et al., 1970; in allgemeiner Sicht ARNOLD, 1971, S. 247). Verwendet werden Satzergänzungstests und thematische Apperzeptionstests mit unterschiedlichem Bildmaterial. Formdeuteverfahren wurden bisher nicht berücksichtigt.

Vier Schlußfolgerungen ergeben sich unter methodischem Aspekt:

1. Im Bemühen um differenziertere Ergebnisse ist die *Komplexität der Versuchspläne* thanatopsychologischer Untersuchungen jenem Standard anzugleichen, der in anderen Bereichen der Psychologie üblich ist.
2. Untersuchungen zur Psychologie des Todes sollten stärker als bisher versuchen, experimentell gesetzte, vom *Experimentator erzeugte und kontrollierte Versuchsbedingungen* einzubeziehen.
3. Bei Untersuchungen zur Psychologie des Todes ist stets zu prüfen, ob Erlebens- und Verhaltensweisen nicht nur auf bewußter, sondern auch auf weniger bewußter Ebene zu erwarten sind. Ist dies der Fall, sollte der Versuchsplan von der *Wahl der Meßinstrumente her mehrdimensional* angelegt sein (vgl. die 3. Schlußfolgerung auf Seite 161 der vorliegenden Arbeit).
4. Als Methoden zur Erfassung des bewußten Bereichs stehen Fragebogen, Exploration, Beurteilungs-Skalen und semantisches Differential zur Verfügung. Als Methoden zur Erfassung des weniger bewußten Bereichs bieten sich physiologische Messungen bei tachistoskopischer Darbietung von Reizen und im Hinblick auf die Ökonomie der Versuchsdurchführung vorzugsweise projektive Verfahren an. Bei Verwendung projektiver Techniken sollten – dem Stand der modernen Psychodiagnostik entsprechend – psychometrisch ausgerichtete Verfahren bevorzugt werden.

Literatur

Abram, H. S.: Adaptation to open heart surgery: A psychiatric study of response to the threat of death. Amer. J. Psychiat., 1965, *122*, 659–667

Abrams, Ruth D.: Denial and depression in the terminal cancer patient: A clue for management. Psychiat. Quart., 1971, *45* (3), 394–404

Alexander, I. E. & A. M. Adlerstein: Studien zur Psychologie des Todes. In J. C. Brengelmann & H. P. David (Hg.): Perspektiven der Persönlichkeitsforschung. Bern: Huber, 1961, 55–74

Alexander, I. E. & A. M. Adlerstein: Death and Religion. In H. Feifel (Ed.): The Meaning of Death. New York: McGraw-Hill, 1965, 271–283

Alexander, I. E., R. S. Colley & A. M. Adlerstein: Is death a matter of indifference? J. Psychol., 1957, *43*, 277–283

Alexander, Michelle & D. Lester: Fear of death in parachute jumpers. Percept. mot. Skills, 1972, *34* (1), 338

Allport, G. W.: The individual and his religion, a Psychological interpretation. New York: Macmillan, 1950

American Psychological Association: Programm of the 84th Annual Convention of the APA, September 3 – September 7, 1976. Washington, 1976

Ammon, G.: Zur Psychodynamik des Todes. Med. Welt, 1971, *22* (15), 575–578

Anthony, Sylvia: The Discovery of Death in Childhood and After. London: Allen Lane The Penguin Press, 1971

Ariès, P.: La mort inversée. Le changement des attitudes devant la mort dans les sociétés occidentales. Arch. europ. sociol., 1967, *8*, 169–195

Ariès, P.: Essais sur l'histoire de la mort en Occident du moyen âge à nos jours. Paris: Editions du Seuil, 1975

Arnold, W.: Die Krise der modernen Gesellschaft. In K. Senninger (Hg.): Der Mensch in Staat und Gesellschaft. München: Bayer. Schulbuch-Verlag, 1956, 47–61

Arnold, W.: Die Religionspsychologie auf neuen Wegen: Bericht und Würdigung. Münchner Theol. Z., 1968, *19* (1), 46–49

Arnold, W.: Vorbemerkungen zum Symposion. Archiv f. Religionspsychol., 1971, *10*, 274–275

Arnold, W.: Welche Chancen bietet die Allgemeine Psychologie durch ihre Fortschritte der Religionspsychologie an? Ex orbe religionum, 1972, *22*, 413–422

Arnold, W.: Person, Charakter, Persönlichkeit. München: Olzog-Verlag, 1975[4]

Baird, Carol F.: Death fantasy in male and female college students. Diss. Abstr. Int., 1972, *33* (4-B), 1778

Bally, G.: Einführung in die Psychoanalyse Sigmund Freuds. Hamburg: Rowohlt, 1961

Bally, G.: Todeserwartung, Sterben und Trauer heute. In H. J. Schultz (Hg.): Was weiß man von der Seele? Gütersloh: Gütersloher Verlagshaus, 1972, 96–108

Bascue, L. O.: A study of the relationship of time orientation and time attitudes to death anxiety in elderly people. Diss. Abstr. Int., 1973, *34* (2-B), 866–867

Becker, E.: The Denial of Death. New York: The Free Press, 1973

Becker, H. & D. K. Bruner: Attitudes toward death and the dead and some possible causes of ghost fear. Ment. Hyg., 1931, *15*, 828–837

Berman, A. L.: Smoking behavior: How is it related to locus of control, death anxiety, and belief in alterlife? Omega, 1973, *4* (2), 149–155

Berman, A. L. & J. E. Hays: Relation between death anxiety, belief in afterlife, and locus of control. J. consult. clin. Psychol., 1973, *41* (2), 318

Bibring, E.: The development and problems of the theory of the instincts. In C. L. Stacey & M. F. De Martino (Eds.): Understanding human Motivation. Cleveland: Howard, 1963, 578–603

Birren, J. E., R. N. Butler, S. W. Greenhouse, L. Sokoloff & M. Yarrow (Eds.): Human Aging: A Biological and Behavioral Study. Public Health Service Publication Nr. 986, Washington: U. S. Government Printing Office, 1963

Bitter, W.: Alter und Tod – annehmen oder verdrängen. Stuttgart: Klett, 1974

Blake, R. R.: Attitudes toward death as a function of developmental stages. Diss. Abstr. Int., 1970, *30* (7-B) 3380

Blauner, R.: Death and social structure. Psychiatry, 1966, *29*, 378–394

Blazer, J. A.: The relationship between meaning in life and fear of death. Psychology, 1973, *10* (2), 33–34

Bleistein, R.: Der Tod als Thema. Stimmen der Zeit, 1973, *10*, 710–713

Bluestone, H. & C. L. McGahee: Reaction to extreme stress: Death by execution. Amer. J. Psychiat., 1962, *119* (5), 393–396

Bottenberg, E. H.: Empirische Charakteristika von »Wahrnehmung des Todes«. Jahrb. f. Psychol., Psychoth. u. med. Anthropol., 1968, 1/2, 152–165

Boyar, J. I.: The construction and partial validation of a scale for the measurement of the fear of death. Diss. Abstr., 1964, *25* (3), 2041

Braun, Christa: Selbstmord. München: Goldmann, 1971

Bromberg, W. & P. Schilder: Death and dying. A comparative study of the attitudes and mental reactions toward death and dying. Psychoanal. Rev., 1933, *20*, 133–185

Bromley, D. B.: The Psychology of Human Ageing. Penguin Books, 1974²

Brown, D.: Fear of death and the western-protestant ethic personality identity. Diss. Abstr. Int., 1972, *32* (11-B), 7302–7303

Brun, R.: Allgemeine Neurosenlehre. Basel: Schwabe, 1946²

Bühler, Charlotte & M. Allen: Introduction to Humanistic Psychology. Belmont, Calif.: Wadsworth Publ. Comp., 1972

Burrows, A. B.: Fear of death and attitudes toward death as a function of religion. Diss. Abstr. Int., 1971, *32* (6-B), 3630

Busse, E. W. & E. Pfeiffer (Eds.): Behavior and Adaptation in Late Life. Boston: Little, Brown & Co, 1969

Byrne, D.: The Repression-Sensitization Scale: Rationale, reliability, and validity. J. Personality, 1961, *29*, 334–349

Byrne, D., J. Barry & D. Nelson: Relation of the revised Repression-Sensitization Scale to measures of self description. Psychol. Reports, 1963, *13*, 323–334

Cameron, P.: The eminency of death. J. consult. clin. Psychol., 1968, *32* (4), 479–481

Cameron, P., Lillian Stewart & H. Biber: Consciousness of death across the life-span. J. Gerontol., 1973, *28*, 92–95

Cappon, D.: The dying. Psychiat. Quart., 1959 *33*, 466–489

Cappon, D.: Attitudes of and towards the dying. Canad. med. Ass. J., 1962, *87*, 693–700

Cappon, D.: Attitudes on death. Omega, 1970, *1*, 103–108

Carpenter, J. O. & C. M. Wylie: On aging, dying, and denying. Delivering care to older dying patients. Public Health Report, 1974, *89* (5), 403–407

Castaneda, A., B. R. McCandless & D. S. Palermo: The children's form of the Manifest Anxiety Scale. Child Developm., 1956, *27*, 317–326

Cattell, R. B. & I. H. Scheier: The meaning and measurement of neuroticism and anxiety. New York: Ronald Press, 1961

Chadwick, Mary: Notes upon the fear of death. Int. J. Psychoanal., 1929, *10*, 321–334

Chandler, K. A.: Three processes of dying and their behavioral effects. J. consult. Psychol., 1965, *29*, 296–301

Chappell, Neena: Awareness of death in the disengagement theory: A conceptualization and an empirical investigation. Omega, 1975, *6* (4), 325–343

Chasin, Barbara H.: Value-orientations and attitudes toward death. Diss. Abstr., 1968, *29* (6-A), 1963

Christ, P. E. I.: Attitudes toward death among a group of acute geriatric psychiatric patients. J. Gerontol., 1961, *16*, 56–59

Cohen, R. J. & Ch. Parker: Fear of failure and death. Psychol. Reports, 1974, *34* (1), 54

Collett, Lora J. & D. Lester: The fear of death and the fear of dying. J. Psychol., 1969, *72* (2), 179–181

Corey, L. C.: An analogue of resistance to death awareness. Abstract. J. Gerontol., 1961, *16*, 59–60

Dambauer, J.: Bibliographie der deutschsprachigen psychologischen Literatur. Frankfurt/M.: Klostermann, 1972–1976

Danblon, P. & A. Godin: Comment parle-t-on de la mort? In A. Godin (Ed.): Mort et présence. Brüssel: Lumen Vitae, 1971, 39–62

Der Tod. Der Spiegel, 1968, *22* (14), 152–177

De Wind, E.: The confrontation with death. Int. J. Psychoanal., 1968, *49*, 302–305 (a)

De Wind, E.: Begegnung mit dem Tod. Psyche, 1968, *6*, 423–441 (b)

Dickstein, L. S.: Death concern: Measurement and correlates. Psychol. Reports, 1972, *30* (2), 563–571

Dickstein, L. S.: Self-report and fantasy correlates of death concern. Psychol. Reports, 1975, *37* (1), 147–158

Dickstein, L. S. & S. J. Blatt: Death concern, futurity, and anticipation. J. consult. Psychol., 1966, *30* (1), 11–17

Die neue Weise vom Tod des Jedermann. Der Spiegel, 1977, *31* (27), 158–166

Diggory, J. C.: Self-Evaluation – Concepts and Studies. New York: Wiley & Sons, 1966

Diggory, J. C. & Doreen Z. Rothman: Values destroyed by death. J. abnorm. soc. Psychol., 1961, *63*, 205–210

Dollard, J. & N. E. Miller: Personality and Psychotherapy. New York: McGraw-Hill, 1950

Dudley, D. L., J. W. Verhey, M. Masuda, C. J. Martin & T. H. Holmes: Long term adjustment, prognosis and death in irreversible diffuse obstructive pulmonary syndroms. Psychosom. Med., 1969, *31* (4), 310–325

Durlak, J. A.: Measurement of the fear of death: An examination of some existing scales. J. clin. Psychol., 1972, *28* (4), 545–547 (a)

Durlak, J. A.: Relationship between individual attitudes toward life and death. J. consult. clin. Psychol., 1972, *38* (2), 463 (b)

Durlak, J. A.: Relationship between various measures of death concern and fear of death. J. consult. clin. Psychol., 1973, *41* (1), 162 (a)

Durlak, J. A.: Relationship between attitudes toward life and death among elderly women. Developm. Psychol., 1973, *8* (1), 146 (b)

Ehrenwald, J.: Out-of-the body experiences and the denial of death. J. nerv. ment. Dis., 1974, *159* (4), 227–233

Ellard, J.: Emotional reactions associated with death. Medical J. Australia, 1968, *1* (23), 979–983

English, H. B. & A. C. English: A Comprehensive Dictionary of Psychological and Psychoanalytical Terms. New York: McKay, 1958

Erlemeier, N.: Psychologische Forschungen zum Todesproblem. Z. Gerontol., 1972, *5*, 32–49

Ermalinski, R.: Questionnaire responses regarding risktaking behavior with death at stake. Psychol. Reports, 1972, *31*, 435–438

Eysenck, H. J., The biological basis of personality. Springfield: Thomas, 1967

Fahrenberg, J.: Die Bedeutung individueller Unterschiede für die Methodik der Aktivierungsforschung. In W. Schönpflug (Hg.): Methoden der Aktivierungsforschung. Bern: Huber, 1969, 95–121

Farley, G. A.: An investigation of death anxiety and the sense of competence. Diss. Abstr. Int., 1971, *31* (12-B), 7595

Faunce, W. A. & R. L. Fulton: The sociology of death: A neglected area of research. Soc. Forces, 1958, *36*, 205–209

Feifel, H.: Attitudes of mentally ill patients toward death. J. nerv. ment. Dis., 1955, *122*, 375–380

Feifel, H.: Older persons look at death. Geriatrics, 1956, *11*, 127–130

Feifel, H.: Comments. In R. J. Havighurst & B. L. Neugarten (Eds.): Attitudes toward death in older persons: A symposium. J. Gerontol., 1961 *16*, 61–63

Feifel, H. (Ed.): The Meaning of Death. New York: McGraw-Hill, 1965 (a)

Feifel, H.: Attitudes toward death in some normal and mentally ill populations. In H. Feifel (Ed.): The Meaning of Death. New York: McGraw-Hill, 1965, 114–130 (b)

Feifel, H.: The function of attitudes toward death. Death and dying: Attitudes of patient and doctor. Vol. 5, Symposium Nr. 11. New York: Group for the Advancement of Psychiatry, 1965 (c)

Feifel, H.: Death – relevant variable in psychology. In R. May (Ed.): Existential Psychology. New York: Random House, 1968[8], 61–74

Feifel, H.: Attitudes toward death: A psychological perspective. J. consult. clin. Psychol., 1969, *33*, 292–295

Feifel, H.: Religious conviction and fear of death among the healthy and the terminally ill. J. Scient. Study of Religion, 1974, *13* (3), 353–360

Feifel, H. & A. B. Branscomb: Who's afraid of death? J. abnorm. Psychol., 1973, *81* (3), 282–288

Feifel, H., J. Freilich & L. J. Hermann: Death fear in dying heart and cancer patients. J. Psychosom. Research, 1973, *17* (3), 161–166

Feifel, H. & J. Heller: Normality, illness, and death. Proceed. of the Third World Congress of Psychiatry, 1962, *2*, 1252–1256

Feifel, H. & L. J. Hermann: Fear of death in the mentally ill. Psychol. Reports, 1973, *33* (3), 931–938

Feldman, M. J. & M. Hersen: Attitudes toward death in nightmare subjects. J. abnorm. Psychol., 1967, *72* (5), 421–425

Feldman, M. J. et al.: Fears Related to Death and Suicide. New York: MSS Information Corporation, 1974

Ferber, Chr. v.: Der Tod. Ein unbewältigtes Problem für Mediziner und Soziologen. Kölner Z. Soziol., 1970, *22*, 237–250

Fischer, W. F.: Theories of Anxiety. New York: Harper & Row, 1970

Fischer, S.: Body experience in fantasy and behavior. New York: Meredith Corporation, 1970

Fisher, S. & S. E. Cleveland: Body image and personality. Princeton, N. J.: Van Nostrand, 1958

Ford, R. E., Michele Alexander & D. Lester: Fear of death of those in a high stress occupation. Psychol. Reports, 1971, *29* (2), 502

Frankl, V. E.: Der Wille zum Sinn. Bern: Huber, 1972

Freud, Anna: Das Ich und die Abwehrmechanismen. London: Imago, 1946

Freud, S.: Die Abwehr-Neuropsychosen. In A. Freud, E. Bibring, W. Hoffer, E. Kris & O. Isakower (Hg.): Sigmund Freud, Gesammelte Werke (Bd. I). London: Imago, 1952, 57–74 (Erstveröffentl. 1894)

Freud, S.: Über die Berechtigung, von der Neurasthenie einen bestimmten Symptomenkomplex als »Angstneurose« abzutrennen. In A. Freud, E. Bibring, W. Hoffer, E. Kris & O. Isakower (Hg.): Sigmund Freud, Gesammelte Werke (Bd. I). London: Imago, 1952, 315–342 (Erstveröffentl. 1895)

Freud, S.: Weitere Bemerkungen über die Abwehr-Neuropsychosen. In A. Freud, E. Bibring, W. Hoffer, E. Kris & O. Isakower (Hg.): Sigmund Freud, Gesammelte Werke (Bd. I). London: Imago, 1952, 379–403 (Erstveröffentl. 1896) (a)

Freud, S.: Zur Ätiologie der Hysterie. In A. Freud, E. Bibring, W. Hoffer, E. Kris & O. Isakower (Hg.): Sigmund Freud, Gesammelte Werke (Bd. I). London: Imago, 1952, 425–459 (Erstveröffentl. 1896) (b)

Freud, S.: Psychoanalytische Bemerkungen über einen autobiographisch beschriebenen Fall von Paranoia (Dementia Paranoides). In E. Bibring, W. Hoffer, E. Kris & O. Isakower (Hg.): Sigmund Freud, Gesammelte Werke (Bd. VIII). London: Imago, 1949 (Erstveröffentl. 1911)

Freud, S.: Totem und Tabu. In E. Bibring, W. Hoffer, E. Kris & O. Isakower (Hg.): Sigmund Freud, Gesammelte Werke (Bd. IX). London: Imago, 1949, 5–121 (Erstveröffentl. 1913)

Freud, S.: Zeitgemäßes über Krieg und Tod. In E. Bibring, W. Hoffer, E. Kris & O. Isakower (Hg.): Sigmund Freud, Gesammelte Werke (Bd. X). London: Imago, 1940, 323–355 (Erstveröffentl. 1915)

Freud, S.: Jenseits des Lustprinzips. In A. Freud, E. Bibring, W. Hoffer, E. Kris & O. Isakower (Hg.): Sigmund Freud, Gesammelte Werke (Bd. XIII). London: Imago, 1940, 3–69 (Erstveröffentl. 1920)

Freud, S.: Das Ich und das Es. In A. Freud, E. Bibring, W. Hoffer, E. Kris & O. Isakower (Hg.): Sigmund Freud, Gesammelte Werke (Bd. XIII). London: Imago, 1940, 235–289 (Erstveröffentl. 1923)

Freud, S.: Die Verneinung. In A. Freud, E. Bibring, W. Hoffer, E. Kris & O. Isakower (Hg.): Sigmund Freud, Gesammelte Werke (Bd. XIV). London, Imago, 1948, 11–15 (Erstveröffentl. 1925)

Freud, S.: Hemmung, Symptom und Angst. In A. Freud, E. Bibring, W. Hoffer, E. Kris & O. Isakower (Hg.): Sigmund Freud, Gesammelte Werke (Bd. XIV). London: Imago, 1948, 111–205 (Erstveröffentl. 1926)

Freud, S.: Die Zukunft einer Illusion. In A. Freud, E. Bibring, W. Hoffer, E. Kris & O. Isakower (Hg.): Sigmund Freud, Gesammelte Werke (Bd. XIV). London: Imago, 1948, 325–380 (Erstveröffentl. 1927)

Freud, S.: Abriß der Psychoanalyse. In A. Freud, E. Bibring, W. Hoffer, E. Kris & O. Isakower (Hg.): Sigmund Freud, Gesammelte Werke (Bd. XVII). London: Imago, 1941, 63–138 (Erstveröffentl. 1938)

Fröhlich, W. D.: Angst und Furcht. In H. Thomae (Hg.): Handbuch der Psychologie (Bd. 2). Göttingen: Hogrefe 1965, 513–568

Fuchs, W.: Todesbilder in der modernen Gesellschaft. Frankfurt/M.: Suhrkamp, 1973

Fulton, R. L.: Comments. In R. J. Havighurst & B. L. Neugarten (Eds.): Attitudes toward death in older persons. A symposium. J. Gerontol., 1961, *16*, 63–65

Fulton, R. L.: Death and Identity. New York: Wiley, 1965

Garey, R. G.: Living until death: A program of service and research for the terminally ill. In Elisabeth Kübler-Ross (Ed.): Death – The Final Stage of Growth, Englewood Cliffs: Prentice Hall, 1975, 75–86

Glaser, B. G. & A. L. Strauss: Time for dying. Chicago: Aldine, 1968

Glaser, B. G. & A. L. Strauss: Interaktion mit Sterbenden. Beobachtungen für Ärzte, Schwestern, Seelsorger und Angehörige. Göttingen: Vandenhoeck & Ruprecht, 1974

Golding, S. L., G. E. Atwood & R. A. Goodman: Anxiety and two cognitive forms of resistance to the ideas of death. Psychol. Reports, 1966, *18* (2), 359–364

Goldsmith, Ch. E.: A theoretical analysis of attitudes of older people toward dying. Diss. Abstr. Int., 1969, *30* (5-B), 2401

Goleman, D.: Grenzerfahrung Tod. Psychol. Heute, 1977, *4* (6), 44–47

Greenberger, Ellen: Fantasies of women confronting death. J. consult. Psychol., 1965, *29*, 252–260

Greenberger, Ellen: »Flirting« with death: Fantasies of a critically ill woman. J. Proj. Tech. & Personal. Ass., 1966, *30* (2), 197–204

Grinker, R. R. & J. P. Spiegel: Men under Stress. Philadelphia: Blakiston, 1945

Gutman, D.: The premature gerontocracy: Themes of aging and death in the youth culture. In A. Mack (Ed.): Death in American Experience. New York: Schocken, 1973, 50–82

Hahn, A.: Einstellungen zum Tod und ihre soziale Bedingtheit. Stuttgart: Enke, 1968

Hampe, J. Ch.: Sterben ist doch ganz anders. Erfahrungen mit dem eigenen Tod. Stuttgart: Kreuz-Verlag, 1975

Handal, P. J.: The relationship between subjective life expectancy, death anxiety, and general anxiety. J. clin. Psychol. 1969, *25*, 39–42

Handal, P. J.: Development of a social desirability and acquiescence controlled repression sensitization scale and some preliminary validity data. J. clin. Psychol., 1973, *29* (4), 486–487

Handal, P. J. & J. F. Rychlak: Curvilinearity between dream content and death anxiety and the relationship of death anxiety to repression-sensitization. J. abnorm. soc. Psychol., 1971, *77*, 11–16

Hall, G. S.: Thanatophobia and immortality. Amer. J. Psychol., 1915, *26*, 550–613

Harth, U.: Wie sterben wir? Die Zeit, Nr. 11 vom 8. 3. 1974, S. 20

Havighurst, R. J. & B. L. Neugarten (Eds.): Attitudes toward death in older persons: A symposium. J. Gerontol., 1961, *16*, 44–66

Heckhausen, H.: Die Problematik des Projektionsbegriffs und die Grundlagen und Grundannahmen des thematischen Auffassungstests. Psychol. Beiträge, 1960, *5*, 53–80

Heckmann, Annette: Das Erleben des Sterbens. Psychologisch relevante Aspekte, die den Tod im Erleben der Menschen unserer Gesellschaft beschreiben. Diplomarbeit, Würzburg, 1976 (unveröffentl.)

Heiss, R.: Allgemeine Tiefenpsychologie. München: Kindler, 1972

Hensle, U.: Todesfurcht. Überblick über den Forschungsstand und Entwicklung einer Fragebogenskala. Diplomarbeit, Würzburg, 1975 (unveröffentl.)

Hepp, F.: Das Unverhältnis zum Tode. Süddeutsche Zeitung, Nr. 252 vom 31. 10./1. 11. 1973, S. 4

Herrmann, T.: Lehrbuch der empirischen Persönlichkeitsforschung. Göttingen: Hogrefe, 1969

Hiersche, H.-D. (Hg.): Euthanasie. Probleme der Sterbehilfe. Eine interdisziplinäre Stellungnahme. München: Piper, 1975

Hilgard, E. R., R. C. Atkinson & Rita L. Atkinson: Introduction to Psychology. New York: Harcourt Brace Jovanovich, 1971[5]

Hinton, J.: Dying. Aylesbury: Barnard & Co, 1967

Hoblit, Pamela R.: An investigation of changes in anxiety level following consideration of death in four groups. Diss. Abstr. Int., 1972, *33* (5-B), 2346

Hoffman, F. J.: Mortality and Modern Literature. In Feifel, H. (Ed.): The Meaning of Death. New York: McGraw-Hill, 1965, 133–156

Hörmann, H.: Theoretische Grundlagen der projektiven Tests. In R. Heiss (Hg.): Handbuch der Psychologie (Bd. 6). Göttingen: Hogrefe, 1964, 71–112

Hoff, F.: Zur Psychologie des Sterbenden. Medizin. Welt, 1975, *26* (1), 12–17

Hooper, T. & B. Spilka: Some meanings and correlates of future time and death among college students. Omega, 1970, *1*, 49–56

Husemann, F.: Vom Bild und Sinn des Todes. Entwurf einer geisteswissenschaftlich orientierten Geschichte, Physiologie und Psychologie des Todesproblems. Stuttgart: Verlag Freies Geistesleben, 1954[2]

Hutschnecker, A. A.: Personality Factors in Dying Patients. In H. Feifel (Ed.): The Meaning of Death. New York: McGraw-Hill, 1965, 237–250

Iammarino, N. K.: Relationship between death anxiety and demographic variables. Psychol. Reports, 1975, *37*, 262

Informationszentrum für sozialwissenschaftliche Forschung: Forschungsarbeiten in den Sozialwissenschaften 1975. Ergebnisse der Erhebung Oktober 1975 bis März 1976. Stuttgart: Kohlhammer, 1976

Izard, C. E. & S. S. Tomkins: Affect and Behavior: Anxiety as a Negative Affect. In Ch. D. Spielberger (Ed.): Anxiety and Behavior. New York: Academic Press, 1971[3], 81– 125

Jackson, E. N.: Grief and Religion. In H. Feifel (Ed.): The Meaning of Death. New York: McGraw-Hill, 1965, 218–233

Jackson, E. N.: Attitudes toward death in our culture. In A. H. Kutscher (Ed.): Death and Bereavement. Springfield: Thomas, 1974[2], 212–218

Jacobi, Jolande: Die Psychologie von C. G. Jung. Zürich: Rascher, 1959[4]

Jeffers, F. C., C. R. Nichols & C. Eisdorfer: Attitudes of older persons toward death: A preliminary study. J. Gerontol., 1961, *16*, 53–56

Jeffers, F. C. & A. Verwoerdt: Factors associated with frequency of death thoughts in elderly community volunteers. Proc. 7th Int. Cong. Geront., Vienna, 1966, *6*, 149–152

Jeffers, F. C. & A. Verwoerdt: How the Old Face Death. In E. W. Busse & E. Pfeiffer (Eds.): Behavior and Adaptation in Late Life. Boston: Little, Brown & Co, 1969, 163–181

Jores, A.: Der Tod des Menschen in psychologischer Sicht. In A. Sborowitz (Hg.): Der leidende Mensch. Personale Psychotherapie in anthropologischer Sicht. Ein Sammelbuch. Darmstadt: Wiss. Buchgesellschaft, 1960, 417–428

Jung, C. G.: Die Lebenswende. In C. G. Jung (Hg.): Seelenprobleme der Gegenwart. Zürich: Rascher, 1931, 248–274

Jung, C. G.: Seele und Tod. In C. G. Jung (Hg.): Wirklichkeit der Seele. Zürich: Rascher, 1939, 212–230

Kalish, R. A.: Some variables in death attitudes. J. soc. Psychol., 1963, *59*, 137–145

Kalish, R. A.: Experiences of persons deprived from death. In A. H. Kutscher (Ed.): Death and Bereavement. Springfield: Thomas, 1974[2], 84–96

Kass, L. R.: Death as an event: A commentary on Robert Morison. Science, 1971, *173* (3998), 698–702

Kastenbaum, R.: Time and Death in Adolescence. In H. Feifel (Ed.): The Meaning of Death. New York: McGraw-Hill, 1965, 99–113 (a)

Kastenbaum, R.: The realm of death: An emerging area in psychological research. J. Human Relations, 1965, *13* (4), 538–552 (b)

Kastenbaum, R.: Death as a research problem in Social Gerontology: An overview. Gerontologist, 1966, *6*, 67–69

Kastenbaum, R.: The mental life of dying geriatric patients. Gerontologist, 1967, *7* (2), 97–100

Kastenbaum, R.: Psychological Death. In: L. Pearson (Ed.): Death and Dying. Current Issues in the Treatment of the Dying Person. Cleveland: The Press of Case Western Reserve University, 1969, 1–27

Kastenbaum, R.: Death and bereavement in later life. In A. H. Kutscher (Ed.): Death and Bereavement. Springfield: Thomas, 1974², 28–54

Kastenbaum, R. & Ruth Aisenberg: The Psychology of Death. New York: Springer, 1972

Kastenbaum, R. & P. T. Costa: Psychological perspectives on death. Annu. Rev. Psychol., 1977, *28,* 225–249

Kimsey, L. R., J. L. Roberts & D. L. Logan: Death, dying, and denial in the aged. Amer. J. Psychiat., 1972, *129* (2), 161–166

Klein, Melanie: A contribution to the theory of anxiety and guilt. Int. J. Psychoanal., 1948, *29,* 114–123

Klug, L. & M. Boss: Factorial structure of the Death Concern Scale. Psychol. Reports, 1976, *38,* 107–112

Kogan, N. & F. C. Shelton: Images of »old people« and »people in general« in an older sample. J. genet. Psychol., 1962, *100,* 3–21

Kogan, N. & M. A. Wallach: Age changes in values and attitudes. J. Gerontol., 1961, *16,* 272–280

Kotsovsky, D.: Alter und Todesfurcht. Schweiz. Z. Psychol. Anwend., 1951, *10,* 42–53

Krieger, S. R., F. R. Epting & L. M. Leitner: Personal constructs, threat and attitudes toward death. Omega, 1974, *5* (4), 299–310

Kübler-Ross, Elisabeth: Interviews mit Sterbenden. Stuttgart: Kreuz-Verlag, 1973

Kübler-Ross, Elisabeth: Tod. In H. J. Schultz (Hg.): Psychologie für Nichtpsychologen. Stuttgart: Kreuz-Verlag, 1974, 352–357

Kübler-Ross, Elisabeth (Ed.): Death – The Final Stage of Growth. Englewood Cliffs: Prentice Hall, 1975 (a)

Kübler-Ross, Elisabeth: On death and Dying. New York: Macmillan, 1975¹² (b)

Kurlychek, R. T.: Level of belief in afterlife and four categories of fear of death in a sample of 60+- year – olds. Psychol. Reports, 1976, *38,* 228

Kutscher, A. H. (Ed.): Death and Bereavement. Springfield: Thomas, 1974²

Laughlin, H. P.: The ego and its defenses. New York: Meredith, 1970

Lehndorff, H. v.: Sterbehilfe. Süddeutsche Zeitung, Nr. 16 vom 19./20. 1. 1974

Lehr, Ursula: Psychologie des Alterns. Heidelberg: Quelle & Meyer, 1973

Lehr, Ursula & M. Schuster: Euthanasie in der Gerontologie: Die Vorbereitung auf das Lebensende – psychologische Aspekte. Ärztliche Praxis, 1976, *28* (36), 1528–1532

Lepp, I.: Death and its mysteries. New York: Macmillan, 1968

Lesse, S.: Anxiety – Its Components, Development, and Treatment. New York: Grune & Stratton, 1970

Lester, D.: Experimental and correlational studies of the fear of death. Psychol. Bull., 1967, *67* (1), 27–36 (a)

Lester, D.: Fear of death of suicidal persons. Psychol. Reports, 1967, *20*, 1077–1078 (b)

Lester, D.: Inconsistency in the fear of death of individuals. Psychol. Reports, 1967, *20* (3), 1084 (c)

Lester, D.: The fear of death of those who have nightmares. J. Psychol., 1968, *69*, 245–247

Lester, D.: Studies on death-attitude scales. Psychol. Reports, 1969, *24* (1), 182 (a)

Lester, D.: Fear of death and nightmare experiences. Psychol. Reports, 1969, *25* (2), 437–438 (b)

Lester, D.: Re-examination of Middleton's data: Sex differences in death attitudes. Psychol. Reports, 1970, *27* (1), 136 (a)

Lester, D.: Religious behavior and the fear of death. Omega, 1970, *1* (3), 181–188 (b)

Lester, D.: The need to achieve and the fear of death. Psychol. Reports, 1970, *27* (2), 516 (c)

Lester, D.: Attitudes toward death today and thirty-five years ago. Omega, 1971, *2*, 168–173 (a)

Lester, D.: Sex differences in attitudes toward death: A replication. Psychol. Reports, 1971, *28* (3), 754 (b)

Lester, D.: Attitudes devant la mort et conduites religieuses. In A. Godin (Ed.): Mort et présence. Brüssel: Lumen Vitae, 1971, 107–127 (c)

Lester, D.: Attitudes toward death and suicide in a nondisturbed population. Psychol. Reports, 1971, *29* (2), 386 (d)

Lester, D.: Studies in death attitudes. II. Psychol. Reports, 1972, *30* (2), 440

Lester, D. & Elizabeth G. Kam: Effect of a friend dying upon attitudes toward death. J. soc. Psychol., 1971, *83* (1), 149–150

Lester, D. & Joan Schumacher: Schizophrenie and death concern. J. Proj. Tech. & Personal. Ass., 1969, *33* (5), 403–405

Leviton, D.: The perceptual defense of amateur sports car racing drivers and bowlers to death- and crash-word stimuli. Diss. Abstr., 1968, *28* (7-A), 2540–2541

Levitt, E. E.: Die Psychologie der Angst. Stuttgart: Kohlhammer, 1971

Lieberman, M. A.: Psychological correlates of impending death: Some preliminary observations. J. Gerontol., 1965, *20* (2), 181–190

Lieberman, M. A.: Observations on death and dying. Gerontologist, 1966, *6*, 70–72

Lieberman, M. A. & Annie S. Coplan: Distance from death as a variable in the study of aging. Developm. Psychol., 1970, *2* (1), 71–84

Lifton, R. J.: On death and death symbolism: The Hiroshima Disaster. In J. F. T. Bugental (Ed.): Challenges of Humanistic Psychology. New York: McGraw-Hill, 1967, 195–206

Livingston, P. & C. Zimet: Death anxiety, authoritarianism and choice of speciality in medical students. J. nerv. ment. Dis., 1965, *140*, 220–230

Lowry, R. J.: Male-female differences in attitudes towards death. Diss. Abstr., 1966, *27* (5-B), 1607–1608

Lucas, R. A.: A comparative study of measures of general anxiety and death anxiety among three medical groups including patient and wife. Omega, 1974, *5* (3), 233–243

Magni, K. G.: La peur de la mort: Explorations sur sa nature et ses concomitances. In A. Godin (Ed.): Mort et présence. Brüssel: Lumen Vitae, 1971, 129–142

Malcolm, T. J.: The effects of ease of denial on perceiving and adapting to ideas about personal death. Diss. Abstr. Int., 1973, *33* (7-B), 3351

Mandelbaum, D. G.: Social Uses of Funeral Rites. In H. Feifel (Ed.): The Meaning of Death. New York: McGraw-Hill, 1965, 189–217

Marcovitz, Eli: What is the meaning of death to the dying person and his survivors? Omega, 1973, *4* (1), 13–25

Marcuse, H.: The Ideology of Death. In H. Feifel (Ed.): The Meaning of Death. New York: McGraw-Hill, 1965, 64–76

Marshall, J. R.: The geriatric patient's fears about death. Postgrad. Med., 1975, *57*, 147–149

Marshall, V. W.: Continued living and dying as problematic aspects of old age. Diss. Abstr. Int., 1973, *34* (2-A), 873– 874

Martin, D. & L. S. Wrightsman: The relationship between religious

behavior and concern about death. J. soc. Psychol., 1965, *65*, 317–323
Maslow, A. H.: A dynamic theory of human motivation. In C. L. Stacey & M. F. De Martino (Eds.): Understanding human motivation. Cleveland: Howard Allen, 1963, 84–105
McClelland, D.: The Harlequin Complex. In R. W. White (Ed.): The Study of Lives. New York: Atherton, 1966[3], 94–119
McDonald, G. W.: Sex, religion, and risk-taking behavior as correlates of death anxiety. Omega, 1976, 7 (1), 35–44
Means, Marie H.: Fears of one thousand college women. J. abnorm. soc. Psychol., 1936, *31*, 291–311
Meissner, W. W.: Affective responses to psychoanalytic death symbols. J. abnorm. soc. Psychol., 1958, *56*, 295–299
Messick, S. & D. N. Jackson: Desirability scale values and dispersion for MMPI items. Psychol. Reports, 1961, *8*, 409–414
Meyer, J. E.: Tod und Neurose. Göttingen: Vandenhoeck & Ruprecht, 1973
Meyer, J. E.: Einstellungen zu Tod und Sterben in der Gegenwart. In W. Bitter (Hg.): Alter und Tod – annehmen oder verdrängen? Stuttgart: Klett, 1974, 49–58
Middleton, W. C.: Some reactions toward death among college students. J. abnorm. soc. Psychol., 1936, *31*, 165–173
Montefiore, C. H. W. et al.: Death Anxiety. New York: MSS Information Corporation, 1973
Moreno, J. L.: The social atom and death. Sociometry, 1947, *10*, 80–84
Morison, R. S.: Death: Process or event? Science, 1971, *173* (3998), 694–698
Moses, M.: Considering death and dying: Affective correlates. Diss. Abstr. Int., 1973, *34* (2-B), 877–878
Muensterberger, W.: Vom Ursprung des Todes. Psyche, 1963/64, *17*, 169–184
Munnichs, J. M. A.: Comments. In R. J. Havighurst & B. L. Neugarten (Eds.): Attitudes toward older persons: A symposium. J. Gerontol., 1961, *16*, 60–61
Munnichs, J. M. A.: Old Age and Finitude. A Contribution to Psychogerontology. Basel: Karger, 1966
Munnichs, J. M. A.: Die Einstellung zur Endlichkeit und zum Tod. In H. Thomae & U. Lehr (Hg.): Altern. Frankfurt/M.: Akad. Verlagsges., 1968, 579–612

Munnichs, J. M. A.: Death and dying in the social sciences. Proceed. 8th Int. Cong. Gerontol., 1969, *1*, 275–279

Munnichs, J. M. A.: Endlichkeit und Sterben. Z. Gerontol., 1973, *6* (5), 351–358

Murphy, G.: Discussion. In H. Feifel (Ed.): The Meaning of Death. New York: McGraw-Hill, 1965, 317–340

Murray, H. A.: Uses of the thematic apperception test. Amer. J. Psychiat., 1951, *107*, 577–581

Murray, Patricia: Death education and its effect on the death anxiety level of nurses. Psychol. Reports, 1974, *35* (3), 1250

Muslin, H. L., Susan P. Levine & H. Levine: Partners in dying. Amer. J. Psychiat., 1974, *131* (3), 308–310

Myler, Beatrice B.: Depression and death in the aged. Diss. Abstr., 1967, *28* (5-B), 2146

Nagy, Maria H.: The Child's View of Death. In H. Feifel (Ed.): The Meaning of Death. New York: McGraw-Hill, 1965, 79–98

Nash, M. E.: Conservatism and the Fear of Death. Unpublished MS., Los Angeles: Cal. State Univ., 1972

Nelson, L. D. & C. C. Nelson: A factor analytic inquiry into the multi-dimensionality of death anxiety. Omega, 1975, *6* (2), 171–178

Neugarten, B. L., R. J. Havighurst & S. S. Tobin: The measurement of life satisfaction. J. Gerontol., 1961, *16*, 134–143

Niederland, W. G.: Diskussionsbeitrag zu E. De Wind: Begegnung mit dem Tod. Psyche, 1968, *6*, 442–446

Nitsch, J.: Rationalisierung. In W. Arnold, H. J. Eysenck & R. Meili (Hg.): Lexikon der Psychologie (Bd. 3). Freiburg i. Br.: Herder, 1972, 134

Nogas, Catherine, Kathy Schweitzer & Judy Grumet: An investigation of death anxiety, sense of competence, and need for achievement. Omega, 1974, *5* (3), 245–255

Noyes, R.: The experience of dying. Psychiatry, 1972, *35* (2), 174–184

O'Connell, W. E.: Humor and death. Psychol. Reports, 1968, *22* (2), 391–402

Orlans, H.: Quelques attitudes en face de la mort. Diogène, 1957, *19*, 95–116

Osarchuk, M. & S. J. Tatz: Effect of induced fear of death on belief in afterlife. J. Personal. soc. Psychol., 1973, *27* (2), 256–260

Palmore, E. & W. Cleveland: Aging, terminal decline, and terminal drop. J. Gerontol., 1976, *31* (1), 76–81

Papageorgis, D.: On the ambivalence of death: The case of the missing harlequin. Psychol. Reports, 1966, *19* (1), 325–326

Paris, J. & L. D. Goodstein: Responses to death and sex stimulus materials as a function of repression-sensitization. Psychol. Reports, 1966, *19* (3), 1283–1291

Pawlow, I. P.: Relation between excitation and inhibition and their deliminations; experimental neurosis in dogs. In I. P. Pawlow: Lectures on conditioned reflexes. New York: Int. Publishers, 1928, 339–349

Pearson, L. (Ed.): Death and Dying. Current Issues in the Treatment of the Dying Person. Cleveland: The Press of Case Western Reserve University, 1969

Platonov, K. K.: The Problem of personality in social psychology. Soviet Psychol., 1972, *11*, 123–138

Pongratz, L. J.: Problemgeschichte der Psychologie. Bern: Francke, 1967

Pongratz, L. J.: Lehrbuch der Klinischen Psychologie. Psychologische Grundlagen der Psychotherapie. Göttingen: Hogrefe, 1973

Rank, O.: Das Trauma der Geburt und seine Bedeutung für die Psychoanalyse. Psychoanal. Bibliothek, 1924, XIV

Ray, J. J. & J. Najman: Death anxiety and death acceptance: A preliminary approach. Omega, 1974, *5* (4), 311–315

Reiner, A.: Einstellung zum Tod in den verschiedenen Lebensaltern. Praxis d. Psychother., 1971, *16* (4), 166–175

Reynolds, D. K. & R. A. Kalish: Anticipation of futurity as a function of ethnicity and age. J. Gerontol., 1974, *29* (2), 224–231

Rhudick, P. J. & A. S. Dibner: Age, personality, and health correlates of death concern in normal aged individuals. J. Gerontol., 1961, *16*, 44–49

Richardson, A. H. & H. E. Freeman: Behavior, attitudes and disengagement among the very old. Unpublished manuscript quoted in M. W. Riley & A. Foner (Eds.): An Inventory of Research Findings. Aging and Society (Vol. I). New York: Russell Sage Foundation, 1968

Richter, C. P.: The Phenomenon of Unexplained Sudden Death in Animals and Man. In H. Feifel (Ed.): The Meaning of Death. New York: McGraw-Hill, 1965, 302–313

Riegel, K. F., Ruth M. Riegel & G. Meyer: A study of the dropout rates in longitudinal research on aging and the prediction of death. J. Personal. soc. Psychol., 1967, *5*, 342–348 (a)

Riegel, K. F., Ruth M. Riegel & G. Meyer: Sociopsychological factors of aging: A cohort-sequential analysis. Human Developm., 1967, *10*, 27–56 (b)

Riley, J.: Attitudes toward death. Unpublished manuscript quoted in M. W. Riley & A. Foner (Eds.): An Inventory of Research Findings. Aging and Society (Vol. I). New York: Russell Sage Foundation, 1968

Roberts, J. L., L. R. Kimsey, D. L. Logan & G. Shaw: How aged in nursing homes view dying and death. Geriatrics, 1970, *25* (4), 115–119

Rohracher, H.: Einführung in die Psychologie. Wien: Urban & Schwarzenberg, 1971 [10]

Rothman, Doreen Z.: The effects of success and failure experiences in normal, »neurotic«, and schizophrenic populations. Ph. D. Dissertation, Philadelphia, 1963

Rotter, J.: Generalized expectancies for internal versus external control of reinforcement. Psychol. Monogr., 1966, *80* (whole Nr. 609)

Sarnoff, I. & S. M. Corwin: Castration anxiety and the fear of death. J. Personal., 1959, *27*, 374–385

Schilder, P. & D. Wechsler: The attitudes of children toward death. J. genet. Psychol., 1934, *45*, 406–451

Schiller, K. E.: Sterben und Tod. In W. Bitter (Hg.): Lebenskrisen. Ursachen und Beratung. Ein Tagungsbericht. Stuttgart: Klett, 1971, 105–123

Schilling, Erika: Struktur und Veränderung kindlichen Todeserlebens. Diplomarbeit, Würzburg, 1975 (unveröffentl.)

Schindler, U. H.: Realangst. In W. Arnold, H. J. Eysenck & R. Meili (Hg.): Lexikon der Psychologie (Bd. 3). Freiburg i. Br.: Herder, 1971, 143–144

Schlemmer, J. (Hg.): Was ist der Tod? Elf Beiträge und eine Diskussion. München: Piper & Co, 1969

Schneider, H. D.: Aspekte des Alterns. Ergebnisse sozialpsychologischer Forschung. Frankfurt/M.: Fischer, 1974

Schnell, Heike: Strukturen der Todesvorstellung bei 8- bis 14jährigen. Diplomarbeit, Würzburg, 1975 (unveröffentl.)

Schreiber, H.: Das schöne Sterben – Erlebnisse im Grenzbereich des Todes. Der Spiegel, 1977, *31* (26), 84–101

Schütze, Ch.: Die Privatsache Tod. Süddeutsche Zeitung Nr. 253 vom 29./30./31. 10. 1976

Schulz, R. & D. Aderman: Clinical research and the stages of dying. Omega, 1974, *5* (2), 137–143

Secord, P. F.: Objectification of word-association procedures by the use of homonyms: A measure of bodycathexis. J. Personal., 1953, *21*, 479–495

Secord, P. F. & S. M. Jourard: The appraisal of body-cathexis and the self. J. consult. Psychol., 1953, *17*, 343–347

Segal, Hanna: Fear of death, notes on the analysis of an old man. Int. J. Psychoanal., 1958, *39*, 178–181

Selvey, Carole L.: Concerns about death in relation to sex, dependency, guilt about hostility, and feelings of powerlessness. Diss. Abstr. Int., 1971, *31* (9-B), 5641

Selvey, Carol L.: Concerns about death in relation to sex, dependency, guilt about hostility, and feelings of powerlessness. Omega, 1973, *4* (3), 209–219

Shearer, R. E.: Religious belief and attitudes toward death. Diss. Abstr. Int., 1973, *33* (7-B), 3292–3293

Shneidman, E. S.: Orientations toward death. In R. W. White (Ed.): The Study of Lives. New York: Atherton, 1966[3], 200–227

Shneidman, E. S.: You and death. Psychol. Today, 1971, *5* (1), 43–45; 74–80

Shrut, S. D.: Attitudes toward old age and death. Ment. Hyg., 1958, *42*, 259–266

Smart, N.: Death and the Decline of Religion in Western Society. In A. Toynbee (Ed.): Man's Concern with Death. New York: McGraw-Hill, 1968, 138–144

Snyder, M., R. Gertler & E. Ferneau: Changes in nursing students' attitudes toward death and dying: A measurement of curriculum integration effectiveness. Int. J. soc. Psychiat., 1973, *19* (3–4), 294–298

Spielberger, Ch. D.: Theory and Research on Anxiety. In Ch. D. Spielberger (Ed.): Anxiety and Behavior. New York: Academic Press, 1971[3], 3–20

Stacey, C. L. & K. Markin: The attitudes of college students and penitentiary inmates toward death and a future life. Psychiat. Quart. Suppl., 1952, *26*, 27–32

Sternsdorff, H. W.: Sterbehilfe – Euthanasie – Mitleid oder Mord? Der Spiegel, 1975, *29* (7), 36–60

Stolorow, R. D.: Perspectives on death anxiety: A review. Psychiat. Quart., 1973, *47* (4), 473–486

Sudnow, D.: Organisiertes Sterben – Eine soziologische Untersuchung. Frankfurt/M.: Fischer, 1973

Swanson, L. L.: Anxiety, Death, and the Health Care Professional. In Ch. D. Spielberger & I. G. Sarason (Eds.): Stress and Anxiety (Vol. 1). New York: Wiley & Sons, 1975, 310–311

Swenson, W. M.: Attitudes toward death in an aged population. J. Gerontol., 1961, *16*, 49–52

Tarter, R. E., D. I. Templer & R. L. Perley: Death anxiety in suicide attempters. Psychol. Reports, 1974, *34*, 895–897

Taylor, Janet A.: A personality scale of manifest anxiety. J. abnorm. soc. Psychol., 1953, *48*, 285–290

Templer, D. I.: The construction and validation of a death anxiety scale. J. gen. Psychol., 1970, *82* (2), 165–177

Templer, D. I.: Death anxiety as related to depression and health of retired persons. J. Gerontol., 1971, *26* (4), 521–523 (a)

Templer, D. I.: The relationship between verbalized and nonverbalized death anxiety. J. genet. Psychol., 1971, *119*, 211–214 (b)

Templer, D. I.: Death anxiety: Extraversion, neuroticism, and cigarette smoking. Omega, 1972, *3*, 53–56 (a)

Templer, D. I.: Death anxiety as a function of religious belief and behavior in two different populations. Paper presented at the annual meeting of the Southern Society for Philosophy and Psychology, March 31st, 1972 (b)

Templer, D. I.: Death anxiety in religiously very involved persons. Psychol. Reports, 1972, *31* (2), 361–362 (c)

Templer, D. I. & Elsie Dotson: Religious correlates of death anxiety. Psychol. Reports, 1970, *26*, 895–897

Templer, D. I., D. Lester & C. F. Ruff: Fear of death and femininity. Psychol. Reports, 1974, *35*, 530

Templer, D. I., C. F. Ruff & C. M. Franks: Death anxiety: Age, sex, and parental resemblance in diverse populations. Developm. Psychol., 1971, *4* (1), 108

Templer, D. I., C. F. Ruff & K. Simpson: Allevation of high death anxiety with symptomatic treatment of depression. Psychol. Reports, 1974, *35*, 216

Thomae, H.: Die Bedeutung einer kognitiven Persönlichkeitstheorie für die Theorie des Alterns. Z. Gerontol., 1971, *4* (1), 8–18

Thorson, J. A. & S. Ackerman: Attitudes toward the aged and frequency of thoughts about death. Psychol. Reports, 1975, *37* (3), 825–826

Tillich, P.: The Eternal Now. In H. Feifel (Ed.): The Meaning of Death. New York: McGraw-Hill, 1965, 30–38

Tismer, K. G., N. Erlemeier & Ingrid Tismer-Puschner: Beziehungen zwischen dem Ausmaß der Beschäftigung mit dem Lebensende und der psychosozialen Situation im Alter. Z. Gerontol., 1973, *6* (5), 371–385

Tolor, A. & M. Reznikoff: Realtion between insight, repression- sensitization, internal-external control, and death anxiety. J. abnorm. Psychol., 1967, *72* (5), 426–430

Toman, W.: Leugnung der Realität. In W. Arnold, H. J. Eysenck & R. Meili (Hg.): Lexikon der Psychologie (Bd. 2). Freiburg i. Br.: Herder, 1971, 454–455 (a)

Toman, W.: Projektion. In W. Arnold, H. J. Eysenck & R. Meili (Hg.): Lexikon der Psychologie (Bd. 2). Freiburg i. Br.: Herder, 1971, 843–844 (b)

Toynbee, A. (Ed.): Man's Concern with Death. New York: McGraw-Hill, 1968 (a)

Toynbee, A.: Changing Attitudes towards Death in the Modern Eastern World. In Toynbee, A. (Ed.): Man's Concern with Death. New York: McGraw-Hill, 1968, 122–132 (b)

Toynbee, A.: The Relation between Life and Death, Living and Dying. In A. Toynbee (Ed.): Man's Concern with Death. New York: McGraw-Hill, 1968, 259–271 (c)

Ullmann, L. P. & L. Krasner: A psychological approach to abnormal behavior. New Jersey: Prentice- Hall, 1969

Verwoerdt, A. & J. L. Elmore: Psychological reactions in fatal illness: I. The prospect of impending death. J. Amer. geriat. Soc., 1967, *15*, 9–19

Vispo, R. H.: Critique of »Denial and Depression«. Psychiat. Quart., 1971, *45* (3), 405–409

Wahl, C. W.: The fear of death. Bull. Menninger Clin., 1958, *22*, 214–223

Wahl, C. W.: The fear of death. In R. Fulton (Ed.): Death and Identity. New York: Wiley, 1965, 56–66

Watson, J. B. & R. Rayner: Conditioned emotional reactions. J. exp. Psychol., 1920, *3*, 1–14

Weisman, A. A. & J. W. Worden: Risk-Rescue rating in sucide assessment. Arch. gen. Psychiat., 1972, *26*, 553–560

Weisman, A. D.: Coping with untimely death. Psychiatry, 1973, *36*, 366–378

Weisman, A. D.: Sterben als sozialer Prozeß. Psychol. Heute, 1975, *2* (8), 23-25; 76–79

Wellek, A. (Hg.): Gesamtverzeichnis der deutschsprachigen psychologischen Literatur der Jahre 1942 bis 1960. Göttingen: Hogrefe, 1965

Wesch, J. E.: Self-actualization and the fear of death. Diss. Abstr. Int., 1971, *31* (10-B), 6270–6271

White, R.: Sense of interpersonal competence: Two case studies and some reflections on origins. In R. White (Ed.): The Study of Lives. New York: Atherton Press, 1964, 72–93

Wiesenhütter, E.: Selbsterfahrung im Sterben. Praxis d. Psychother., 1973, *18* (1), 7–11 (a)

Wiesenhütter, E.: Gedanken zur Selbsterfahrung im Sterben. Praxis d. Psychother., 1973, *18* (2), 54–63 (b)

Wiesenhütter, E.: Blick nach drüben. Selbsterfahrungen im Sterben. Hamburg: Furche, 1974

Williams, Mary: Changing attitudes to death: A survey of contributions in Psychological Abstracts over a thirty-year period. Hum. Relat., 1966, *19*, 405-423

Williams, R. L. & S. Cole: Religiosity, generalized anxiety, and apprehension concerning death. J. soc. Psychol., 1968, *75* (1), 111–117

Wittkowski, J.: Zeiterleben. In W. Arnold, H. J. Eysenck & R. Meili (Hg.): Lexikon der Psychologie (Bd. 3). Freiburg i. Br.: Herder, 1972, 795–797

Wittkowski, J. & I. Baumgartner: Religiosität und Einstellung zu Tod und Sterben bei alten Menschen. Z. Gerontol., 1977, *10*, 61–68

Witzel, L.: Das Verhalten von sterbenden Patienten. Med. Klinik, 1971, *66*, 577–578

Witzel, L.: Der Sterbende als Patient. Med. Klinik, 1973, *68*, 1373–1375

Witzel, L.: Beobachtungen an Sterbenden. Psychol. Heute, 1975, *2* (8), 76–77

Wohlford, P.: Extension of personal time, affective states, and expectation of personal death. J. Personal. & Soc. Psychol. 1966, *3*, 559–566

Wolff, K.: Personality type and reaction toward aging and death: A clinical study. Geriatrics, 1966, *21* (8), 189–192

Wolman, B. B.: The unconscious mind. New Jersey: Prentice-Hall, 1968

Wolpe, J.: Angst. In W. Arnold, H. J. Eysenck & R. Meili (Hg.): Lexikon der Psychologie (Bd. 1). Freiburg i. Br.: Herder, 1971, 103–108

Wylie, R. C.: The Present Status of Self Theory. In E. F. Borgatta & W. W. Lambert (Eds.): Handbook of Personality Theory and Research. Chicago: Rand McNally, 1968, 728–787

Zepp, Christel: Feilschen mit dem Tod. Die Zeit Nr. 44 vom 25. 10. 1974

Zilboorg, G.: Fear of death. Psychoanal. Quart., 1943, *12*, 465–475

Zwingmann, Ch.: Selbstvernichtung. Frankfurt/M.: Akad. Verlagsges., 1965

Sachregister

Abwehr 22, 48, 60, 122, 123, 125, 126, 138, 142, 145, 148, 149
- versus Sensibilisierung 102 f.
Abwehrmechanismus 21, 22, 53, 82, 90, 93, 121, 122 ff., 125, 127, 133, 138, 141, 142, 143, 159, 160
Ängstlichkeit 56
Aggressivität 46, 48, 51, 135
Akzeptieren 21, 128, 147, 159
- des Todes 149 ff.
- Alpträume 108 ff.
Alter 29, 31, 52
- und Akzeptieren des Todes 151 ff.
- und Angst vor dem Tod 74 ff., 118
- und Intensität gedanklicher Beschäftigung mit Tod und Sterben 25 ff.
- und Negation von Tod und Sterben 134 f.
- und zeitliche Distanz zum eigenen Tod 54
Angst 22, 45 f., 77, 78, 114, 142, 149, 159
- Abgrenzung gegen Furcht 56 ff.
- eigenschaft 56
- generalisierung 63
- niveau 94, 100, 124, 132
- physiologische Korrelate 59
- symptomatik 58 f.
- Theorien der 59 ff.
- vor dem Sterben 22, 65 f., 68 ff., 110 ff.
- vor dem Tod 22, 64 f., 68 ff., 73 ff., 121
- vor Toten 65
- zustand 56
Bedrohung 22, 38, 55, 56, 62, 79, 94, 101, 102, 114, 115, 116, 124
- und Negation 136 ff.
Bewältigung 32

Death Anxiety Scale 73, 87, 131
Death Concern Scale 38, 39 f., 100, 106
Depression 38, 49, 51, 101
Depressivität 46
- reaktive 49
- vorbereitende 49

Einkommensverhältnisse 30
Einstellungsbegriff 21
Emotionale Labilität 101 f.
Entwicklungspsychologie 19 f., 43
Erfolgsmotivation 38
Euthanasie 139
- aktive 14
- passive 14, 20

Familienstand
- und Angst vor dem Tod 97 f.
- und Intensität gedanklicher Beschäftigung mit Tod und Sterben 31, 32
Fear of Death Scale 73, 82, 88
Feminität 81

Geschlecht 31
- und Angst vor dem Tod 74 ff., 118
- und Intensität gedanklicher Beschäftigung mit Tod und Sterben 28 f.
Gesundheitszustand 53
- und Angst vor dem Tod 93 ff., 119
- und Intensität gedanklicher Beschäftigung mit Tod und Sterben 36 f.
Gleichgültigkeit 22, 131, 147 f., 149, 159

Harlekin-Komplex 154 ff.
Hintergrundvariable 22, 28, 31, 52, 98, 159, 160, 161
- und Akzeptieren des Todes 151 ff.
- und Angst vor dem Tod 84 ff.
- und Intensität gedanklicher Beschäftigung mit Tod und Sterben 31 ff., 40
- und Negation des Todes 135 f.
Hoffnung 45, 49, 53
Hoffnungslosigkeit 45, 46, 53
Humor 101

Ich-Austritt 116
Inkonsistenz der Einstellung zum Tod 106 f.
Interne versus Externe Kontrolle 105 f.
Isolierung 48

Kastrationsangst 62, 68, 69, 70, 71 f.
Kognitive Funktionen 44, 102
Kollektivtod 67
Kommunikation 20, 45
Kommunikationsbedürfnis 46, 53 f.
Konservativismus 103 f., 119

Längsschnittuntersuchung 43, 48, 140
Lebenserfahrung 25, 27
Lebenserwartung, subjektive 92
Lebensmitte 77 f.
Lebenspanorama 115
Lebenszufriedenheit
- und Akzeptieren des Todes 153 f.
- und Angst vor dem Tod 98 f.
- und Negation des Todes 135 f.
- und zeitliche Distanz zum eigenen Tod 53
Leistungsmotivation 104

Magical mastery 135
Manifest Anxiety Scale 38, 55, 100
Mißerfolgsmotivation 38

Negation 22, 123, 132 ff., 139, 140, 142
- als Reaktion auf Tod und Sterben 133 ff.
neurotische Tendenz 38, 101
Nichtwahrhabenwollen 48, 51

Out-of-the-body-experiences 116, 139

Persönlichkeitsmerkmale 22, 119 f., 159, 160, 161
- und Angst vor dem Tod 100 ff., 119 f.
- und Intensität gedanklicher Beschäftigung mit Tod und Sterben 37 ff., 42
- und zeitliche Distanz zum eigenen Tod 51 f., 54
Phasen-Modell 47 ff.
Projektion 22, 123, 141 f.
- als Reaktion auf Tod und Sterben 142
psychic closing-off 137 f.
psychogener Tod 20
psychologische Autopsie 152
Publikationsrate 15, 17, 18

Rationalisierung 22, 48, 123, 139 f., 142
- als Reaktion auf Tod und Sterben 140
Regression 52
Religiosität
- als Abwehrmechanismus 90, 124
- und Akzeptieren des Todes 156 f.
- und Angst vor dem Tod 84 ff., 118 f.

– und Intensität gedanklicher Beschäftigung mit Tod und Sterben 33 f., 41
– und zeitliche Distanz zum eigenen Tod 52 f.
– Zwei-Seiten-Effekt von 118
Rigidität 51 f., 96
Risikoverhalten 83

Selbstaktualisierung 104 f.
Selbstkonzept 42, 51
Selbstvernichtung 20, 107, 108
sense of competence 106
Sicherheitsrisiko 81 ff.
soziale Erwünschtheit 39, 73, 99, 103, 164
soziale Integration
– und Angst vor dem Tod 97 f.
– und Intensität gedanklicher Beschäftigung mit Tod und Sterben 31 ff.
sozialer Tod 13, 113 f.
soziographische Variable 22, 31, 86, 95, 118, 159, 160, 161
– und Akzeptieren des Todes 151 ff.
– und Angst vor dem Tod 74 ff., 118
– und Intensität gedanklicher Beschäftigung mit Tod und Sterben 25 ff., 41 f.
Sterbeerfahrungen 114 ff.
Sterbehilfe 14 f., 20, 54, 156
Suizidalität 107 f.

Tabuierung 13, 128 ff., 143
Todesangst 67, 114, 138
Todeserfahrung 25, 27
Todestrieb 19, 72
Trauer 20, 65, 128
Trennungsangst 61 f., 69 f.

Unterdrückung 126, 128, 145
Urverdrängung 126

Verdrängung 22, 60, 122, 123, 125 ff., 132, 133, 134, 139, 140, 141, 142, 143, 145
– Mechanismus der 125 ff.
– primäre 126
– als Reaktion auf Tod und Sterben 127 ff., 130 ff.
– sekundäre 126
Verhandeln 49, 51

Zeiterleben
– und Angst vor dem Tod 91 ff.
– und Intensität gedanklicher Beschäftigung mit Tod und Sterben 34 ff.
zeitliche Distanz zum eigenen Tod 43 ff.
Zeitperspektive 34, 36, 92
Zorn 48 f., 51
Zukunftsperspektive 91 f.
Zustimmung 49, 51

Autorenregister

Die *kursiv* gesetzten Zahlen beziehen sich auf die Nennung der Autoren im Literaturverzeichnis.

Abram, H. S. 137, *166*
Abrams, R. D. 136, 137, *166*
Ackerman, S. 42, *186*
Aderman, D. 46, 50, *184*
Adlerstein, A. M. 72, 86, 90, 131, 148, 160, 162, *166*
Aisenberg, R. 17, 39, 64, 65, 66, 67, 73, 76, 91, 113, 117, 118, 120, 150, 152, 164, *177*
Alexander, I. E. 72, 86, 90, 131, 148, 160, 162, *166*
Alexander, M. 82, 138, *166*, *172*
Allen, M. 105, *168*
Allport, G. W. 90, *166*
Ammon, G. 105, *166*
Anthony, S. 72, 117, *166*
Ariès, P. 64, 65, 144, *166*
Arnold, W. 20, 36, 41, 98, 99, 164, *166*, *167*
Atkinson, R. C. 20, *175*
Atkinson, R. L. 20, *175*
Atwood, G. E. 160, *173*

Baird, C. F. 40, *167*
Bally, G. 20, 123, 127, *167*
Barry, J. 103, *168*
Bascue, L. O. 92, *167*
Baumgartner, I. 118, *187*
Becker, E. 72, 127, *167*
Becker, H. 147, 148, 150, *167*
Berman, A. L. 80, 83, 86, 105, 106, *167*
Biber, H. 26, *168*
Bibring, E. 19, *167*
Birren, J. E. 76, *167*
Bitter, W. 16, *167*
Blake, R. R. 77, 85, 105, 134, *167*
Blatt, S. J. 34, 35, 36, 160, 162, *169*
Blauner, R. 113, *167*
Blazer, J. A. 99, *167*
Bleistein, R. 127, *167*
Bluestone, H. 138, 142, *168*
Boss, M. 40, *177*
Bottenberg, E. H. 116, *168*
Boyar, J. I. 73, 80, 88, 109, 162, *168*
Branscomb, A. B. 47, 76, 87, 160, *171*
Braun, C. 20, 42, *168*
Bromberg, W. 23, 39, 43, 110, 130, 145, *168*
Bromley, D. B. 76, 149, *168*
Brown, D. 103, *168*
Brun, R. 122, 126, *168*
Bruner, D. K. 147, 148, 150, *167*
Bühler, C. 105, *168*
Burrows, A. B. 89, *168*
Busse, E. W. 20, *168*
Butler, R. N. 76, *167*
Byrne, D. 38, 103, *168*

Cameron, P. 24, 26, 29, *168*
Cappon, D. 24, 45, 46, 47, 48, 51, 95, 112, 124, 136, 140, *168*
Carpenter, J. O. 20, *168*
Castaneda, A. 55, *169*
Cattell, R. B. 55, *169*
Chadwick, M. 71, 72, *169*
Chandler, K. A. 49, 50, *169*
Chappell, N. 111, *169*
Chasin, B. 34, 85, *169*
Christ, P. E. 84, 93, 131, 134, *169*
Cleveland, S. E. 81, *171*
Cleveland, W. 45, 53, *182*
Cohen, R. J. 104, *169*
Cole, S. 84, *187*
Collett, L. J. 64, 65, 66, 73, 80, 82, 109, 110, *169*

Colley, R. S. 160, *166*
Coplan, A. S. 26, 32, 42, 44, 45, 48, 51, 54, 97, 134, 160, *179*
Corey, L. C. 151, *169*
Corwin, S. M. 71, 73, 157, 162, *183*
Costa, P. T. 15, 50, 51, *177*

Dambauer, J. 16, *169*
Danblon, P. 34, 39, 150, *169*
De Wind, E. 124, 137, *169*
Dibner, A. S. 26, 29, 31, 36, 37, 38, *182*
Dickstein, L. S. 29, 33, 34, 35, 36, 38, 39, 100, 103, 106, 160, 162, *169*
Diggory, J. C. 64, 65, 80, 111, *169, 170*
Dollard, J. 62, *170*
Dotson, E. 85, 87, *185*
Dudley, D. L. 114, 115, 131, 136, *170*
Durlak, J. A. 40, 73, 99, *170*

Ehrenwald, J. 116, 139, *170*
Eisdorfer, C. 87, *176*
Ellard, J. 50, *170*
Elmore, J. L. 45, *186*
English, A. C. 20, 55, 56, 103, 105, 126, 133, 139, 141, *170*
English, H. B. 20, 55, 56, 103, 105, 126, 133, 139, 141, *170*
Epting, F. R. 79, *177*
Erlemeier, N. 16, 27, 54, 67, 162, 164, *170, 186*
Ermalinski, R. 83, *170*
Eysenck, H. J. 56, 63, *170*

Fahrenberg, J. 157, *170*
Farley, G. A. 98, 106, *170*
Faunce, W. A. 85, *170*
Feifel, H. 17, 26, 33, 37, 42, 47, 70, 74, 75, 76, 85, 86, 87, 90, 92, 93, 94, 95, 124, 139, 140, 157, 160, *170, 171*
Feldman, M. J. 73, 109, *171*
Ferber, C. v. 129, *171*
Ferneau, E. 27, *184*
Fischer, W. F. 61, *171*
Fisher, S. 81, *171*
Ford, R. E. 82, *172*
Frankl, V. E. 99, *172*
Franks, C. M. 77, *185*
Freeman, H. E. 37, *182*
Freilich, J. 37, *171*
Freud, A. 122, 123, 125, 133, 141, *172*
Freud, S. 19, 60, 61, 62, 68, 69, 70, 71, 72, 90, 122, 125, 133, 141, *172, 173*
Fröhlich, W. D. 55, 57, 59, 61, *173*
Fuchs, W. 129, 130, 143, 145, *173*
Fulton, R. L. 17, 39, 85, *170, 173*

Garey, R. G. 96, *173*
Gertler, R. 27, *184*
Glaser, B. G. 20, 53, 66, 113, 150, *173*
Godin, A. 34, 39, 150, *169*
Golding, S. L. 160, 164, *173*
Goldsmith, C. E. 53, *173*
Goleman, D. 116, *173*
Goodman, R. A. 160, *173*
Goodstein, L. D. 102, 154, *182*
Greenberger, E. 137, 154, 155, *173, 174*
Greenhouse, S. W. 76, *167*
Grinker, R. R. 146, *174*
Grumet, J. 100, *181*
Gutmann, D. 52, 135, *174*

Hahn, A. 84, 111, 129, *174*
Hall, G. S. 90, *174*
Hampe, J. C. 114, 115, 116, *174*
Handal, P. J. 73, 92, 93, 103, 131, *174*
Harth, U. 127, *174*
Havighurst, R. J. 16, 98, *174*
Hays, J. E. 80, 86, 105, 106, *167*

Heckhausen, H. 141, 142, *174*
Heckmann, A. 16, *174*
Heiss, R. 126, *174*
Heller, J. 92, 93, 94, 139, 140, 157, *171*
Hensle, U. 16, 73, 74, *174*
Hepp, F. 128, 134, *174*
Hermann, L. J. 37, 95, 160, *171*
Herrmann, T. 56, 102, *174*
Hersen, M. 109, *171*
Hiersche, H.-D. 20, *175*
Hilgard, E. R. 20, *175*
Hinton, J. 151, *175*
Hoblit, P. R. 94, *175*
Hoffman, F. J. 144, *175*
Hörmann, H. 141, *175*
Hoff, F. 114, 115, *175*
Holmes, T. H. 114, *170*
Hooper, T. 87, 92, *175*
Husemann, F. 114, 115, *175*
Hutschnecker, A. A. 77, 124, *175*

Iammarino, N. K. 80, 97, *175*
Izard, C. E. 58, *175*

Jackson, D. N. 103, *180*
Jackson, E. N. 90, 127, *175*
Jacobi, J. 150, *176*
Jeffers, F. C. 26, 37, 38, 76, 87, 110, 118, 125, 127, 134, 135, 140, *176*
Jores, A. 20, *176*
Jourard, S. M. 81, *184*
Jung, C. G. 150, *176*

Kalish, R. A. 76, 79, 93, 104, 114, 115, 116, 164, *176, 182*
Kam, E. G. 27, *178*
Kass, L. R. 20, *176*
Kastenbaum, R. 15, 17, 35, 39, 50, 51, 52, 64, 65, 66, 67, 73, 75, 76, 78, 91, 113, 117, 118, 120, 131, 150, 151, 152, 161, 164, *176, 177*
Kimsey, L. R. 26, 134, 136, *177, 183*
Klein, M. 19, 72, *177*
Klug, L. 40, *177*
Kogan, N. 75, 153, *177*
Kotsovsky, D. 64, 66, 151, *177*
Krasner, L. 122, 123, 126, *186*
Krieger, S. R. 79, *177*
Kübler-Ross, E. 17, 45, 46, 47, 48, 49, 50, 136, 149, *177*
Kurlychek, R. T. 89, *177*
Kutscher, A. H. 20, *177*

Laughlin, H. P. 122, 123, 125, 126, 133, 140, 141, *177*
Lehndorff, H. v. 128, *177*
Lehr, U. 20, 50, 54, 119, *177, 178*
Leitner, L. M. 79, *177*
Lepp, I. 65, 67, 98, 127, *178*
Lesse, S. 56, 57, 58, 59, *178*
Lester, D. 17, 27, 28, 29, 34, 37, 64, 65, 66, 73, 77, 79, 80, 81, 82, 86, 88, 89, 104, 106, 107, 108, 109, 110, 118, 119, 138, 160, 162, *166, 169, 172, 178, 185*
Levine, H. 149, *181*
Levine, S. P. 149, *181*
Leviton, D. 83, *178*
Levitt, E. E. 56, 58, 63, *179*
Lieberman, M. A. 26, 32, 42, 44, 45, 48, 51, 54, 97, 134, 160, *179*
Lifton, R. J. 137, *179*
Livingston, P. 73, 104, 106, *179*
Logan, D. L. 26, 134, *177, 183*
Lowry, R. J. 81, *179*
Lucas, R. A. 80, 100, *179*

Magni, K. G. 88, 131, 132, 160, 164, *179*
Malcolm, T. J. 132, *179*
Mandelbaum, D. G. 128, *179*

Marcovitz, E. 83, *179*
Marcuse, H. 128, 149, *179*
Markin, K. 32, *184*
Marshall, J. R. 76, 111, *179*
Marshall, V. W. 140, *179*
Martin, C. J. 34, 114, 164, *170*
Martin, D. *77*, 87, 90, 117, *179*
Maslow, A. H. 104, 123, *180*
Masuda, M. 114, *170*
McCandless, B. R. 55, *169*
McClelland, D. 154, 156, *180*
McDonald, G. W. 80, 83, 85, *180*
McGahee, C. L. 138, 142, *168*
Means, M. H. 112, *180*
Meissner, W. 160, *180*
Mesick, S. 103, *180*
Meyer, G. 52, *183*
Meyer, J. E. 128, 145, *180*
Middleton, W. C. 28, 79, *180*
Miller, N. E. 62, *170*
Montefiore, C. H. W. 73, *180*
Moreno, J. L. 113, *180*
Morison, R. S. 20, *180*
Moses, M. 101, *180*
Muensterberger, W. 69, 133, *180*
Munnichs, J. M. A. 25, 27, 31, 42, 64, 65, 110, 111, 135, 149, 150, 152, 153, 160, 164, *180*, *181*
Murphy, G. 64, 66, 160, *181*
Murray, H. A. 142, *181*
Murray, P. 120, *181*
Muslin, H. L. 149, *181*
Myler, B. B. 46, *181*

Nagy, M. H. 19, *181*
Najman, J. 80, 156, 157, *182*
Nash, M. E. 103, *181*
Nelson, C. C. 65, 66, *181*
Nelson, D. 103, *168*
Nelson, L. D. 65, 66, *181*
Neugarten, B. L. 16, 98, *174*, *181*
Nichols, C. R. 87, *176*
Niederland, W. G. 137, *181*
Nitsch, J. 140, *181*
Nogas, C. 100, 104, 106, *181*
Noyes, R. 114, 116, *181*

O'Connell, W. E. 40, 101, 102, 139, *181*
Orlans, H. 25, 29, 65, 111, 112, 114, 151, *181*
Osarchuk, M. 124, *181*

Palermo, D. S. 55, *169*
Palmore, E. 45, 53, *182*
Papageorgis, D. 154, *182*
Paris, J. 102, 154, *182*
Parker, C. 104, *169*
Pawlow, I. P. 62, *182*
Pearson, L. 17, *182*
Perley, R. L. 107, *185*
Pfeiffer, E. 20, *168*
Platonov, K. K. 105, *182*
Pongratz, L. J. 21, 58, 126, *182*

Rank, O. 61, *182*
Ray, J. J. 80, 156, 157, *182*
Rayner, R. 62, *187*
Reiner, A. 108, *182*
Reynolds, D. K. 76, 79, 93, *182*
Reznikoff, M. 73, 103, 105, 106, *186*
Rhudick, P. J. 26, 29, 31, 36, 37, 38, *182*
Richardson, A. H. 37, *182*
Richter, C. P. 20, *182*
Riegel, K. F. 52, 54, *183*
Riegel, R. M. 52, *183*
Riley, J. 26, *183*
Roberts, J. L. 26, 134, 147, 151, 164, *177*, *183*
Rohracher, H. 21, *183*
Rothman, D. Z. 38, 80, 111, *170*, *183*
Rotter, J. 105, *183*
Ruff, C. F. *77*, 81, 101, *185*
Rychlak, J. F. 131, *174*

Sarnoff, I. 71, 73, 157, 162, *183*
Scheier, I. H. 55, *169*
Schilder, P. 19, 23, 39, 43, 110, 130, 145, *168*, *183*
Schiller, K. E. 145, *183*
Schilling, E. 19, *183*
Schindler, U. H. 57, *183*
Schlemmer, J. 16, *183*
Schneider, H. D. 20, *183*
Schnell, H. 19, *183*
Schreiber, H. 13, 116, *183*
Schütze, C. 143, *184*
Schulz, R. 46, 50, *184*
Schumacher, J. 37, *178*
Schuster, M. 20, 50, 54, 119, *178*
Schweitzer, K. 100, *181*
Secord, P. F. 81, *184*
Segal, H. 139, *184*
Selvey, C. L. 29, 40, 80, 124, *184*
Shaw, G. 26, *183*
Shearer, R. E. 88, *184*
Shelton, G. C. 75, *177*
Shneidman, E. D. 17, 24, 145, 149, 150, *184*
Shrut, S. D. 97, *184*
Simpson, K. 101, *185*
Smart, N. 119, *184*
Snyder, M. 27, *184*
Sokoloff, L. 76, *167*
Spiegel, J. P. 146, *174*
Spielberger, C. D. 55, 56, 59, *184*
Spilka, B. 87, 92, *175*
Stacey, C. L. 32, *184*
Sternsdorff, H. W. 14, *184*
Stewart, L. 26, *168*
Stolorow, R. D. 70, 72, 73, *185*
Strauss, A. L. 20, 53, 66, 113, 150, *173*
Sudnow, D. 20, *185*
Swanson, L. L. 48, 49, *185*
Swenson, W. M. 34, 36, 88, 97, *185*

Tarter, R. E. 107, *185*
Tatz, S. J. 124, *181*
Taylor, J. A. 38, 55, 100, *185*
Templer, D. I. 73, 77, 80, 81, 83, 85, 86, 87, 94, 95, 101, 106, 107, 119, 120, 157, 160, *185*
Thomae, H. 41, 118, *185*
Thorson, J. A. 42, *186*
Tillich, P. 127, *186*
Tismer, K. G. 27, 28, 29, 30, 32, 36, 41, 81, *186*
Tismer-Puschner, I. 27, *186*
Tobin, S. S. 98, *181*
Tolor, A. 73, 103, 105, 106, *186*
Toman, W. 133, 141, *186*
Tomkins, S. S. 58, *175*
Toynbee, A. 17, 144, 154, *186*

Ullmann, L. P. 122, 123, 126, *186*

Verhey, J. W. 114, *170*
Verwoerdt, A. 26, 37, 38, 45, 76, 118, 125, 127, 140, *176*, *186*
Vispo, R. H. 137, *186*

Wahl, C. W. 73, 123, 134, *186*
Wallach, M. A. 153, *177*
Watson, J. B. 62, *187*
Wechsler, D. 19, *183*
Weisman, A. A. 107, *187*
Weisman, A. D. 20, 107, 150, *187*
Wellek, A. 15, *187*
Wesch, J. E. 105, *187*
White, R. 106, *187*
Wiesenhütter, E. 114, 115, 127, *187*
Williams, M. 18, *187*
Williams, R. L. 84, *187*
Wittkowski, J. 35, 118, *187*
Witzel, L. 47, 49, 52, 95, 111, *187*
Wohlford, P. 92, *188*
Wolff, K. 101, 147, *188*
Wolman, B. B. 122, 126, 133, 140, 141, *188*

Wolpe, J. 55, 57, 59, *188*
Worden, J. W. 107, *187*
Wrightsman, L. S. 34, 77, 87, 90, 117, 164, *179*
Wylie, C. M. 20, *168*
Wylie, R. C. 51, *188*

Yarrow, M. 76, *167*

Zepp, C. 91, *188*
Zilboorg, G. 127, 133, *188*
Zimet, C. 73, 104, 106, *179*
Zwingmann, C. 20, *188*

UTB

Uni-Taschenbücher GmbH
Stuttgart

Band 55

Psychologie des Alterns

Von Professor Dr. Ursula Lehr (Bonn)
3., durchgesehene und erweiterte Auflage,
384 Seiten, DM 19,80
ISBN 3-494-02004-3 (Quelle & Meyer)

Band 359

Soziologie des Alterns

Von Dr. Hans Peter Tews (Heidelberg)
Mit einem Vorwort von Karl Martin Bolte
2., durchgesehene Auflage, VIII/352 Seiten, DM 16,80
ISBN 3-494-02037-X (Quelle & Meyer)

Band 496

Psychiatrie des Alterns

Grundlagen, Diagnostik, Therapie
Von Professor Dr. Klaus Oesterreich (Heidelberg)
278 Seiten, DM 18,80
ISBN 3-494-02055-8 (Quelle & Meyer)

Band 546

Biologie des Alterns

Von Professor Dr. Dieter Platt (Gießen)
Mit einem Geleitwort von Bernard L. Strehler
296 Seiten, 63 Abbildungen, DM 19,80
ISBN 3-494-02061-2 (Quelle & Meyer)